法学教育研究

Legal Education Research

第十九卷　王瀚 主编

法律出版社
LAW PRESS·CHINA

本书各篇文章中的观点均属作者个人观点，不代表主办单位或其他机构、个人的观点。

法学教育研究（第19卷）

Legal Education Research (Vol. 19)

The Eighth Summit Forum of Legal Education

Exploration of Theories

Teaching Research

Management Framing

Education and Law

第八届立格联盟高峰论坛

坚持立德树人、德法兼修 培养高素质法治人才

黄　进

摘　要：本文着重阐释培养“德法兼修高素质法治人才”对于我国法学教育发展的重大导向性意义，并以此为基础阐释德法兼修的具体内涵。同时结合中国政法大学的具体实践，讨论如何在法学教育实践中贯彻落实德法兼修的要求，以实现培养德法兼修高素质法治人才的育人目标。

关键词：立德树人　德法兼修　高素质法治人才

“坚持立德树人、德法兼修，培养高素质法治人才”是我国法治人才培养的总目标。2017 年 5 月 3 日，习近平总书记在中国政法大学座谈会上指出，全面推进依法治国是一项长期而重大的历史任务，要坚持中国特色社会主义法治道路，坚持以马克思主义法学思想和中国特色社会主义法治理论为指导，立德树人，德法兼修，培养大批高素质法治人才。习总书记的讲话为我国法学教育提出了新的要求，指明了新的方向。切实贯彻落实习近平总书记的讲话精神，将在实质意义上推动我国法学教育的内涵式发展，将我国法学人才培养推向一个新的高度。

一、"德法兼修":法学教育的新高度、新方向

从我国法学教育的发展史来看,培养德法兼修的高素质法治人才,将有力推动我国法学教育、法治人才培养的内涵式发展,为我国法学教育提出了明确人才培养目标和方向性要求。中华人民共和国成立之初,法学高等教育主要是学习苏联模式,以"知识"教育为基础,主要目标和任务是培养法律专门人才和轮训在职司法干部,以满足当时对法律工作者的迫切需求。随着社会的发展,我国的法学高等教育在借鉴美国职业教育模式、日本通识教育模式和德国"为国家培养从事法律工作'普通人才'"的法学教育的基础上,逐渐将培养学生的法学理论素养与培养学生的职业素养相结合,旨在造就厚基础、宽口径、高素质、强能力的法律人才,以适应社会不同行业对于法治人才的需求。但是,反思过去,我国法学教育从知识教育到兼顾技能教育方面的发展,尽管取得了可喜的进步,但是,在法治人才培养中,对于世界观、价值观、德性教育等方面的投入则存在明显不足。

德国哲学家雅斯贝尔斯说过:"教育是人的灵魂的教育,而非理智的知识堆积。"法学最鲜活的灵魂,就是其内在的法治精神。事实上,法律规则往往是价值选择的产物,而不是中立的物理技术。因此,法学教育必须体现法律的精神与价值导向。法学教育不应仅以培养具有理论素养和职业素养的法律职业者为目标,而应以培养具有法治精神、人文情怀、科学理性和社会责任感的高素质法治人才为追求。

习总书记提出的"立德树人,德法兼修"就是国家对新时期法治人才培养的要求和期许。"德"可以引申为两个含义。其浅层含义指法律职业道德。法律职业道德准则是一种外在的约束,需要转化成为法律职业者内在的道德修养,并引导、调节、激励法律职业活动朝着公平正义的方向前行。"德法兼修"的最终目的是培养学生的高尚道德品质,促进学生道德人格的养成。深层含义指培育法律信仰,即塑造法治人格。法学教育

的终极目标就是培育法律信仰。在全面依法治国的今天,法律人自身对于法律的信仰是推动国家法治建设的重要动力。这个信仰建立在具有中国特色的社会主义法治道路的基础之上。正如习总书记所说,我们有我们的历史文化,有我们的体制机制,有我们的国情,我们的国家治理有其他国家不可比拟的特殊性和复杂性,也有我们自己长期积累的经验和优势。所以,法学教育应该“以我为主、兼收并蓄、突出特色”,应该使学生牢固树立社会主义法治信仰,应该使学生牢固树立与时代主题同心同向的理想信念。

习总书记在讲话中曾说过,法律是成文的道德,道德是内心的法律。法律和道德都具有规范社会行为、调节社会关系、维护社会秩序的作用,在国家治理中都有其地位和功能。法安天下,德润人心。法律有效实施有赖于道德支持,道德践行也离不开法律约束。法治和德治不可分离、不可偏废,国家治理需要法律和道德协同发力。因此,培养“德法兼修”的法治人才是践行依法治国和以德治国相结合的关键一环。

二、“德法兼修”:中国法学高等教育的方向标

习总书记在考察中国政法大学时发表的重要讲话中,系统阐释了对于未来国家法治人才的要求和希冀。在法学高等教育教学层面,笔者认为可以从理念引领、特色道路、教学方法、培养目标四个方面进行解读。

(一)强化法学教育的理念引领和理论指导

习总书记指出,没有正确的法治理论引领,就不可能有正确的法治实践。我们要坚持以马克思主义法学思想和中国特色社会主义法治理论为指导,强化理想信念教育,确保法治人才培养的政治方向。要充分利用高校学科齐全、人才密集的优势,加强法治及其相关领域基础性问题的研究,对复杂现实进行深入分析,作出科学总结,提炼规律性认识,为完善中国特色社会主义法治体系、建设社会主义法治国家提供理论支撑。要加强法治教育思想引领,逐步形成具有中国特色、中国气派、中国风格的中

国特色社会主义法学理论,并将其贯穿法学教育的全过程,培养一批具有社会主义法治信仰的高素质法治人才。

(二)坚定走中国特色的法学教育道路

习总书记强调,法学学科体系建设对于法治人才培养至关重要。我们有我们的历史文化,有我们的体制机制,有我们的国情,我们的国家治理有其他国家不可比拟的特殊性和复杂性,也有我们自己长期积累的经验和优势。要以我为主、兼收并蓄、突出特色,深入研究和解决好为谁教、教什么、教给谁、怎样教的问题,努力以中国智慧、中国实践为世界法治文明建设作出贡献。他强调,对世界上的优秀法治文明成果,要积极吸收借鉴,也要加以甄别,有选择地吸收和转化,不能囫囵吞枣、照搬照抄。法治人才培养要逐步建立起与高素质法治人才培养目标相适应的,具有鲜明的中国特色、完整的知识结构、适度的学分要求、丰富的选择空间的法学课程体系,坚定地探寻具有中国特色的法学教育道路。

(三)探索适应时代需求的法学教学模式

习总书记强调,法学学科是实践性很强的学科,法学教育要处理好知识教学和实践教学的关系。要打破高校和社会之间的体制壁垒,将实际工作部门的优质实践教学资源引进高校,加强法学教育、法学研究工作者和法治实际工作者之间的交流。这是顺应时代需求的历史选择,是将理论素养与职业素养相结合的有效途径。加强校企、校府、校地、校所合作,引入政府部门、法院、检察院、律师事务所、企业等实务部门力量参与法治人才培养,真正实现法治人才培养同步实践教学,是对法学教学模式改革新的探索与实践。

(四)实现培育“德法兼修”的高素质法治人才目标

习总书记指出,中国特色社会主义法治道路的一个鲜明特点,就是坚持依法治国和以德治国相结合,强调法治和德治两手抓、两手都要硬。法学教育要坚持立德树人,不仅要提高学生的法学知识水平,而且要培养学生的思想道德素养。法律是成文的道德,道德是内心的法律。优秀的法治人才必须以实际行动带动全社会崇德向善、遵法守法。法治人才培养应凸显“健全人格教育”的理念,将社会主义法治信仰贯穿于法学教育的始终，提升学生道德修养，促进人的自由全面发展，培养“德法兼修”的高素质法治人才。

三、培养“德法兼修”高素质法治人才的积极探索

习总书记在讲话里提出一个很好的命题，即在法治人才培养中，应深入研究和解决好为谁教、教什么、教给谁、怎么教的问题。这些问题的核心就是要培养什么样的人。中国政法大学一直坚持把立德树人作为人才培养的中心环节，把思想政治工作贯穿教育教学全过程，以“健全人格教育”为统领，通过坚持培养品德、传授知识、锤炼能力、启迪智慧、健全身心“五位一体”的全人格教育观，着力培养学生的法治精神、人文情怀、科学理性、创新潜质、实践能力、批判性思维和社会责任感，将学生培养成为一个品德优良的人、一个学识丰富的人、一个能力卓越的人、一个智慧不凡的人、一个身心健康的人，即让学生成为完完全全的人、健健康康的人、正正常常的人，也就是“人格健全的人”。

对于如何立德树人、德法兼修，培养高素质的法治人才。中国政法大学提出“六个融合”的思想，或者是“六个结合”的过程来实现习总书记提出的要求。

（一）德才兼修

在总结已有法学教育和法律人才培养成效的经验的基础上，中国政法大学坚持立德树人，培养德才兼修的法治人才，并且总结卓越法律人才教育培养基地的育人成果，进一步优化法治人才的培养环节，积极推动思想政治理论课程的改进与创新，完善公益法教育体系，强化法律职业伦理教育，提高学生的法学知识，培养学生的思想道德素养，有针对性地做好深层次思想理论问题辨析引导工作，旗帜鲜明地批判错误观点和思潮，培养学生形成良好的思想政治素养、道德素养、法治素养，做到德法兼修、明法笃行。

（二）教研互动

教学和研究不能隔绝开来，教学要推动科学研究，科学研究要反哺教

学,要把科学研究新的成果转化到教学当中去,就是教研互动。中国政法大学通过机构改革,推行全校教学和科研单位的“教学科研功能一体化”,实现了教学机构和科研机构原有功能的相互融合,最终构建了政策引导、制度保障、评价促进相结合的教学与科研互动发展的管理体制和运行机制。科研人员走进课堂,科研过程融入教学环节,科研问题转化为学生学术活动主题,科研以多种形式支撑教学,极大提升了教学的科研含量,提高了教学的学术质量。

(三)通专并举

通识教育和专业教育要融合起来,并重并举。以法学为特色的政法院校,不能仅仅有专业教育、法律训练。法学学生不仅需要法治精神,也应有很好的科学理性、人文情怀、社会责任、创新潜质,以及批判性思维。拥有单一的法治精神无法全面深刻地认识法律。社会中发生的一些案件,出现十分奇怪的判决结果,严格来说,就是一种机械主义、庸俗主义、形式主义的结果。因此我们要通专并举,以通识教育来解决这个问题。

(四)虚实结合

虚实结合就是理论教学和实践教学的结合。中国政法大学从2012年开始率先创立和实施同步实践教学模式,此模式旨在使实践教学和理论教学从先后关系,也就是从实践教学验证知识教育所传授知识的先后关系,提升到同步关系。这个同步实际上就是讲理论教学和实践教学的同步,知识教学和技能教学的同步。要将实践教学从学生检验知识的手段提升为人才培养的核心抓手,从人才培养的末端环节延伸到整个人才培养的全过程。同步实践教学模式可能是中国法学教育对于世界法学教育的一种创新和贡献,是我们不同于西方法学教学模式的最明显的一个特点。

(五)内外协同

中国政法大学多年来不断总结自身特色,探索并形成了具有中国政法大学人才培养特色的“四跨”人才培养模式。所谓“四跨”培养模式是指“跨学科专业、跨理论实践、跨学院学校、跨国家地区”。“四跨”培养模式的核心主线与特色即“围绕本科人才培养核心任务的资源整合与要素重组,给予学生更多的自主选择权,服务学生的个性发展”。学校以“四跨”模式为统合,打破学科/专业藩篱、弥合理论实践间隙、汇聚校内校外资源、实现国内国外协同,更加直接地服务于学校“复合型、应用型、创新型、国际型”的“四型”人才培养目标。这种培养模式就是一种多元的协同。

(六)教学相长

“教学相长”指的是学生一方面从学校中学习到知识,另一方面自觉主动地去学习,做到“效师而学”和“自觉而学”。两者对学生的成长具有相同的益处,而教和学两方面也能互相影响和促进。教育与自我教育相融合,共同达成高素质人才培养的目的。

四、进一步推动“德法兼修”高素质法治人才培养的关键性举措

中国政法大学作为国家法学教育和法治人才培养的主力军,深刻认识到全面依法治国基本方略背景下自身肩负的重大历史使命,深刻认识到法治人才培养和青年法治教育的重要战略意义。因此,学校印发了《中共中国政法大学委员会关于深入贯彻落实习近平总书记在考察我校时重要讲话精神的方案》,并将推出一系列具体举措,贯彻落实习总书记提出的培养“德法兼修”高素质法治人才的讲话精神。

(一)全方位落实中国特色法学教育培养路径

中国政法大学将从理论体系、学科体系、课程体系、教材体系等方面进行系统研究,旨在探索出具有中国特色的社会主义法学教育道路。

1. 加强法学基础理论研究,创新中国特色法学理论体系。依托学校现有平台,汇聚校内外专家学者力量,围绕依法治国基本方略部署,突出问题导向,进一步加强法律体系的深度系统研究,对世界上优秀的法律文明成果仔细加以分辨,有选择性地吸收,构建新型中国特色社会主义法治理论体系。

2. 打造具有中国特色的法学学科体系。坚持以马克思主义法学思想

和中国特色社会主义法治理论为指导,既注重吸收西方国家的先进法治成果,又坚持"以我为主、兼收并蓄、突出特色",坚持从我国实际国情出发,提炼标志性学术概念,形成具有中国特色和国际视野,体现坚持和发展中国特色社会主义的客观要求,体现时代发展的法学学科体系。

3. 构筑立体式法学课程体系,建设高质量课程资源。中国政法大学的法学教育将以专业必修课程为基础,以"有灵魂的"通识课程体系和独具专业特色的案例、研讨、实务课程体系为两翼,以适应时代需求的国际课程、创新创业课程、网络课程、微课、跨国在线同步课程等特色课程为补充,多层次、立体化地支撑法学人才培养目标的要求。

4. 建设凸显中国法治理论实践成果的法学教材体系。中国政法大学将从当今中国法治现实中汲取教学养分,加快推进马克思主义理论研究和工程法学类重点教材的编写,加强中国特色法学教材体系建设,形成包括法学主干课程教材、法学专题研讨教材、法学案例教学教材、模拟法庭教材等具有法学特色的教材体系,从而形成以知识教育为基础,以实践应用为延伸的法学教材体系。

(二)积极探索协同育人的法学实践教学模式

法学学科是实践性很强的学科,法学教育必须处理好知识教学和实践教学的关系。中国政法大学将积极整合社会法治资源,探索多样化的法学实践教学模式。

1. 拓展同步实践教学资源。中国政法大学法学同步实践教学以与高校、法律实务部门等的深度"协同融合"为基础,以司法实践前沿的动态"即时同步"为平台,以实现优质教育资源的"即时共享"为手段,实现人才培养的"学训一体"。同步实践教学资源包括庭审同步观摩教室、案例卷宗阅览室、庭审录像资料、互聘教授和专家委员人力资源等内容。在此基础上,中国政法大学将继续扩展同步实践教学资源,着力打造优质的同步实践教学平台。

2. 引进优质社会法治力量和教育资源。中国政法大学将借助"卓越法律人才教育培养计划"这一重要平台,大力引进优质司法资源进入学校、进入课堂,成为优质的教育资源;将增强校地合作,进一步拓展高校与法治工作部门合作的新模式、新路径,促进教学和科研紧密结合、学校和社会紧密联合,共同制定培养目标、共同设计课程体系、共同开发优质教材、共同组织教学团队、共同建设实践基地和高水平的校外创新创业基地。将鼓励学生参与社会调研,参与科研项目,完善科教融合、校企联合等协同育人模式,探索形成常态化、规范化的法治人才培养机制。

3. 建设高质量实习实践基地。中国政法大学现已拥有众多校外实习实践基地,涵盖学术协会、司法机关、社会团体、企事业单位等多种组织类型,覆盖法检系统、新闻出版系统、律所、税务部门、金融业等多种行业门类。与此同时,中国政法大学将全面推进本科生海外实习基地的体系化建设,推动本科生批量化、常态化的海外实习,逐步建设固定的海外实习项目和境外固定合作平台;积极探索在国内实施的国际实习实践项目,为没有条件到海外参与实习实践的学生,提供进入设置在国内的国际联合实习基地参与中外学生"一对一"的"结对子"型国际联合实习实践的机会,推进大学生国际化教育工作,积极培育具有国际视野、具有国际竞争力的法治人才。

(三)多维度培养"德法兼修"的高素质法治人才

1. 落实"德法兼修"的法学人才培养目标。人才培养目标是学校构建人才培养体系的重要依据,是一切教育活动的落脚点,在人才培养过程中起着至关重要的作用。因此,中国政法大学不久将修订法学培养方案,将"德法兼修"的要求明确写入其中,并将之落实到各个教学环节。这一目标将指引教师在教学过程中注重对学生品德素质的培养;同时,该目标也是对法科学生提出的更高要求。

2. 增强法学教育过程中的思想政治工作实效。习总书记指出,高校思想政治工作关系高校培养什么样的人、如何培养人以及为谁培养人这个根本问题。要坚持把立德树人作为中心环节,把思想政治工作贯穿教育教学全过程,实现全程育人、全方位育人。中国政法大学将高度重视思想政治理论课的课程建设,培养、造就一支思想政治理论课的"金牌"教师团队,并通过思政微课堂、网络思政翻转课堂教学等方式,着力打造一批深受青年学生欢迎的思想政治理论课。

3.以公益教育为切入点,培育“德法兼修”的法治人才。公益教育是学校通识教育和实践教学的重要组成部分,对于学生充分了解社会现实,增强社会责任感,养成良好的公民素质,根植职业道德意识具有重要意义。我校将结合法学学科特点,开设法律职业伦理、公益法、法律援助制度等选修课程,配合长年坚持的法律诊所教育,培育法科学生关注基层、服务社会的公益服务精神。

Insisting on the Training of Students' Virtue, Promoting Both Virtue and Law and Cultivating High-quality Legal Talent

Huang Jin

Abstract: The author of this paper comprehensively interprets the guiding significance of the development of domestic legal education with the objective of "promoting both virtue and law and cultivating high-quality legal talent". Based on the interpretation, the author further explains the connotation of "promoting both virtue and law". Combining the concrete education practices of China University of Political Science and Law, the author discusses the approaches to meet the requirements of implementing "promoting both virtue and law" in the practices of legal education.

Key Words: training of students' virtue, promoting both virtue and law, high-quality legal talent

弘扬法学教育优势
培养德法兼修法治人才

付子堂

摘　要：人才培养是大学的核心功能，习近平总书记关于“立德树人，德法兼修，抓好法治人才培养”的论述，清晰地指明了法学教育必须坚持德法并举。西南政法大学通过坚持正确政治方向，增强法治人才质量意识，坚持“立德树人”，用好课堂教学主渠道，促进“德法兼修”，抓好人才培养模式改革关键点，改革实验班，推动“卓越计划”改革，推进教改课改并促进教学发展，奠定人才培养基础，落实教学优先发展，稳定德法兼修法治人才教育者队伍，培养德法兼修的法治人才。

关键词：法学教育　德法兼修　法治人才

2017年5月3日，习近平总书记视察中国政法大学时发表了重要讲话，对指导法治人才培养具有重要的意义。习总书记的讲话强调了法治人才培养的重要性，培养高素质的法治人才工作队伍是推进依法治国、建设法治体系的基础性工作。大学是法治人才培养的第一阵地，全国政法类院校更是这第一阵地中的先锋队，在培养熟悉和坚守中国特色社会主义法治体系、德法兼修的人才上责任重大，具有引领示范效应。

习近平总书记的重要讲话,是对全国高校法学人才培养工作的鼓励,也是对我们政法类高校在实现中华民族伟大复兴和“两个一百年”奋斗目标过程中如何找准自身的定位、承担什么样的历史责任作出的明确指导和期望。在法治人才培养上,习总书记鼓励我们要有底气、有自信,要深入研究和解决好为谁教、教什么、教给谁、怎样教的问题。这为我们搞好政法类高等教育工作划定了明确的工作标准。西南政法大学以学习贯彻习近平总书记重要讲话精神为契机,坚持全员、全过程、全方位、全环境育人,通过将社会主义核心价值观与课堂资源有机结合、优化课程体系、改革卓越计划、推动教改课改、提升教学荣誉感等形式,积极探索法治人才培养的立体模式,取得了良好效果。

一、坚持正确政治方向,增强法治人才质量意识

人才培养是大学的核心功能。习近平总书记关于“立德树人,德法兼修,抓好法治人才培养”的论述鞭辟入里,清晰地指明了法学教育必须坚持德法并举,不仅要提高学生的法学知识水平,更要培养学生的思想道德素养。

(一)坚持正确政治方向

坚持正确政治方向是法学教育健康发展的根本要求。要按照党的十八届四中全会精神和“三个提高”“四个忠于”“五个过硬”的要求,坚持用马克思主义法学思想和中国特色社会主义法治理论指导教学与人才培养工作,培养造就熟悉和坚持中国特色社会主义法治体系的拔尖创新型法律人才。西南政法大学在法科人才培养中除了开设思想政治理论公共课以外,还开设了“中国特色社会主义法治理论”“法律职业伦理”等课程,强化方向指引,培养德法兼修法治人才。

(二)树立质量意识

质量是法学教育的生命线,要牢固树立质量第一意识,正确处理规模

与质量的关系，优化调整法律人才培养结构，突出特色优势，不断提高培养质量和水平。西南政法大学在法科人才培养过程中牢固树立质量意识，坚持理论知识学习与解决问题能力培养训练有机结合，着力提高学生运用法律解决实际问题的能力；坚持理论知识学习与科学研究相结合，着力提高学生开展法学理论研究与学术创新的能力；坚持教学与实践相长，打破高校和社会之间的体制壁垒，将法律实务部门的优质实践教学资源引进高校；坚持人才分类培养，本科法学教育以通识性法学教育为主，兼顾实践能力培养，学术学位研究生以创新能力为导向，更加注重学术性、前沿性与国际化；专业学位研究生以职业胜任力为导向，更加注重实践训练、知识运用与产教融合。西南政法大学"法律硕士教育与职业资格考试衔接机制研究"成果荣获第四届"中国法学教育研究成果奖"一等奖（2015 年），"以社会需求与职业发展为导向的法律硕士专业学位研究生教育改革与实践"成果荣获中国学位与研究生教育学会研究生教育成果奖二等奖（2016 年）。根据武汉大学中国科学评价研究中心在"中国科教评价网"公布的《中国研究生教育及学科专业评价报告》，西南政法大学法学研究生教育 2015 年位居全国第三，2016 年位居全国第二，法律硕士研究生教育 2015 年、2016 年均位居全国第二。

（三）强化监督管理

当前，我国现有普通高等学校中，有 626 所高校开设了法学本科专业、202 所高校拥有法学硕士学位授权、201 所高校拥有法律硕士学位授权点，43 所高校拥有法学博士学位授权点。由于上述高校所在地域经济、社会发展程度不同，办学条件和水平参差不齐，人才培养质量存在较大差距。因此，要健全完善法学教育评估标准、评估程序和评估办法，促进高校明确办学指导思想，健全教学管理制度，改善办学条件，不断提高办学水平。特别是要建立健全自我评估制度和内部监督体系，切实加强自我评估和自我管理，不断提高质量保障水平。西南政法大学对法治人才培育实施全过程管理与质量监控，建立了导师、学科、学院、学校"四位一体"层层把控的质量保障监督体系。通过对培养方案设计、个人培养计划制订、课程教学、专业实习、学术活动、中期考核、论文开题、预答辩、评阅答辩与抽检等各个培养环节层层把关,实现对人才培养各环节全过程监控。

二、坚持"立德树人",用好课堂教学主渠道

(一)统筹课堂教学资源,形成"课程思政"新格局

我们认为,实现社会主义核心价值体系建设与高校大学生的德育教育相融合,关键在于各专业教学环节中德育教育的全面覆盖。实践中,除传统的思政课外,西南政法大学充分挖掘和运用各学科蕴含的思想政治教育资源,倡导所有老师都担负起思想政治教育职责,切实改变思想政治教育标签化取向,实现从"思政课程"向"课程思政"的转变,从而将思想政治工作贯穿教育教学全过程,实现全程育人、全方位育人。为全面落实立德树人根本任务,并规范课堂教学管理,维护正常教学秩序,树立良好的教风和学风,西南政法大学已形成《西南政法大学本科课堂教学管理办法(征求意见稿)》,对教师素养、主讲资格、课堂教学纪律与言行、教学手段及教材选用、教师精神面貌和课堂秩序管理等都提出了相应的要求,为学生正确价值观的导向形成良好的示范作用。2017年6月,西南政法大学首次开展教师教学水平同行专家评议工作,采取随堂测评、现场试讲和视频评议三种方式,评审专家组对72名教师的课堂教学质量和教师教学业绩材料进行了评议。从评议结果来看,提升课堂教学水平效果明显。今后,西南政法大学将继续完善课堂教学质量评价机制,将教学考评体系结果多渠道延伸使用,列为教师职称晋升必备条件,进一步调动广大教师提高课堂教学质量的积极性。

(二)深化课堂教学改革,提升思政教育亲和力

为提升思政课的质量和水平,落实好教育部关于"进教材、进课堂、进头脑"的要求,西南政法大学党委书记樊伟亲自牵头制定了《西南政法大学〈形势与政策〉课程教学改革实施方案》。该方案不仅对授课内容做了具体要求,还通过开展专题讲授、开设校级公开课、实践教学等多种形式,对课程质量的提升提出了规范标准。在课堂组织形式上,西南政法大学

结合实际，将学校党政领导、学院院长、总支书记、马克思主义学院专任教师、学生辅导员纳入任课教师队伍，吸引、鼓励校内相关专业学术带头人和专业课教学骨干，专职或兼职承担形势政策课教学任务。同时，积极争取从社会各界聘请党政领导、企事业单位负责人、行业专家和先进模范、社科理论界专家进行部分专题讲座的讲授。另外，学校还根据《西南政法大学本科教学改革研究项目管理办法》，逐步将其他思政类课程纳入本科教学改革研究项目予以立项研究，由课程负责人或教研室主任牵头进行教学方法、教学内容及教学手段等方面的改革探索，使思政课的内容和方法从天上回到人间，内化为学生实践的方向和准则。

三、促进"德法兼修"，抓好人才培养模式改革关键点

（一）优化课程体系，着力塑造健全人格

本科专业人才培养方案是高等学校实现人才培养目标的总体计划和实施纲领，是学校办学理念和办学特色的具体体现，为培养"德法兼修"法治人才，加强涵括法律职业道德、职业伦理教育、人文素质在内的职业素养是卓越法律人才培养的基础，西南政法大学精选可促进法科学生个性和潜能发展的人文、社会科学、自然科学类课程进行建设，如"法学方法与法律推理""宪法的魅力""中华法系与中国法治现代化""商法的思维"等，受到了学生的认可，实践效果良好。在新制定的法学本科培养方案中，西南政法大学将人才培养方案从原来以"知识"规格为主线的必修课（公共必修课、专业基础课、专业主干课）和选修课（专业选修课和公共选修课）的板块体系改为了以"知识"、"能力"和"素质"规格为主线的"核心职业素养板块"（通识必修课、通识限定选修课、通识任意选修课）、"核心知识结构板块"（专业必修课、专业选修课、专业任意选修课）和"核心职业能力板块"（核心职业能力必修课和核心职业能力任意选修课）。其中，增设了"政治学""逻辑学""经济学原理""社会学"等哲学社会科学基本原理课程和"人权概论"等课程，并明确课堂教学的 1/3 学时为实践

教学部分和开设如表达沟通能力训练、创新创业训练等30多门法律实务课程。这个模式成为西南政法大学管理学、哲学、文学等其他学科人才方案制定的模板与依据,并被西南石油大学、甘肃政法学院(2014年)等兄弟院校借鉴,示范效应显著。同时,西南政法大学原分管本科教学副校长刘俊教授和教务处处长石经海教授曾多次被中国法学会等部门邀请为全国法学院系的卓越法律人才培养研讨会进行经验交流甚至进行相关培训。

(二)利用法学教育资源优势,促进专业交叉融合

目前,西南政法大学拥有法学、侦查学、刑事科学技术、行政管理、英语、国际经济与贸易、会计学、思想政治教育、经济犯罪侦查、治安学、审计学、政治学与行政学等13个重庆市特色专业,拥有司法职业人才培养、应用型国际经贸人才、舆情传播与风险管理、国家治理与公共安全、马克思主义传播人才培养和经济进度与经济秩序治理等6个重庆市特色学科专业群。无论是特色专业还是特色专业群的建设,都围绕着经济社会发展对人才的需求,探索对应用型复合型人才的培养,且大多利用西南政法大学法学教育优势,不同程度地融入"法元素",为社会主义法治人才培养和推进法治国家贡献力量。同时,西南政法大学民商法学院与经济学院、管理学院分别签订了协同创新协议,自2015年始开办了"资本市场法务"和"企业法务"两个实验班,探索专业交叉融合的人才培养模式。所有这些专业融合的尝试,充分利用了学校特有的良好的法学教育环境,对法学以外专业学生的法律意识起到潜移默化的促进和强化。

四、改革实验班,推动"卓越计划"改革

长期以来,西南政法大学始终坚持开放性、市场化的人才培养质量观,形成了面向社会职业需求定位的人才培养目标,具体为培养合格的职业法官、检察官、律师等法律职业人才。同时,学校以社会评价为导向,秉承"学习能力比专业知识更重要,思维方式比专业技能更重要,职业伦理

比执业能力更重要”的培养理念，将抽象的人才培养目标具体化为“核心职业素养”“核心专业知识结构”“核心职业能力”三大指标体系，进而依托该指标体系系统修订法律人才培养方案、优化课程体系，力求将用人单位的需求与评价作为学校人才培养质量和高等教育质量的主要观测点，逐步形成了集国家、社会及学生共同评价的“三维人才质量观”。这种务实型导向的法律人才培养理念和以社会评价为主的人才质量观，已成为西南政法大学全面实施“卓越法律人才教育培养计划”的指导原则和办学思路。在这种思路指引下，西南政法大学进一步加强了与实务部门、其他高校（包括国内、外大学）等相关主体的合作力度，整合各实务部门和社会教育资源，深度构建法律人才培养共同体，以此作为实施“卓越计划”、推动法学专业综合改革的核心思想。其中，学校作为人才培养共同体的核心，主要进行人才培养目标定位与总体方案设计，构建共同体稳定的运行与管理机制，组织协调人才培养与教育教学活动，建立与各共同体主体之间的信息沟通和联系；实务部门作为重要的参与主体，通过深度参与学校人才培养的各环节，提出职业化法律人才培养标准，为人才培养模式改革提供一手基础性资料；国内外高校则作为共同体的重要组成部分，发挥在教育教学协同创新、人力资源合作及科学研究合作等方面的积极作用。

依托开放性法律人才培养共同体，西南政法大学逐渐形成了卓越法律人才核心职业素养、核心知识结构与核心职业能力三大指标要素体系。同时通过开展调研及召开座谈会的方式，及时掌握国内外法学专业发展前沿及专业融合趋势，了解实务部门及用人单位对法学专业毕业生的最新需求，形成了西南政法大学卓越法律人才培养方案顶层设计的指导性意见。学校依据“先试点后推广”原则，在初步确定三类卓越基地的人才培养方案后，在学校法律人才实验班先行先试，以此检验人才培养方案改革效果，在此基础上不断修正，并在完善后全面推广。

为进一步推动“卓越计划”改革，西南政法大学为卓越法律人才培养提供良好的平台和载体。学校于 2017 年 5 月，根据论证制定的《涉外法律人才实验班实施方案》、《东盟法律人才实验班实施方案》和《基层卓越法治人才实验班实施方案》，先后开展了三个实验班的招录工作，对法学专业实验班进行了较大动作的改革。其中,为契合"一带一路"经济建设发展倡议,提高西南政法大学办学美誉度、知名度,充分整合、利用西南政法大学"中国—东盟法律研究中心"的研究成果和优势资源,开设了东盟法律人才实验班;在评估历届涉外法律人才实验班开设经验和问题的基础上,继续开设涉外法律人才实验班作为卓越法律人才培养基地建设的重要平台和载体;为满足基层法治人才教育培养基地的建设需要,突出西南政法大学的地域优势和办学特色,培养一批具有坚定法治信念、良好司法职业能力的服务基层、扎根基层的法治人才,开设了基层卓越法治人才实验班。实验班并非"精英"教育,而是先通过小范围内对卓越法律人才培养的探索、试点,进而逐步推广,为培养高素质法治人才奠定基础。

五、教改课改并促教学发展,奠基人才培养基础

为深化高等教育教学改革,西南政法大学于2016年7月出台了《西南政法大学高等教育教学改革研究项目管理办法》,大大提升了对教学改革项目的经费投入和支持。在2016年的教改项目立项工作中,为提高教研项目的立项和实施效果,首推有实效的总结报告或被推广、被试点的制度设计为结项方式,并在2017年首度设置后期资助项目,对教育教学工作的已有成果和贡献进行立项支持。同时,为推动项目成果落地转化,持续提高本科教学质量,西南政法大学首度将"主持完成校级教学改革项目,且验收为'优秀'等级"之规定作为教师申报教学为主型教授任职资格的条件之一,且以"成果对人才培养质量提升是否有实质性助推作用"为唯一原则,首次对校级教学改革项目开展结题评优工作。

为激发本科任课教师教学积极性,持续创新本科教学模式和教学方法,不断提高西南政法大学本科课程教学质量,西南政法大学于2016年11月出台了《西南政法大学本科课程教学改革办法》,并于同年12月首次开展本科课程改革项目申报立项工作。最终17个项目获批立项,包括《环境资源法学》等5个A类项目、《行政法与行政诉讼法学》等7个B类

项目、《市场营销学》等5个C类项目。为加强对课改活动的过程监控、目标管理与阶段性总结评估，确保课改取得实效，西南政法大学除了安排督导专家对课改课程进行随堂听课，还组织召开了学生座谈会、本科课程改革项目推进会，总结成效的同时就课改中遇到的困境进行了交流。

2017年上半年，根据教育部和重庆市关于高等学校教学成果评审奖励的文件精神和《西南政法大学科研成果奖励办法（修订）》的相关规定，在校内各单位申报、评审委员会评审和结果公示，并由校长办公会审议、党委常委会审定的基础上，西南政法大学评选出2016年校级教学成果奖18项，其中一等奖3项，二等奖6项，三等奖9项，调动了广大教师开展教学改革研究的积极性，推动了教育质量进一步提升。

2017年7月12日，重庆市教委公示了2017年高等教育教学成果奖，西南政法大学获得一等奖两项，二等奖两项。其中，由付子堂校长领衔的团队以《法治人才"四位一体"培养模式的构建与实践》获得一等奖。在2017年6月19日教育部高校法学类专业教学指导委员会"培养德法兼修高素质法治人才：贯彻落实习近平总书记五三讲话精神，提出推动中国法学教育改革的关键性措施"研讨会上，该教学成果以"围绕'德法兼修'要求，创新法治人才培养模式——西南政法大学'四位一体'法治人才培养模式介绍"的主题发言作为西南政法大学人才培养模式经验进行大会交流。西南政法大学教务处处长石经海教授主要从西政校训（博学、笃行、厚德、重法）、西政精神（心系天下、自强不息、和衷共济、严谨求实）、2012年三个卓越法律人才培养基地建设和2014年的人才培养方案修订等方面，介绍了西南政法大学"德法兼修"法治人才培养的历史传承、模式探索、实践应用和成效推广等情况，受到与会者高度关注。

六、落实教学优先发展，稳定德法兼修法治人才教育者队伍

在市场化资源配置已渗透于社会各个层面的今天，如何使教育者的主要精力回归课堂，坚守课堂教学高质量，主动将科研成果向教学转化，

使教育者能够有荣誉感地专注于课堂从而对大学生实现思想引导,是新形势下高校教育的当务之急。西南政法大学正逐步完善相关体制机制,建立教育教学系列奖项,相关规定包括:《金平法学教育基金西南政法大学教学贡献奖与教书育人奖奖励办法》《西南政法大学"西政名师"奖评选办法》《西南政法大学教学成果奖励办法》。为进一步提高教师开展教学与科研工作的积极性,支持和鼓励在人才培养和科学研究中有作为的教师,学校完成《西南政法大学学科优秀人才支持计划》拟订工作。此外,还有尚未正式出台的《西南政法大学"锦上添花"教学新秀奖奖励办法》。各奖项条件设置均侧重教学,并覆盖不同年龄阶层,以此调动教师投入教学的积极性。

为进一步激发全校教职工爱岗敬业,以及人人关心、参与"双一流"建设的积极性,西南政法大学出台了"西政好老师"、"西政好干部"、"西政好学生"和"西政'双一流'建设突出贡献奖"评选办法,并开展了评选活动。另外,学校还制定了一系列文件:《西南政法大学省部级以上人才年薪制实施方案》《西南政法大学学科优秀人才支持计划(试行)》《西南政法大学师资博士后选聘办法》《西南政法大学人才引进办法(修订)》《西南政法大学教职工访学支持计划》《西南政法大学劳务派遣人员管理暂行办法》《西南政法大学岗位核定方案》《西南政法大学专业技术职务申报评审工作细则》等。制定这些文件的重点在于通过制度设计,达到对引进人才与培育现有师资实行对等待遇,既要注重从引进高水平师资入手,又要兼顾到与已有师资的待遇平衡;加大对博士后师资的选拔与引进,为学校后续发展做好中青年师资储备工作;加大对外交流与访问学者的支持力度,提升师资国际化学术交流与对话能力建设;通过在部分优秀专项师资中推行年薪制,激励骨干师资发挥引领作用,形成结构合理的教学与科研团队;以岗位聘任与考核强化对教师在教学一线的业绩认定,并将之整体纳入职称评定与下一轮岗位聘任的认定中;结合多年工作实践,选拔一批优秀的中青年管理队伍充实到各级各类岗位上,在管理规范与人员选拔作用上提升服务质量等。这些文件作为支持与激励措施,为培养德法兼修法治人才提供了可靠的保障。

多年的人才培养工作实践,使我们充分认识到人才培养是立校之本。前不久,西南政法大学刚刚结束了本科教学工作审核评估整改工作。通过这次本科教学评估,我们提高了两个方面的认识:一是对本科教学评估重要性的认识;二是高质量的课堂教学是培养高素质法治人才的关键。同时,我们结合2017年习总书记在中国政法大学视察时所发表的重要讲话的精神,认为要尽快从以下四方面进行积极探索。一是要明确人才培养目标的定位,主要按照党中央要求为国家提供立法、执法、司法、法律服务、法学教育与研究等五类法治人才。我们的人才培养方案、课程设计和实践培养等环节都要根据五类法治人才的特点而进行侧重修正。二是要坚持理论研究,完善社会主义法治理论体系。要着力完善科研管理机制、交流合作机制、成果应用转化机制,加强法学教育、法学研究工作者和法治实践工作者之间的交流碰撞,进一步推动法学研究、法学教育与司法实践相结合,繁荣中国特色社会主义法治理论研究。三是坚持责任担当,服务国家地方经济社会发展。参与法治建设与实践,有利于深化师生对国情社情和中国特色社会主义法治实践的认识,有利于增强师生立足司法实践分析问题、解决问题的能力,有利于增进法学理论与法治实践的结合,有利于深化法学理论研究和提升法治决策和实践水平。四是要坚持开放合作,增强法学学科的国际影响。全球化的现实迫切需要拥有熟悉国际法律规则、具有较强外语交往能力、具有国际视野与竞争力的、能够为国家在国际舞台上征战的法学人才。因此,一方面,法学教育、法学研究、法治建设要坚持开放合作,吸收借鉴世界优秀法治文明成果,为我所用;另一方面,要向全世界弘扬中国法治文化、法律制度和法治理论,形成中国的话语体系,增强法学学科国际影响力,用中国智慧、中国实践为世界法治文明建设作出贡献。

今后,西南政法大学要把不断提升教学质量放在人才培养工作的首要位置,通过改革创新,加强教学基础建设,以制度机制创新推动法治人才培养建设,努力把西南政学大学的教育教学体系建设成为研究型高水平大学的德法兼修法治人才培养体系,这是西南政法大学的使命和责任。

Promoting the Advantages of Legal Education and Cultivating Legal Talent with Virtue and Law

Fu Zitang

Abstract: The core function of universities is talent cultivation. General Secretary Xi Jinping's remarks of "training students' virtue, promoting both virtue and law and grasping the cultivation of legal talent" clearly indicates that legal education must be carried out by insisting on both virtue and law. Southwest University of Political and Law has been adopting a series of measures to cultivate legal talent with virtue and law, such as: insisting on the "training of students' virtue" by persisting the correct political orientation, enhancing the quality-awareness in legal talent education; "promoting both virtue and law" by taking good advantage of classroom teaching; laying foundations for talent cultivation by taking the key points of the modes and reform of talent cultivation, reforming experimental classes, improving the "Excellent Legal Talent Education and Training Plan", advancing teaching reform and course reform to promote the development of teaching activities; implementing the prior development of teaching activities, consolidating the teaching staff for cultivating talent with virtue and law.

Key Words: legal education, promoting virtue and law, legal talent

以立德树人为本　以德法兼修为要

——政法院校高素质法治人才培养的思考与实践*

叶　青

摘　要：党的十八大以来，创新法学教育模式、探索法治人才培养新路径，成为政法院校开展教育、教学实践的"第一指针"。本文认为，把"立德树人"作为法学教育和人才培养的根本导向是对中国特色社会主义价值立场的坚持，把"德法兼修"作为人才培养体系的基本目标是社会主义法治中国建设和高校教育综合改革的内在要求。政法院校构建"德法兼修"的人才培养体系，应以"立德树人"为指导思想，以中国特色社会主义法学学科体系为支撑，以立足自身实际、形成特色品牌为发展战略。本文以华东政法大学法治人才培养的实践经验和典型做法为切入点，总结经验、思索出路，与兄弟政法院校共同推进改革、协同创新，为法治人才培养输出更多的创造力、贡献力、影响力和竞争力。

关键词：立德树人　德法兼修　人才培养　法学教育

---

* 本文的写作得到了华东政法大学教务处鲁慧老师的大力支持与帮助，特此致谢。

习近平总书记深刻指出:“全面推进依法治国是一项长期而重大的历史任务,要坚持中国特色社会主义法治道路,坚持以马克思主义法学思想和中国特色社会主义法治理论为指导,立德树人,德法兼修,培养大批高素质法治人才。”①改革开放以来,我国法学教育和法治人才培养成效显著,形成了多类型、多层次的法学教育体系,建成了种类齐全、内涵丰富的法学学科体系,法治人才培养规模和质量不断提高,为法治领域输送了数以百万计的专门人才。尤其是党的十八大以来,以习近平总书记为核心的党中央高度重视全面依法治国和法治人才培养,在科学、准确研判新形势、新任务的基础上,对如何造就一支高素质的法治人才队伍提出了一系列重要思想和重大部署。

高校是人才培养的主阵地,政法院校更是输出法治人才的主要供给侧。就如何进一步深入贯彻落实全国高校思政工作会议精神和习近平总书记考察中国政法大学时提出的关于全面推进依法治国和全面做好法治人才培养工作的最新指示而言,须以立德树人为本,以德法兼修为要,切实做好法治人才培养的“供给侧改革”。而这已经成为衡量政法院校担当、作为和智慧的根本遵循。

一、政法院校要以“立德树人”为本,进一步明确高素质法治人才培养定位

(一)始终坚持立德树人的根本导向

我国的传统文化历来重视发挥德育的作用,强调“格物致知、诚意正心、修身齐家、治国平天下”的修身路径。帮助大学生扣好价值观形成链条的“第一粒扣子”,需要把立德树人摆在人才培养工作的重要位置。“立德树人是中国特色社会主义教育事业的核心所在,是培养社会主义建设者和接班人的本质要求。坚持立德树人,就必须加强中国特色社会主

① 《习近平在中国政法大学考察》,载新华网:http://news.xinhuanet.com/politics/2017-05/03/c_1120913310.htm,最后访问日期:2017年11月2日。

义教育,用马克思主义中国化最新成果武装师生头脑,帮助师生增强道路自信、理论自信、制度自信;就必须加强思想道德教育,努力使学生具有高尚的道德情操、深厚的文化底蕴、良好的审美情趣。”②

(二)始终坚持中国特色社会主义的价值立场

随着中国特色社会主义事业不断发展,法治建设将承载更多使命,发挥更为重要的作用。建设法治国家、法治政府、法治社会,实现科学立法、严格执法、公正司法、全民守法,都离不开建设一支高素质的法治工作队伍。这就需要我们坚持法学教育的社会主义价值观,坚持中国特色社会主义法治人才培养体系。党的十八大报告立足国家、社会和个人三个层面,用了二十四个字对社会主义核心价值观作了凝练概括,即国家层面倡导富强、民主、文明、和谐,社会层面倡导自由、平等、公正、法治;个人层面倡导爱国、敬业、诚信、友善。这就回答了国家层面的价值目标、社会层面的价值取向和公民个人层面的价值准则,其精髓就是社会主义法治精神。树立社会主义核心价值观,离不开社会主义法治精神的支撑作用。

(三)始终聚焦德法兼修的培养模式

德法兼修的法治人才应该是培养真心认同、自觉践行社会主义核心价值观的“四有新人”。第一,要有过硬的思想政治素质。要把思想政治建设放在首位,忠于党、忠于国家、忠于人民,将社会主义核心价值观内化于心、外化于行,这是衡量法治人才素质高低的基本前提。第二,要具有良好的职业道德和法律信仰。在我国社会转型期和复杂国际环境下,法治人才须拥有坚定的法律信仰和良好的职业道德,保持高度的政治敏感度和正确的意识形态;同时须坚持职业操守,成为社会主义法治事业坚定的维护者和践行者。第三,要有丰富的法学知识以及相关的人文社会科学及自然科学知识储备。当今社会,法律职业高度细分,高素质的法治人才不仅需要广博的通识教育知识,更加需要从事一线法律行业所需要的专业知识,还需要法律和其他学科交叉的复合型学科知识背景和结构。第四,要有较强的实践操作能力。法治人才必须具备将理论运用到实践

② 苟仲文:《深刻认识新形势下加强和改进高校宣传思想工作的重要性》,载《中国教育报》2015年2月3日,第2版。

的能力,包括对社会生活的敏锐观察力、逻辑思维能力、口头表达能力和文字写作能力等。③

二、政法院校要以“德法兼修”为要,加快构建和完善法学学科体系

(一)着力构建中国特色社会主义法学学科体系

习近平总书记强调:“办好中国的世界一流大学,必须有中国特色。”④加快创建中国特色、世界一流法学院校,需要加强法学学科体系、学术体系、话语体系、课程体系、教材体系等方面建设,“号”好社会人才需求之“脉”,做到高校学生培养方案、课程设计“无缝衔接”社会现实需要。要处理好中西关系,立足中国、借鉴国外,对世界上的法治文明成果,要兼收并蓄,也要加以甄别,有选择地吸收和转化,不能囫囵吞枣、照搬照抄。同时要处理好古今关系,要传承中华法系的精华,也要去其糟粕,挖掘历史、把握当代。⑤

(二)注重强化理论研究对法治实践的支撑功能

开展法学基础理论研究,加快建设中国特色社会主义法治话语体系,是社会主义法治文化建设的重大战略任务,是全面建设社会主义法治国家的现实需求。要充分发挥法学研究对推进法治建设的基础性作用。通过加强法学理论研究,进一步完善中国特色社会主义法律体系,深入开展社会治理和创新法律问题研究,结合我国法治实践,力争形成在理论上有创新、对实践有指导的研究成果。这是时代赋予法学院校和广大法学工作者的光荣使命。

---

③ 参见李劲峰、赵宇飞、刘林、王菲菲:《法治人才后备队伍调查“瘸腿”的教育岂能跑快》,载《半月谈》2014年12月10日。

④ 参见李元志:《办好中国特色世界一流大学》,载人民网:http://theory.people.com.cn/n/2015/0910/c40531-27565329.html,最后访问日期:2017年10月31日。

⑤ 参见徐隽:《法学教育要德法兼修——访中国政法大学校长黄进》,载《人民日报》2017年5月24日,第17版。

（三）积极探寻法学学科建设与马克思主义理论发展的同频共振

哲学社会科学学科中绝大部分具有鲜明的意识形态属性，法学亦是如此。法学学科蕴含着丰富的道德思想和人类普遍遵循的道德规范，能够帮助学生形成明辨是非、善恶、美丑的能力，形成公平正义、诚信守法的正确价值观，还能够激发大学生追求高尚的道德情操和精神境界，全方位地提高大学生的思想道德素养。这与马克思主义理论的价值观不谋而合。法学课程不应该是“独角戏”，而是应该深入发掘课程中的思想政治理论教育资源，融入课程思政教育理念，实现与马克思主义理论的同频共振。

三、创新构建具有华政特色的法治人才培养模式

习近平总书记指出，中国特色社会主义法治道路的一个鲜明特点，就是坚持依法治国和以德治国相结合，强调法治和德治两手抓、两手都要硬。⑥ 构建一套立德树人、德法兼修的法治人才培养模式，形成以德润才、德才兼备的人才培养导向，同样需要坚持思想道德教育和专业水平提升两手抓、两手都要硬。华东政法大学以深厚的法学学科优势和人才培养经验为基础，着力建构一套有底气、有自信、有特色的法学教育体系和学科建设体系，培养德法兼修的高素质法治人才。

第一，知识传授与价值引领双管齐下，积极开展课程思政教育改革。学校重视构建一套校院联动、师生参与的课程思政教育改革立体格局，并把立德树人、加强大学生思想政治教育工作作为人才培养的基础工作，着力构建一套全方位、多层次，由校党委统一领导、多部门牵头协调、学院全面联动、全体师生积极参与的思政教育改革体系。校级层面成立课程思政教学改革领导小组、课程思政指导委员会和课程思政教学改革办公室，总体设计、统筹协调和组织实施；教务处联合人事处、宣传部、马克思主义

⑥ 参见《习近平：坚持依法治国和以德治国相结合》，载新华网：http://news.xinhuanet.com/legal/2016-12/10/c_1120093133.htm，最后访问日期：2017年11月3日。

学院,与各学院合作开展课程思政教学内容和方式方法的改革探索,选取若干学院和课程作为试点学院和试点课程,形成多部门联动的工作机制。

加强制度建设,出台《教师课堂教学管理办法》《教学事故认定及处理办法》《教材编写与修订管理办法》等规章制度。将师德师风计入教师考评,作为评价指标,引导广大教师更好地承担起学生健康成长的指导者和引路人的责任。健全教材管理问责机制,明确各级审批责任,从制度上严把选用教材内容的政治关。近三年马克思主义理论研究和建设工程(以下简称“马工程”)教材使用种类翻番,使用量大幅提升。2016年“马工程”教材使用数量全市第一,较2015年同期增加四成,达到817本。⑦学校推荐8位中青年骨干教师参加教育部“马工程”重点教材任课教师培训班,并对上海其他高校教师进行培训,推动教材优势向教学优势转化。

推出一批价值引领和知识传授相结合的示范课程。以全过程、全角度拓展思政教学工作格局为目标导向,积极推进“思政课程”向“课程思政”的创造性转化,以知识传授为基础,以经典案例为核心,以社会主义核心价值观为引领,发挥课堂育人的主渠道功能,实现知识传授与价值引领的有机统一,实现思政课程的显性教育功能与专业课程的隐性教育功能的协同效应。其中思想政治理论课以“毛泽东思想和中国特色社会主义理论体系概论”、“中国近现代史纲要”、“思想道德修养和法律基础”和“马克思主义基本原理概论”等课程为建设重点,使其成为在上海乃至全国都具有相当影响力的思政课程;在课程思政方面,以法学、政治学、新闻学等学科的主干课程为龙头,以优质综合素养课程为抓手,深入挖掘思想政治教育资源,积极采取多重改革措施,以遴选形式开发建设一批课程思政方面的示范课程。

发挥优势建设“法治中国”品牌课程。植根于学校深厚法学底蕴,依托优秀的法学师资,通过专题讲座的方式开设“法治中国”课程。课程由校党委书记曹文泽,校党委副书记、校长叶青,校党委副书记、副校长闵辉担任课程顾问,马克思主义学院院长负责策划、主持,汇聚了优秀的法学

---

⑦ 数据信息摘自《华东政法大学年鉴》(2016年)。

家、实务工作者，共同讲授法治中国建设过程中最前沿的理论动态和改革实践，突出新一轮司法改革的重点和难点，明确法治中国未来发展的前景与方向，鼓舞学生为法治中国的建设添砖加瓦，贡献青春与智慧。课程采取讲座与讨论相结合的方式，配备优秀青年教师担任助教，组织学生提问并参与讨论，引导学生深入思考法治中国建设问题。学生反映，“课堂上，老师介绍了上海最先锐的司法制度建设，并且为我们未来法律就业提出了许多真挚的建议。由此，我惊叹于上海经济社会发展之先行，却也深深地感受到中国法治地区发展之不平衡。‘法治中国’课对于我们从整体上思考中国的法治建设，开了一扇美丽的天窗”。⑧ 华东政法大学传播学院将再推出全校公选课“人文中国”。

总结一套对哲学社会科学课程进行课程思政转化的典型经验。法学、政治学、新闻学等学科是意识形态属性较强的哲学社会科学学科，要重点解决如何在这些学科的教学和研究中正确处理知识传授和价值引领之间的关系，如何发挥马克思主义理论在这些学科中的引领作用，以及如何加强对大学生法治理念和信仰的教育等问题。学校从理论研究和实践探索两个方面着手，边试点、边总结、边提炼，逐渐形成对哲学社会科学课程进行课程思政的创造性转化的经验。

立足华政学科优势，充分挖掘法学、政治学等专业课程思政资源。首批选取华东政法大学优势学科中具有代表性的、且受益面较广的专业基础课和必修课，如“法理学”“中国法制史”“宪法学”“马克思主义新闻观”“英语报刊选读”“国际安全学”等 27 门课程进行试点，强调立足法学、政治学等优势学科的特殊视野、理论和方法，挖掘其中适合对大学生进行思政教育的内容，发挥法学学科体系建设对于法治人才培养的重要作用，使专业教育和思政教育实现深层次融合。打破学科壁垒，组织专业课程教学团队和思想政治理论课教学团队联合备课。发挥传统思想政治理论示范课的引领效应，推广讨论式教学、专题协作、互动式、探讨式教学模式在课程思政建设中的应用。鼓励教师树立全员、全方位、全过程育人

---

⑧ 《华东政法大学：“法治中国”思政课程领航“课程思政”》，载新华网（上海频道）：http://www.sh.xinhuanet.com/2017-06/30/c_136406991.htm。

的教学理念,通过读书会、网络课堂、坐班答疑、自习辅导等多种贴近学生生活的教学渠道,引导学生阅读马克思主义哲学、经济社会学、中国传统文化等重要典籍,以及通过社会实践活动了解国情,使之正确认识目前现实社会存在的问题,真正体会到中国特色社会主义的优势所在。探索法治中国课程与"依法治国"战略的有机统一。将实际工作部门的优质实践教学资源引入课程建设,进一步发挥"法治中国"系列课程在华政乃至更大范围的整体影响力和辐射面,引导学生认识到我国社会主义特色法治建设的特殊性和复杂性、长期累积的经验和优势,鼓舞学生以中国智慧、中国实践为世界法治文明建设作出贡献。以华政书院制通识教育改革为抓手,选取历史文化传承与人文素养模块、法治精神和专业养成模块作为综合素养课程思政改革试点模块,要求学生各修读6个学分,从"宽口径、厚基础"的角度增强青年学子的信心,从思想上更好地引领成长,更好地落实立德树人的根本任务。

建立一支信仰、传播、践行中国特色社会主义理念的教师团队。围绕课程思政全面开展课程设计、教学方法、教材使用、网络教育、实践教学等全景式思政教育改革。动员各条师资战线,协同演奏好高校思想政治工作的大乐章。把教师思想政治工作摆在突出位置,引导教师坚持教书和育人相统一、言传和身教相统一、潜心问道和关注社会相统一、学术自由和学术规范相统一,使之努力成为先进思想文化的传播者、党的路线方针政策的坚定支持者,使"课程思政"成为每一个教师教学科研的工作理念。不断加强教学梯队建设,大力推进课程思政教学观摩、教学竞赛、教学研讨等教研活动。教学过程中,教师以人格魅力感染学生、以教学魅力吸引学生、以真情投入激励学生、以言传身教培育学生,用知识的宽度、历史的深度、逻辑的力度,培养学生的探究精神、理性思维能力和创新能力。

形成一股以互联网思维为导向的思政教育合力。抓好课堂育人、实践育人、网络育人,使三者在改革创新中相统一。一方面,学校以网上课堂为课程平台,建设一批融入"课程思政"理念的精品网络课程供学生选读,鼓励老师线上答疑和组织讨论;另一方面,充分利用互联网和手机等新媒体数字终端，创新高校思想政治工作载体。⑨ 通过在“华政教务”微信公众号开辟“课程思政”专栏等方式，共享课程资源、分享经典阅读、定期发布专题讲座信息、进行价值引导，开展师生互动。

第二，注重引入优质实践教学资源，强化法律人才的实践能力培养。

华东政法大学十分重视学生的实践教育和职业能力培养。依托国家级实验教学示范中心实践资源，构建起一套“纵横”交叉、立体化、全覆盖的实践教学平台，全方位开展法学实践训练。在“纵向”的实践教学体系上，加强了实务部门对人才培养的参与度，实践教学系统地贯穿于学生的整个培养阶段，实现学生实习个性化阶梯式培养。阶梯式培养分为四级：Ⅰ级为见习、观摩及社会调查；Ⅱ级为模拟法庭、模拟仲裁庭；Ⅲ级为自主创新性实验、现场勘查、参加国内竞赛；Ⅳ级为参加国际专业技能竞赛，结合学生个性进行职业实训、完成毕业实习和毕业设计。阶梯式的设计能够保证实践教学的连续性，逐步增加实践训练的强度，提升学生实践能力。在“横向”的实践教学体系上，实现了实践课程体系化，实践类教材系列化，实践教学的学术化和模拟、仿真训练多样化，形成了融理论类课程、实验课程、专业模拟与仿真训练、专业职业实训四位一体的教学模式。2016 年，学校“法学研究与教学实验实训大楼”竣工通过验收，其中规划建设了虚拟仿真实验室、显微拉曼实验室、电子数据司法鉴定实验室、数字逻辑与组成原理实验室、电子侦控实验室、液相色谱实验室、光谱分析实验室、智能语音分析实验室、声纹分析实验室、视觉功能检测实验室、文件材料分析室、模拟法庭、国际远程教育实验室等一系列国际领先、国内一流的实验室，为加强实践实训教学提供了有力的硬件设施保障。

高度重视建立与司法实务部门的协同育人机制。鼓励教师到立法机关、政法系统、党政机关、国有企业等实务部门进行挂职锻炼，使自身更接地气，更了解国情、社情、民情，从实践中汲取营养，反哺于教学工作；鼓励并要求教师有国外进修或访学的阅历，开阔学术视野，丰富自身

⑨　参见曹文泽：《让高校思想政治工作活起来》，载《人民日报》2017 年 2 月 13 日，第 7 版。

的学术涵养。[10] 依托“卓越法律人才教育培养计划”中的“双千计划”,深化与一线实务部门的教学合作形式,引进大批行业、企业专家,与华政教师共同制定培养目标,设计课程体系,编写案例教材《法学名家评案说法——“双千专家”专辑》,组织教学团队,共建实践平台,大大提高了学生的法律逻辑思维能力、对法律问题的分析判断能力和解决能力以及诸如调查、会见、谈判、书写、辩论等法律从业技巧,使学生掌握法律职业技能,胜任司法实践工作。

第三,立足区域促发展,培养紧缺型司法职业人员。习近平总书记提出,要立足中国,挖掘历史,关怀世界,正确解读中国实践、解决中国问题,尽快培育出具有中国特色与国际视野的法学学科体系,成为中国法学学术的创造者与世界法学学术的贡献者,为建设社会主义法治国家提供理论支撑。[11]

华东政法大学紧跟国家和上海社会经济发展需求,率先设立了知识产权专业、国际金融法律专业方向和国际航运法律专业方向,也打算在反恐、禁毒、网络安全等方向开设相关课程,为学生提供多学科的知识结构,以培养能够面对未知挑战、具备多学科视角分析和处理能力的跨界法治人才。长期以来,学校依托地缘优势,十分重视对涉外高端法律人才的培养。截至目前,学校同近150所国(境)外优质大学、科研机构建立了长期合作关系。学校对外合作层次不断提高,合作区域不断扩大,包括与世界知识产权组织合作开办了首届“世界知识产权组织中国暑期学校”;作为金砖国家法律论坛的创始试点单位,承办“第二届金砖国家法律论坛”;与哈佛大学商学院合办了“律所领导力和发展战略——中国课程高级研究班”项目等。与美国、英国、德国等多个国家的法学院和研究机构合作建

---

⑩ 参见《专访华东政法大学校长叶青:做一个崇尚规则,信仰法治的人》,载《上海法治报》2015年9月21日,A2版。

⑪ 参见《青年意味着什么? 从梁永河到中南海,习近平给出了他的答案,并用自己的言行,为青年树立了榜样》,载 http://lzanning. gov. cn/articles/ch01075/201705/11b43ee4 - 5dbo - 4f16 - acd3 - 4d30947439c3. html. ,最后访问日期:2017年12月3日。参见《习近平在中国政法大学考察》,载新华网:http://news. xinhuanet. com/politics/2017 - 05/03/c_1120913310. htm,最后访问日期:2017年10月14日。

立研究中心，学生赴境外长期学习、实习的人数持续上升，过去一年学生长期赴境外学习（一学期及以上）比例达到所有出国交流学术总数的74%。教师赴境外访学、访问等对外交流活动活跃，长期聘请外教为本科生和研究生开设英语、日语、德语、拉丁语、意大利语、法律英语、法律写作等课程，其中不乏获得美国法学院法律博士学位的美国律师。每年学校、学院还邀请数十名外籍教授来做短期讲学、讲座，开拓了学生的国际化视野。

Taking the Training of Students' Virtue as the Fundamental and Taking the Promoting of Both Virtue and Law as the Essential

—Thoughts and Practices about the Cultivation of High-quality Talent at Universities of Political Science and Law

Ye Qing

Abstract: Since the 18th National Congress of the Communist Party of China, it has been the essential and prior policy for the education and teaching practice at universities of political science and law in China to innovate legal education modes and explore the new path of legal talent cultivation. The author of this paper contends that it is the persistence on socialism values with Chinese characteristics to take "training students' virtue" as the fundamental orientation of legal education and talent cultivation. Meanwhile, it is the innate requirement for the construction of the rule-of-law socialist country and the comprehensive reform in domestic higher education to take "promoting both virtue and law" as the cardinal objective of the talent cultivation system.

For the construction of a talent cultivation system of "promoting both virtue and law", the universities of political science and law should take a series of measures as the development strategy, such as, taking "training students' virtue" as the guiding thought, taking the system of the discipline of law with Chinese characteristics as the baseline, and rooting in the actual situation of the university, and so on. Taking the experience and typical approaches in the cultivation of legal talent at East China University of Political Science and Law, this paper summarizes the relevant experience and solutions to cooperate with other sister universities to promote the reform and innovation together to increase more creativity, contribution, influence and competitiveness in the cultivation of legal talent.

Key Words: training students' virtue, promoting both virtue and law, talent cultivation, legal education

基于培养高素质法治人才视野下的法学分层分类教育研究

杨灿明

摘　要：我国当前的法治人才培养主要着眼于法律职业人才，特别是以诉讼为中心的几类职业人才，与建设法治国家需要的多领域、多层次法治人才需求不相匹配。习近平总书记在考察中国政法大学发表重要讲话时强调，建设法治国家、法治政府、法治社会，实现科学立法、严格执法、公正司法、全民守法，都离不开一支高素质的法治工作队伍。法学教育必须在国家重大发展战略不断实施、经济社会持续发展对法治人才提出的多层次需求基础上，确定多元化的人才培养目标，并根据培养目标创新法治人才培养机制。本文立足中南财经政法大学法学教育的现状，结合创新法治人才培养的几点探索，对推进法治人才的分层分类教育进行探讨。

关键词：法治人才需求　法治人才培养目标　法治人才培养机制

全面推进依法治国的不断深入和“一带一路”等国家重大战略规划的稳步实施，对各层次、多领域的高素质法治人才提出了新的紧迫性需求。政法院校肩负着培养中国特色社会主义法治人才的重大使命,必须深入学习贯彻习近平总书记系列重要讲话精神,坚持以马克思主义法学思想和中国特色社会主义法治理论为指导,立德树人,德法兼修,为加快建设社会主义法治国家培养大批高素质法治人才。

一、法治人才的多层次需求

任何一个专业培养的人才最终的职业方向都不是单一的,但往往都会有若干个所谓的专业对口职业,而毕业生实际就业的专业对口率往往成为衡量专业设置必要性与教育教学水平的重要指标。对于法学专业而言,当前主要是以毕业生到法院、检察机关和律师事务所工作的比例,也就是专业对口率来评价法学教育,认为法学毕业生到立法部门、执法机关、企业、社会组织就是专业不对口。[①] 实际上,仅以所谓的专业对口来看,当前对于法学毕业生对口专业的框定也是过于狭隘的,基本是限定在狭义的司法机关,而法治人才的需求至少应该存在于立法、执法、司法这三个层面,还未包括从事法学研究与教学的专门人才。

同时,建设法治国家、法治政府、法治社会的一个非常重要的方面就是依法行政,任何理念、价值、规则等的推广,“上行下效”都是非常重要的一个路径,政府严格依法行政在建设法治国家的过程中可以起到不可估量的榜样示范作用,特别是各级领导干部要按照习总书记强调的,做遵法学法守法用法的模范,以实际行动带动全社会崇德向善、遵法守法。在严格依法行政的组织框架之内,法治人才无论是否在特定的法律部门,其所能发挥的作用无疑都将更为巨大。同理,企业、各类组织等整体上的法治意识和思维也决定了所属法律部门、岗位贡献的大小。

基于上述现实情况,仅以职业方向作为考量因素,法治人才至少有三个方面的差异化需求。一是传统的合格司法人才,主要是从事法官、检察官、律师等三类职业的法律人才,这是当前政法院校人才培养的绝对主

---

① 参见邓世豹:《超越司法中心主义——面向全面实施依法治国的法治人才培养》,载《法学评论》2016年第4期。

流。二是与法律直接相关的非司法人才，主要包括供职立法机关、司法行政机关、公安机关、政府法制部门、公证处、企业法务、与法律相关的社会组织的人员。当前政法院校一般不考虑此类人才的专门培养。三是政府部门、企业、各类组织当中不从事法律事务，但能在相当程度上决定、影响所属法律部门、法律岗位的定位和职能发挥，或是起到很大支撑作用的人员。当前政法院校并不把这一类人员看作法治人才的范畴，也没有相应的人才培养成功范式。

由于第一类、第二类法治人才主体仍然是法学专业的毕业生，所从事的也是直接与法律相关的职业，我们可以称之为“法治职业人才”。第三类法治人才不排除有法学专业的毕业生改行，但更多的是非法学专业的学生，他们并不从事直接与法律相关的职业，但对法治建设的影响非常大，比如地方政府主要领导干部的法治素养和水平往往决定了该政府依法行政的水平，企业的负责人决定了法务部门的地位和权能发挥。我们可以称这一类人为“特殊法治人才”。

即便是同样的职业方向内部，由于具体从业环境的不同，对法治人才的需求也是有所区别的。例如，由于地区之间、城乡之间经济、社会发展的不平衡，法治建设的环境和对法治人才的需求有很大不同。总体上经济发达地区的法治环境相对较好，对法治人才的需求更为迫切，素质要求更高。司法考试分为 A 类、B 类、C 类，卓越法律人才教育培养计划分为应用型复合型、涉外、西部基层法律人才三类，实际上都考虑到了基于地域因素为主的差异导致的对法治人才的需求区别，但在实际的法治人才培养过程中，政法院校并没有针对地域差异进行有针对性的人才培养。此外，基于重大利益的特殊性需求也会对法治人才的素质提出特别的要求。例如，服务于“一带一路”倡议、高铁走出去战略和民族企业海外拓展的法治人才，对外语、国际政治等素养的要求就高得多，对所在国法律、经济、民俗都要有相当程度的掌握。

二、法治人才培养的多元化目标

法治人才培养目标围绕“培养什么样的人”这一中心问题展开。中国特色社会主义法治建设具有统一的宏伟目标,但特殊的国情决定了无论是地区之间还是行业之间,法治建设的水平存在巨大的差异。基于法治人才的多层次需求,笔者不主张将法治人才培养限定于单一的目标,因为单一目标下培养的法治人才不能适应不同地区、不同行业、不同层次的需求。在对传统过于泛化的法治人才培养目标进行批判的同时,许多学者提出了新的目标,如“实行精英教育应该成为中国今后法学教育的一个发展趋势”②“精英教育才是法律教育的出路,才是法治人才培养之目标定位”③等。精英教育固然是当前及今后法学教育转型发展的一个重要方向,但不能涵盖法治人才培养目标的全部,并且精英教育的定位本身也显得过于宽泛。

“当社会开始认真对待法律专业知识和技能时,法学教育理应进入真正的‘黄金时代’,但实际上却面临着‘饱和危机’和巨大的竞争压力。”④尽管西方法学教育大多采取精英教育模式,但我们的国家治理有其他国家不可比拟的特殊性和复杂性,法学教育同样要正视这种复杂性。如果步调一致走精英教育路线,固然可以提高法学教育准入门槛,很大程度上解决法学教育泛化的问题,但又会产生多个层次法治人才的短缺,并不利于法治建设的共同推进。更何况,高素质人才总是偏向于到经济发达地区择业,但广大经济欠发达地区、农村地区在经济、社会的快速发展过程中,对法治人才的需求也与日俱增。而且由于这些地方本身法治建设的水平就要落后一些,更需要高素质的法治人才付出心血和努力,改变现

② 徐显明:《中国法学教育的发展趋势与改革任务》,载《法治资讯》2010年第1期。

③ 蒋悟真、黄越:《依法治国与法治人才培养机制的创新》,载《江西财经大学学报》2015年第1期。

④ 季卫东:《中国法学教育改革与行业需求》,载《学习与探索》2014年第9期。

状,共同发展进步。如果政法院校都将法治人才培养目标定位成单一的精英教育,显然也是与现实国情、特别是法治建设的现状不相符的。

基于我国法治建设现状的复杂性,笔者主张法治人才培养目标应采取多元化定位,立足于培养法治精英人才和一般性人才。这里的一般性人才并不等于庸才,而是能够扎根基层、处理一般性法律事务的人才。同时,法学教育还要注重培养和提高政治、经济、管理等各类人才的法治思维和法治素养。当然,不同的政法院校需要根据自身实际,特别是学科实力和特色确定自己的人才培养定位,可以是多元,可以是一元,也可以是一元内部的多元。

三、法治人才培养机制的多维度探索

(一)法治职业人才培养机制的创新

对于法治职业人才的培养,主要包括职业伦理、专业知识和实务技能三个方面。无论从事何种法律职业,以崇高的法律信仰和良好的道德操守为核心的职业伦理都是必不可少的,因为"法律工作者所处的工作环境,使其到处都可以出卖灵魂,到处都可以随心所欲地堕落"。⑤ 关于专业知识和实务技能方面,不同层次、不同方向的法治人才要求不同,应该有所区别。

针对法治人才培养的多元化目标,结合当前法律职业人才培养的现状,政法院校法律职业人才培养机制应在结合自身办学实力与特色的基础上,在全面加强职业伦理教育的同时确立多层次的人才培养机制。

1. 全面整合加强法律职业伦理教育

习总书记强调,法学教育要坚持立德树人,不仅要提高学生的法学知识水平,而且要培养学生的思想道德素养。在法学院开展法律职业伦理教育,无论从法律教育的职业属性,法律职业发展繁荣,还是从职业伦理

⑤ [日]河合弘之:《律师执业》,康树华译,法律出版社1987年版,第105页。

教育在培养对象、培养主体、法律职业共同体和法治社会等获得的收益来看,都有其必要性。⑥ 在法律职业伦理教育处于起步阶段的当下,尽管认识到了其重要性,但无论是国家还是行业并没有在行动上切实予以重视并采取有效措施。例如,在国家司法考试中,法律职业伦理所占的比重几乎可以忽略不计。政法院校必须通过扎实有效的职业伦理教育提高准法律职业人的自律意识和能力。

对世界上的优秀法治文明成果,要积极吸收借鉴,可以考虑借鉴美国等国家的做法,在全面加强对法律职业伦理的学术研究和教学研究的基础上,建立和完善师资队伍,科学编写教材,构建课程体系,将法律职业伦理教育列为法学核心课程,并将职业伦理教育贯穿到全部法律教育中,真正实现德法兼修。

2. 确立多层次的专业知识和实务技能培养方案

无论是第一类法治职业人才,即传统的合格司法人才,还是第二类法治职业人才,即与法律直接相关的非司法人才,大体上都可以区分为高端、常规和一般三个层次。高端人才数量较少,一般处理行业内最复杂、难度最大、综合素质要求最高的法律事务,是当前法治人才最为紧缺的部分,在个别领域甚至还处于空白状态;常规人才数量最大,一般处理行业内较为复杂、难度较大、综合素质要求较高的法律事务,是当前法治人才培养的主流;一般人才能够服务于经济欠发达地区,能够处理行业内一般性的法律事务,当前法治建设也需要不在少数的一般性人才,但许多政法院校主观上并不愿意培养这一类人才。

(1)高端法治职业人才培养模式的转变

对于高端法治职业人才的培养,往往需要较长的过程,且需要高校、政府、法治实务部门、企业等多方力量共同努力,需要本人具备扎实的法学专业功底、全面的知识结构和相当程度的实务历练。目前,很多行业的高端人才是极度缺乏的,例如能够熟练应对海外仲裁、能够服务民族企业海外并购的法律人才,包括"一带一路"倡议的推行,沿线各国的一系列投

---

⑥ 参见吴洪淇:《律师职业规范中的中国困境及其解释》,载许身健主编:《法律职业伦理论丛》(第1卷),知识产权出版社2013年版,第80页。

资、建设活动都需要大量的高端法律人才，但显然这方面的人才储备严重不足，各政法院校也没有采取积极有效的措施迅速补齐这个短板。此外，随着全面深化综合改革的逐渐深入和中国经济社会的持续发展，会出现越来越多复杂的法律问题，对于法官、检察官、律师也会不断提出新的更高的要求。

一般而言，高端人才必须是复合型人才。政法院校必须创新机制，整合资源，甚至是整合不同高校之间、高校与社会之间的广泛资源，共同实现对高层次、应用型、复合型和国际化人才的培养。根据不同的人才培养方向，在专业知识方面着力于法学专业知识与外语、经贸、政治、历史、管理、宗教等学科的交叉融合。另外，高端法律人才往往是领导型、合作型人才，在实务技能方面注重对处理突发性、复杂性问题能力的培养，但这些问题往往不是单纯的法律问题，而是同政治、经济、宗教、民俗等复杂的社会问题交织在一起，需要其具备带领团队的能力，并不以单纯的法律视角看待和解决问题。

对于长期以来被忽视的第二类法治职业人才，即与法律直接相关的非司法人才，政法院校应该予以高度重视并努力填补空白，实际上即便是律师行业，长久以来以诉讼和法庭为中心的课程设置也没有对其中数量庞大的从事非诉业务的律师培养予以足够的重视和对待。法学教育必须根据各类人才的特点确定科学的培养模式。比如立法人才的思维就同司法人才有很大不同。立法是分配正义，司法是矫正正义。立法人才应有整体性思维，关注数据，具有统合不同主张的能力；司法人才应有个案思维，关注证据，具有辨析真伪的能力。⑦ 此外，企业法务与一般的律师不同，政府法制部门职员与法官、检察官不同，公安执法人员与司法人员也不同，应该有针对性地开设有关立法、执法、企业法务、非诉业务等法律专业和实务课程，以更开阔的视野引入更加广泛的社会资源参与到法学教育之中，培养学生具备扎实系统的专业知识，树立正确的法治理念，养成基本的法律思维，熟悉法律运用领域及其流程和法律职业技能需求。

---

⑦ 苏力：《法官素质与法学院的教育》，载《法商研究》2004 年第 3 期。

(2)常规法治职业人才培养模式的修正

对于占据当前法治人才培养绝对主流的常规人才而言,同样面临着前文所讲的填补与法律直接相关的非司法人才培养空白的问题,只不过在具体的培养目标、层次和方案方面可以适当地调低。此外,对当前的培养模式还必须作一下修正。一是全面加强法律知识的系统性教育。在以培养合格司法人才为主要目标的当下,许多政法院校在课程设置方面是不健全的,或者即便课程健全,但在实际操作中仍然偏重于司法知识的讲授,对其他必要的课程在是否列为必修、课时保证等问题上区别对待,严重影响了法律知识的系统性讲授。"例如法理学、法史学、法律社会学、比较法、国家公法乃至外国法的研究人才。这类知识尽管对一个像样的中国法学院来说几乎是不可或缺的,但对于绝大多数法官的日常司法都并非必备的专业知识",⑧政法院校的法学教育应该夯实基础,注重法学知识的整体性。二是凝练特色,形成人才培养的比较优势。中端人才培养的同质化导致整体过剩和结构性不足并存,使法学毕业生就业率持续走低,为人诟病。各政法院校应立足于自身条件,结合学科特色和学校整体竞争优势,确定差异化的人才培养目标和方案,使培养的人才具有鲜明的特色和亮点,形成竞争优势。当前一些政法院校开设的法律与金融实验班、法治新闻人才试验班、英美法证书班等都是十分有益的探索。

(3)一般法治职业人才培养模式的确立

对于一般法治职业人才的培养,首先在观念上应该予以正视,他们并不是法治人才培养的残次品,只是在未来职业选择的地域、行业上有所不同,在专业知识方面要求相对低一些。实际上,一般法治职业人才有效发挥作用对法治建设的贡献是非常大的,在经济欠发达同时也是法治水平落后的地区,他们所从事的工作是具有开拓性、基础性的,而在法治建设水平落后地区坚持严格执法、公正司法、依法行政、依法办事,来自传统、观念、世俗人情以及公权力等方面的干扰因素更多,难度也要大得多。因此,不能简单地将一般法治职业人才的培养看作较高培养标准之下的后

⑧ 苏力:《法官素质与法学院的教育》,载《法商研究》2004年第3期。

进者，更不能把这部分人才的培养等同于司法考试课程辅导，应该在明确培养目标的基础上确定相应的培养方案，通过定向培养等途径予以实现。

（二）特殊法治人才培养的路径探索

关于特殊的法治人才，尽管他们不直接从事具体的法律职业，对法治建设的影响却十分巨大，但我们目前都尚未将这类人才纳入法治人才培养的视野。此类人才主要来自两个部分：一是法学科班生中的“不务正业者”，他们在完成学业后并没有选择进入法院、检察院、律师事务所等对口单位，而是进入政府部门、人大、企业以及社会组织；二是并非出身于法学专业，但在职业发展过程中慢慢成长为可以决定、影响或是配合法治环境的改善、法治建设的推进的关键人物。他们或者是各级政府及相关部门的决策者，或者是企业的经营管理人员，或者是人大代表、政协委员，甚至是具有重大影响力的公众人物。政法院校应该具备更加开阔的视野，将法治人才的培养不局限于职业人才的藩篱，而是扩展到更多的领域和行业，培养更多具有法治思维、具备一定法治素养的特殊法治人才。

1. 以培养对法治的崇高信仰为第一要务

不从事专门的法律职业，但成为懂法守法的决策者、法治建设的推动者和深度参与者、合规经营的掌舵者、法治建设的积极宣传者，本身必须具备对法治的坚定信仰。特殊法治人才在具体的法律知识上可能是有欠缺的，但对法治、对法律的认识，对中国特色社会主义法治建设的理解，对建设法治国家的美好向往应该是远胜于一般民众，如此才能有力推动法治建设的进程。政法院校应该以更大的格局，在法治文化建设、课程设置等方面向更多专业的学生辐射，以达到更好的人才培养效果。

2. 更加灵活地设置法学专业的学生培养模式

一个不可否认的事实是，即便是办学水平再高的政法院校所培养的学生也不可能百分之百成为法治职业人才，有的甚至绝大多数都从事了与法律不直接相关的工作。不能简单地以从事法律职业的比例作为评判法学教育成败的标准，应该在高标准、严要求的前提下，更加灵活地设置法学专业的学生培养模式，在确保培养一定数量的高素质法治职业人才基础上，给予其他学生灵活的学业自主权，通过双学位教育、选修课设置、联合培养等方式，拓宽学生的专业结构和视野，培养学生多方面的能力，满足毕业生之后多个就业领域的选择和需要。

3. 探索“大类培养、融通教育”培养模式

对于特殊法治人才的培养，促进多学科间的融通教育是非常重要的一个方面。中南财经政法大学在这方面做了两项积极的尝试：一是设立三通课程，即本科阶段无论修读哪个专业，都将“法学通论”“经济学通论”“管理学通论”作为必修课程，也就意味着本科专业是金融、会计抑或哲学、外语，无论将来是政府决策者、银行高管、社会组织负责人还是企业经营者，在本科学习阶段都接受了基础的法学专业教育；二是建立文澜人才特区，设立文澜学院，对大一、大二学生实行宽口径、重基础的通识教育培养，进入大三后学生可在学院已有专业的基础上自由选择专业方向，这也保证了多个专业方向、未来多个职业方向的人才都接受了必要的法治素养教育。

在今后的发展过程中，需要在促进专业融通方面更加精细化、科学化。当前的专业融通更多的是站在法学的视角看待其他专业，是从“我需要你了解什么”的角度来进行知识的整合和教育，在实际教学过程中容易导致融通性课程针对性不强，致其并没有得到应有的重视，而学生的积极性也不高，专业融通的人才培养效果并不明显。未来，需要在整合资源促进多学科间的科研合作、教学研究基础上，对融通性课程进一步优化设置，更多地从其他专业的角度看待法学专业，有针对性、区别化地进行法治思维、法治素养的培养。

中国特色社会主义法治国家的建设是跨时代的宏大命题，高素质法治人才的培养作为一项基础性工程同样具有相当的复杂性和局限性，政法院校必须直面问题、迎难而上，以更加全面的认识、更加开拓的视野完成多层次德才兼备的高素质法治人才的培养，实现习总书记所强调的以我为主、兼收并蓄、突出特色，努力以中国智慧、中国实践为世界法治文明建设作出贡献。

Research on the Hierarchical Classification Education Mode in Legal Education from the Perspective of Cultivating High-quality Legal Talent

Yang Canming

Abstract: The current domestic legal education mainly lays emphases on the training of the legal talent from the litigation-centered perspective, which mismatches the actual needs of constructing a rule-of-law country that demands legal talents in many fields and levels. When General Secretary Xi Jinping visited China University of Political Science and Law, he stressed that the construction of a rule-of-law country, a rule-of-law government, a rule-of-law community and the implementation of the rule of law are impossible without a high-quality legal work force. Based on the context of the implementation of national significant developmental strategies and the continuous economic development and the multi-level needs on high-quality legal talent, legal education must adopt a diversified cultivation objective and innovate the mechanism of legal talent education. Positioning the status quo of the legal education at Zhongnan University of Economics and Law and combining the exploration of innovating legal talent education, this paper discusses the hierarchical classification education mode in domestic legal education.

Key Words: needs of legal talent, objectives of legal talent education, mechanism of legal education

坚持立德树人根本任务 培养德法兼修高素质法治人才

杨宗科

摘　要:习近平总书记在全国哲学社会科学工作座谈会以及在中国政法大学考察时的讲话,为高校培养德法兼修高素质法治人才、构建中国特色法学体系指明了方向。西北政法大学作为扎根西北几十年、服务陕西、面向全国的高校,坚持以讲话精神为指引,全面贯彻立德树人根本任务,围绕学生、关照学生、服务学生,科学定位法治人才培养目标,改革法治人才培养的教学方式方法,构建中国特色法学学科体系,完善法治人才培养的协同机制,不断创新法治人才培养机制,深入推进法学教育改革,努力培养德才兼备、全面发展的高素质法治人才。

关键词:立德树人　德法兼修　高素质法治人才　机制创新

一、认真学习领会贯彻习总书记讲话精神

习近平总书记2017年5月3日在考察中国政法大学时发表的重要讲话,阐述了依法治国与法治人才培养的密切关系,强调了“法治人才培养上不去,法治

领域不能人才辈出，全面依法治国就不可能做好”的重要思路，进一步明确了法治人才队伍建设、法治人才培养在推进实施依法治国方略中的基础地位。讲话集中体现了当下法学教育和法治人才培养中的关键问题，反映了党和国家对法学教育工作和法治事业的高度重视，对法治人才培养提出了新任务、新要求，是服务全面依法治国方略、培养满足法治国家建设需要的高素质法治人才的重要指针。

西北政法大学高度重视学习习总书记讲话，学校党委召开中心组扩大会议、专题会议学习讲话精神，组织召开了青年教师和学生学习讲话精神的座谈会。学校各部门、各单位相继召开了各种形式的学习会、研讨会和报告会，对讲话精神进行学习研讨，取得了很好的效果。全校上下按照校党委安排对习近平总书记重要讲话精神的学习，及时、研讨深入、联系实际紧密，体现了高度的政治自觉。学校邀请教育部本科教学审核评估专家组组长、中国政法大学黄进校长为教师干部传达了习近平总书记在考察时的重要讲话精神，使师生深受鼓舞。习近平总书记的讲话内涵十分丰富，与西北政法大学的办学特色、人才培养、学科建设及科学研究等方面工作实际联系紧密，对于我们更好地办学治校具有很强的指导意义。

二、科学定位法治人才培养目标，注重学生理想信念和思想道德素养教育

习近平总书记的重要讲话明确提出了法学教育的目标和使命，即法学教育终究要培养什么样的人的问题。法学教育的关键问题是要科学定位中国特色法治人才培养目标，一方面强调按照依法治国和以德治国相结合，法治和德治并重的要求，坚持立德树人，培养德法兼修的高素质法治人才，另一方面也要在有所区别的基础上形成标准化、规范化、稳定化的培养目标。因此，法学教育要科学合理地确定法治人才的多元化培养方案和人才培养模式，不仅要提高学生的法学知识水平，还要注重培养学生的思想道德素养。让青年学子克服浮躁之气，心无旁骛，又博又专，多

读经典,多知其所以然,把学习与思考、观察与思考、实践与思考等“三个思考”紧密结合起来,并使学生养成历史思维、辩证思维、系统思维、创新思维等“四种思维”的习惯,修炼成为一个高尚的人。

形成特色的思想政治、道德素养和法学知识教育的课程体系。西北政法大学在法学专业人才培养中始终坚持正确的政治方向,坚持立德树人,德法兼修,注重对学生理想、信念教育,注重对学生思想道德素养的教育。早在 2009 年,学校就遴选法学优秀师资组建了社会主义法治理念教研中心,编写教学大纲,进行集体备课,面向全校本科各专业开设了“社会主义法治理念”通识必修课。党的十八届四中全会后,学校又及时根据全会通过的《中共中央关于全面推进依法治国若干重大问题的决定》修订完善教学大纲和教学计划,将全会精神融入教学内容中。同时,学校结合学科专业特色,大胆改革,对“思想道德修养与法律基础”课程进行分割,将其改为仅教授“思想道德修养”的内容,同时充分发挥法学专业师资优势,面向全校法学以外各专业开设“法学原理”必修课。2015 年以来,学校又将“中华优秀传统文化”列为本科各专业通识必修课,通过中华优秀传统文化的熏陶提升学生的思想道德素养。这三门必修课的开设与改革,与此前开设的“马克思主义原理”“毛泽东思想和中国特色社会主义理论体系概论”“中国近现代史纲要”“形势与政策”等思想政治课一起组成具有西北政法大学特色的思想政治、道德素养和法学知识教育的课程体系。

以专题教育活动提升学生政治思想素质。西北政法大学充分发挥课堂教学主渠道作用,确保理论武装“三进”工作全面落实。学校成立了“思想政治理论课教学指导委员会”,独立设置了马克思主义学院。以提升课堂教学质量为立足点,坚持用中国化的马克思主义理论最新成果教育学生。同时还注重学生日常思想教育,开展主题鲜明、形式多样的宣传教育活动。比如组织开展学雷锋和系列入学教育活动;以学风建设为重点,加强大学生日常管理,狠抓平时考核,认真落实晨读制度;开展综合素质测评、三好学生和优秀毕业生评选、文明宿舍评比等活动;制定学风建设实施方案,举办系列优秀学子学风报告会;以中国梦和社会主义核心价值观为主题,积极开展大学生思想政治教育活动,等等。通过系列专题教育活动，学生的政治思想素质全面提升，社会责任感不断增强。

注重学生理想信念和思想道德素养教育，学生工作初见成效。西北政法大学注重学生理想信念和思想道德素养教育的改革思路和做法，与党和人民立德树人、德法兼修的要求方向一致、目标一致。一直以来，学校在进行课程改革与教学的同时，还通过推行本科生导师制、建立"一站式服务"的学生事务管理服务中心、推动大学生创新创业、拓展学生赴国外和港澳台交流渠道等一系列措施，形成了从学生入学到毕业全过程、课内与课外相结合、能够满足学生全方位成长成才的完整体系，同时学生工作也取得了一定成效。近3年，西北政法大学学生考研、公务员考试和司法考试通过率逐年上升。在陕西省公务员招考中，西北政法大学考生录取率始终排院校录取率第一位。2016年、2017年获研究生推免资格的学生被"985""211"院校录取率达到84%和88%。2012年以来，学校大学生创新创业训练校级立项421项目、省级立项299项、国家级立项165项，作为一所文科类高校，双创项目国家级立项在省属高校中一直名列前茅。学校积极引导和鼓励学生扎根基层、扎根西部、扎根边疆建功立业。2007年以来，西北政法大学毕业生到西藏、新疆就业的人数为962人，2014～2016年这三届毕业生分别有115人、73人、99人赴西藏、新疆工作，另有124人参加了"大学生服务西部计划"，得到中央和地方有关方面及社会各界的充分肯定。

三、改革教学方式方法，提升法学专业学生的实践能力

习近平总书记强调，法学学科是实践性很强的学科，法学教育要处理好知识教学和实践教学的关系。强化实践教学，全面提升法学专业学生的实践能力是我校法学教育改革长期坚持的一条主线。整体来看，西北政法大学的法学本科实践教学体系是完善有效的。西北政法大学一直致力于改革和创新法学实践教学。早在2004年，学校即总结多年的实践教学改革经验，按照"专业人才培养的全过程覆盖、专业核心知识的全分布

覆盖、专业实践能力的全要素覆盖”三个覆盖的原则,通过加强职业实训环节,以适应作为职业教育的法律教育的基本特点,形成了以课堂实验实训、社会实践和专业实习“三位一体、四年不断线”的实践教学体系,对于促进理论学习、科研训练与专业和社会实践相结合,为培养和提高学生的创新精神和实践能力起到了积极作用。多年来,西北政法大学毕业生由于法学基础知识扎实,实践能力和社会适应能力强、作风朴实,获得用人单位“下得去、用得上、靠得住”的赞誉,相关研究成果还获得了第六届高等教育国家级教学成果二等奖。但对照习近平总书记的讲话要求,学校的工作还存在一些差距,主要表现在:人才培养方案中理论教学占学时学分比重仍然较大,实践教学、创新创业教育空间较小;学生专业实习大多分散实习,集中实习比例较小;课外学分落实不到位等。但习总书记的讲话精神给了学校进一步深化改革的强大动力,学校将在今年下半年启动新一轮各专业人才培养方案修订工作。

结合2017年本科教学审核评估专家组的意见和建议,为加强实践教学,西北政法大学法学专业人才培养方案修订工作的主要思路和措施包括:一是进一步优化课程体系,压缩课程总学分,为加强实践教学腾挪空间;二是在已经开设的创新创业课程和开展的创新创业实践活动的基础上,将创新创业教育融入人才培养全过程;三是改进和加强案例教学,要通过课程和教材立项建设,建成一批优质实践教学资源;四是主动与最高人民法院第六巡回法庭、省高级人民法院、西安市中级人民法院,以及各区县法院积极联系、加强合作,加大“校内开庭”力度,确保每学期“校内开庭”不少于10场的目标;五是进一步改进和加强实践教学工作,加大实践教学投入,积极引导教师投身实践教学工作中,加强专业见习和毕业实习的管理与考核;六是充分认清、高度重视第二课堂的育人作用,要建立健全教学工作与团学工作的协同机制,落实课外10学分制度,使第二课堂成为人才培养过程实实在在的重要组成部分。

四、立足服务国家重大战略需求，推动构建中国特色法学学科体系

习近平总书记指出，“着力构建中国特色哲学社会科学，在指导思想、学科体系、学术体系、话语体系等方面充分体现中国特色、中国风格、中国气派”。2017 年 5 月中共中央印发的《关于加快构建中国特色哲学社会科学的意见》(以下简称《意见》)，是学习贯彻习近平总书记在 2016 年 5 月哲学社会科学座谈会上讲话精神的进一步推进。《意见》强调以马克思主义为指导，坚持为人民服务、为社会主义服务，构建中国特色哲学社会科学的学科体系、学术体系和话语体系。为此，需要我们坚持立足中国、借鉴国外，挖掘历史、把握当代，关怀人类、面向未来，充分体现继承性、民族性、原创性、时代性、系统性、专业性，创新发展哲学社会科学，努力构建全方位、全领域、全要素的哲学社会科学体系。要坚持扎根中国大地，突出时代特色，树立国际视野，继承和弘扬中华优秀传统文化，积极吸收借鉴国外有益的理论观点和学术成果，融通各种资源，不断推进知识创新、理论创新、方法创新，提升学术原创能力和水平，推动学术理论中国化。坚持用中国理论阐释中国实践，用中国实践升华中国理论，创新对外话语表达方式，提升国际话语权。

以高水平法学学科体系建设推动法学教育改革。法学学科是由不同的部门法以及理论基础理论分支学科所构成的有机联系的学科体系，高素质法治人才培养始终离不开高水平法学学科体系建设。现阶段法学学科体系的发展和完善应当以法学学科发展的内在需求为导向，在法学传统学科、新兴学科和交叉学科几个方面都应有所突破，而不能局限于已有课程体系。但是目前我国的法学学科还存在着学科设置同社会发展联系不紧密、教材体系与实践相脱节、法学学科评价体系不科学的问题。分门别类的、封闭的专业知识领域的划分，已经不能适应国家的需求，也不符合法治人才队伍培养的需要。有些课程的内容存在脱离实践，观点陈旧、

知识老化、教条空洞、新颖不够的问题。因此,我们要明确方向,坚定自信,以服务需求为导向来完善学科体系、加强符合需求导向的教材体系建设、建立符合需求导向的评价机制;通过构建中国特色法学学科体系,来完善和发展中国特色社会主义法治理论,创建中国学派,以中国智慧和中国实践为世界法治文明建设做出中国贡献。

以我为主,兼收并蓄,以中国智慧为世界法治文明建设做出贡献。事实上,构建中国本位的法学学科体系对于法治人才的培养具有至关重要的意义。一方面,中国有自己的历史文化、体制机制与国情,要充分认识我国国家治理所具有的其他国家不可比拟的特殊性和复杂性,重视和发挥我们自己长期积累的经验和优势,在法学学科体系建设上要有底气、有自信,以我为主、兼收并蓄、突出特色,深入研究和解决好"为谁教、教什么、教给谁、怎样教"的问题,努力以中国智慧、中国实践为世界法治文明建设做出贡献。另一方面,要积极吸收借鉴世界上优秀法治文明成果,要甄别和有选择地吸收和转化,不能囫囵吞枣、照搬照抄。我们的法学教育要重视结合中国传统文化和社会司法实践,不能盲目推崇西方,要有道路自信、制度自信、理论自信和文化自信,要引导广大师生树立和坚持正确的历史观、民族观、国家观、文化观,增强做中国人的骨气和底气。

中国特色法学学科体系的构建,就是要以提升中国法学的综合实力和核心竞争力为目标,以彰显法学研究、法治人才培养的中国特色为核心,以中国法治实践中的问题为导向,建设世界一流的法学学科。这就需要用正确的法治理论引领法治实践的要求,强调高校要发挥学科齐全、人才密集优势,主动开展法治基础问题研究。这为高校开展科研工作提出了新的任务和要求,也为完善中国特色社会主义法治体系和建设社会主义法治国家在理论支撑的提供层面上指明了方向。学习习近平总书记的重要讲话,就是要以一流大学和一流学科建设为契机,阐明研究中国特色法学学科体系的认识进路,明确其具体内涵,指出其切实、有效的发展机制,进而推动中国特色法学学科体系构建。

以正确的理论引领和高度的文化自信打造原创性研究成果。没有正确的法治理论引领,就不可能有正确的法治实践。没有高度的思想自觉与文化自信，就不可能有中国特色法学学科体系。西北政法大学作为全国具有鲜明学科优势和研究特色的法学理论研究基地和法治人才培养重镇，坚持弘扬“政治坚定、实事求是、勇于创新、艰苦奋斗”的老延大传统，秉承“严谨、求实、文明、公正”的校训，坚守“法治信仰、中国立场、国际视野、平民情怀”的理念，以自觉服务国家安全稳定和区域经济社会发展需求为导向，加强内涵建设。为构建中国特色法学学科体系，推进中国特色社会主义法治理论和中国特色哲学社会科学创新，学校一直强调充分利用法学学科齐全、人才密集的优势。在注重基础性理论研究的同时，特别强化对服务国家重大战略需求的现实问题进行深入研究，进一步凝练学科方向，特别是围绕服务国家安全稳定战略需求、“一带一路”国际合作倡议、中华法系与陕派律学、西北地区法治建设、西北民族政策与宗教政策、陕西经济社会发展与文化建设等重点领域，拓展和深化特色研究，敢于立时代之潮头，发思想之先声，提供了大量原创性的研究成果。

五、打造高素质法学教师团队，完善法治人才培养的协同机制

习近平总书记的重要讲话强调了法学学科的实践特征，提出要打破高校和社会间体制壁垒，将实务部门优质实践教学资源引入高校，加强法学教学、研究与法治实际工作者之间交流等要求。讲话还强调法学教育要处理好知识教学和实践教学的关系，在法学师资队伍建设方面，提出了教师应有的理想、信念和价值观。在业务上，要求法学教师在做好理论研究和教学工作的同时，还要深入了解法律实际，强调理论与实践相结合的重要性。在师德风范上，法学教师要多用正能量鼓舞和激励学生。

以高素质法学教师团队为基础，实现特色办学目标定位。西北政法大学是国家法治人才培养的重要基地，承担着应用型与复合型、涉外和西部基层三个类型卓越法律人才培养任务。法学专业是西北政法大学传统优势专业，是国家级专业综合改革试点专业、陕西省首批名牌专业和省级特色专业。学校《“十三五”本科专业建设发展规划》提出，要“实施法学

专业创新工程,打造全国一流专业”。学校按照“法学特色鲜明、多学科协调发展的教学研究型高水平大学”的办学目标定位,依托自身的办学传统、办学优势,力图在全面依法治国战略中发挥法治人才培养的重要作用。而这一办学目标定位的实现,离不开一支高素质的法学教师团队。

西北政法大学现有在校法学本科学生6111人、硕士研究生2046人、博士研究生33人,按照本科生1∶1、硕士生1∶1.5、博士生1∶2的比例计算,折合学生数为9246人;现有法学专任教师267人,其中,具有高级职称教师和具有博士学位教师分别为196人、137人,分别占73.41%、51.31%。整体来看,西北政法大学的法学专任教师能够满足人才培养需要,但也存在数量不足、队伍结构渐趋老化、博士比例不高等问题。需要进一步加强法学教师的引进和培养,保持西北政法大学法学专业的优势特色地位。

关注教师实践能力培养,加强与法律实务部门的交流与合作。习近平总书记强调,法学专业教师要坚定理想信念,带头践行社会主义核心价值观。在教师实践能力培养方面,西北政法大学做得早、做得实、效果好,一直按照“人员互聘互派、资源共建共享、信息设施互通共用、教学科研互帮共进”的原则,加强法律实务部门的交流与合作。2013年10月,中央政法委、教育部在西北政法大学召开法律人才互聘“双千计划”现场会,向全国推广我校经验。2016年,教育部简报以“西北政法大学落实‘双千计划’创新法治人才培养机制”为题做了专题报道。2008年至今,西北政法大学累计派出71人次挂职锻炼,同时,在从其他高校聘请高水平学者担任客座教授的同时,从中央政法委、最高人民法院、最高人民检察院、陕西省高级人民法院等法律实务部门聘请了25位法律实务部门专家担任兼职教授或客座教授。通过挂职锻炼,一批青年教师茁壮成长。14名助教、讲师晋升为副教授,3名助教晋升为讲师,5名讲师、副教授晋升为教授;多人成为学校“教学名师”“青年教学名师”“长安学者”“长安青年学者”;1人成为博士生导师。尽管取得了一些成绩,但认真分析西北政法大学师资互聘工作现状,仍有需要改进提高之处。当前问题主要是“送出去”多、“请进来”少。9年来,学校师资累计派出71人次,请进来30余位,大体比例为 2∶1。但是,请进来这部分教师中能够独立开设课程的比较少,大多数以指导学生实践教学活动的方式参与教学。如何使这些教师充分融入到教学中,是未来需要探索的一个方向。

打造优质实践教学资源,完善法治人才培养的协同机制。事实上,学校要打破高校和社会之间的体制壁垒,将实际工作部门的优质实践教学资源引进高校,加强法学教育、法学研究工作者和法治实际工作者之间的交流。这是对进一步加强法学师资队伍建设、完善法治人才培养的协同机制的重要指引。一方面,通过完善工作机制,进一步调动法学青年教师受聘实务部门的积极性、主动性。另一方面,西北政法大学更加积极主动地加强与实务部门的联系与沟通,加大“请进来”力度,积极从法律实务部门引进更多优质实践教学资源,特别是有计划地聘请一批具有丰富法律实务经验和一定教学能力的法官、检察官和律师到校担任法律专业课程的教学任务。通过“请进来”和“送出去”的工作,使法学教师能够更加了解国情,逐渐“从旁观者变成建设者,从局外人变成局内人”。从实务工作中发掘司法实践经验,发现“中国问题”,提升自身的科研能力和授课能力,使科研创新紧扣社会现实,授课内容贴合实际需要,使教师的教学科研因“接地气,而更有底气”,用法律实践经验反哺法律课堂教学。

结语

党的十八届四中全会以来,党和国家不断对法治人才培养提出新的要求,法治人才培养和法治人才培养机制创新成为当下我国法学教育的重要方向。培养造就一批熟悉和坚持中国特色社会主义法治体系的法治人才和后备力量,是当下法学教育肩负的重要历史使命。习近平总书记的重要讲话还涉及很多具体的问题,如强调加强法治人才培养工作的组织和领导这一新要求,强调高校党委要履行好管党治党、办学治校的主体责任,把“软指标”变为“硬约束”,使高校充满积极向上的正能量,等等。这些都是法治人才培养工作中的重要事项,对于我们在新的历史条件下深入理解和把握法学教育的目标、任务和使命,加强法学学科体系、课程体系、教材体系以及师资队伍建设,不断探索和完善理论与实践并重的法治人才培养模式以及解决如何改进和加强高校管理等问题,具有直接重要的启发意义,也是今后法治人才培养工作的新指针。

总的来说,西北政法大学近年来坚持以需求为导向,以质量为中心,重点进行了两个方面的探索:一是以全面提高法治人才培养质量为核心,加强学生思想政治教育,坚持马克思主义法学和中国特色社会主义法治理论的指导地位,探索法治人才培养的育人理念,坚持选派优秀青年教师到法律实务部门挂职锻炼,强化实践教学,创新法治人才培养机制;二是以实施服务国家特殊需求博士人才培养项目为契机,坚持问题导向、需求导向,积极服务国家战略需求,贴紧靠实社会和行业需求,构建本硕博三层次完整的人才培养体系,加强科研协同创新,促进学科融合与交叉,加强高端人才培养。今后,学校将着力推进三个方面的工作:一是进一步深化对习近平总书记重要讲话的学习贯彻,尽快形成贯彻落实总书记5月3日重要讲话精神在学校层面的实施意见;二是以建设一流法学学科专业为目标,强化与高素质法治人才培养相关的教学、科研、社会服务和条件保障;三是以实施本科教学审核评估整改为契机,坚持立德树人根本任务,在努力培养法德兼修、全面发展的高素质法治人才方面,进一步形成西北政法大学的特色。

Insisting on the Training of Students' Virtue as the Essential Task, Promoting Both Virtue and Law and Cultivating High-quality Legal Talent

Yang Zongke

Abstract: General Secretary Xi Jinping's remarks at the National Symposium on Philosophy and Social Science and his remarks during his visit to China University of Political Science and Law have clearly pointed out the direction of constructing the system of law science with Chinese characteristics. Northwest University of Political Science and Law (NWUPL) has rooted in northwest China over many decades. With the objectives of serving Shaanxi Province and facing the whole country, NWUPL insists on taking the spirit of General Secretary Xi's remarks as the guidance and comprehensively implements moral education as the essential task. The university takes a student-centered education mechanism, scientifically positions the cultivation objective of legal talent and reforms the teaching modes and methods of legal talent cultivation. The university also endeavors to establish a system for the discipline of iaw with Chinese characteristics, perfects the cooperative mechanism of the cultivation of legal talent. By those approaches, the university will continuously innovate the cultivation mechanism of legal talent, promote the reform of legal education and make every effort to cultivate the comprehensively developed high-quality legal talent with virtue and law.

Key Words: training of students' virtue, promoting both virtue and law, high-quality legal talent, mechanism innovation

“德法兼修”高素质法治人才培养体系的构建和创新*

李玉基

摘　要：在全面推进依法治国背景下，法治对我国社会发展具有支柱性意义，“立德树人，德法兼修”是新时期党的教育方针的重要内容，是高校人才培养工作的中心环节。政法院校作为法治人才培养的第一阵地，必须大力加强法治人才的培养。“立德树人”是高等教育的根本任务，“德法兼修”则对法治人才培养提出了新要求——提高学生法学知识水平的同时必须重视学生的思想道德素养。甘肃政法学院围绕“德法兼修”内涵培养高素质法治人才，科学指导，做好法学教育的顶层设计，准确定位，全面革新法治人才培养理念，加强合作，建立协同育人长效机制，深化改革，创新法治人才的培养模式，实践育人，共构建法治教育大格局，成为当前法学教育面临的新任务和新要求。

关键词：德法兼修　法治人才培养　实践创新

---

*　甘肃政法学院公安分院的冯欣讲师对本文的写作亦有重要贡献，特此说明。

一、法治人才培养坚持“德法兼修”的必要性

（一）“德法兼修”的深刻内涵

“德法兼修”的法治人才培养是全面推进依法治国系统工程的重要组成部分。① 准确理解“德法兼修”，有助于我们更清晰地把握法治人才培养的内涵和要求。“德”②字内涵深邃，外延丰富；“法”③在汉语中有着更为丰富的含义，可以理解为法律知识和法律技能。法为德之资，德为法之帅。德与法，如同法律人的两根支柱，互为依托，缺一不可，但相比而言，法不够，可以学，若德不行，则很难补。

“为谁培养人”④在全国高校思想政治工作会议上第一次被提及。不可否认，我们过去只注重“培养什么样的人”“怎样培养人”。将思想政治工作会议精神贯彻在法学教育中，就是从政治信仰、道德情操、专业素养等方面把“德法兼修”的要求落到实处。作为政法院校，如果在人才培养过程中不注重立德，不注重三观的培育，最终培养的法治人才很可能成为“精致的利己主义者”，走向培养初衷的对立面。现实中专业水平极高但因未能修德立身而走向歧途者并不鲜见，如曾任过最高人民法院副院长的黄松有、奚晓明最终都站在人民的对立面。

（二）“德法兼修”的时代意义

近年来，一系列冤假错案的曝光，使公众看到了法治建设的曲折和艰辛，意识到法治的些微进步，往往伴随着血的代价。由于司法工作人员不依法办案，程序意识、证据意识、人权保障意识淡薄，甚至违纪违法，致使

---

① 参见黄进：《坚持立德树人、德法兼修　培养高素质法治人才》，载《中国高等教育》2017 年第 10 期。

② 《现代汉语词典》中对“德”的释义是“道德、品行、政治品质”。

③ “法”在汉语中既指静态的法律制度、法律体系，也泛指规矩、标准、公平正义等。

④ 2016 年年底，习近平总书记在全国高校思想政治工作会议上指出，思想政治工作关系的是高校培养什么人、如何培养人以及为谁培养人这个根本问题。实践证明，高校的思想政治工作抓住了、抓好了，就能沿着正确方向前进；放松了、丢弃了，就会迷失方向。

聂树斌案纠错的过程极其艰难，南京彭宇案引发"老人摔倒了该不该扶"的讨论，等等。应当注意的是，这不仅仅使司法公信力荡然无存，更使基本的社会公德难以维系。"法治昌明则国泰民安，法治松懈则国乱民怨"，一系列的恶性循环必须引起法学教育界的反思。

当前，在四个战略的总体布局中，全面推进依法治国战略处于基础和保障的地位。毫不讳言，中国的法学高等教育规模一度空前，但质量却徘徊不前，究其原因是缺乏改革发展的方向。法治是治国理政不可或缺的重要手段，在总结法治建设经验和教训的基础上，党的十八届四中全会提出"努力让人民群众在每一个司法案件中感受到公平正义"的目标。针对于此，法学教育和法治人才培养要将其作为指针，力争培养出合格的社会主义法治人才。法学教育作为实现社会法治的基础，培育着法治文化，塑造着法治人格。依法治国战略的稳步推进，最可依赖的是德法兼修的高素质法治人才，这就为法学教育改革发展指明了方向。可以预期，在"立德树人，德法兼修"的总基调下，法学高等教育将在改革中激发内在动力和活力。因此，努力将法治精神的培养和道德品行的养成紧密结合起来并融入法学教育中，努力营造尊法重德的教育氛围，全面深化法学教育改革与创新，培养德法兼修的高素质法治人才势在必行。

二、甘肃政法学院法治人才培养体系的实践探索

近年来，甘肃政法学院充分利用法学学科体系齐全、法学师资密集的优势，围绕"协同""创新"等内涵积极尝试法学专业综合改革，深化法学教育改革与创新，探索建构法学教育体系，践行为西部特别是西北地区培养高素质法治人才，取得了初步成效。

（一）科学指导，做好法学教育的顶层设计

法学教育是高等教育体系中的重要组成部分，需要遵循高等教育一般规律，但同时要认识到其特殊性——集政治性、知识性、实践性于一体的综合性教育，与单纯的知识传授、更新、发展相比有着显著不同。"法律

是治国之重器,良法是善治之前提",如果没有正确的法学教育观,这一目标的实现将是缘木求鱼。

以甘肃政法学院为例,学校有法治人才的培养过程中坚持运用马克思主义法学思想和中国特色社会主义法治理论统领法学教育,全方位巩固法学教育和法学研究阵地,以坚持和发展中国特色社会主义为主题,以落实"四个全面"战略布局、五大发展理念为指针,实现全面依法治国与各方面的国家战略需求紧密对接,制定明确的法治人才培养目标和定位,以此来保障法治人才培养不偏离正确的政治方向。当前,丰富和发展中国特色社会主义法治理论体系,构建崭新的"立德树人、德法兼修"模式,优化知识教育与实践教育势在必行,因势利导推进甘肃政法学院法治人才培养改革刻不容缓。

(二)准确定位,全面革新法治人才培养理念

不可否认,卓越法律人才教育培养计划⑤的实施,对于推进法律人才分类培养、优化配置法学教育资源发挥了积极作用,但对于整个法学教育领域的示范引领作用尚不明显。具体来说,当前存在培养定位不准确、培养理念模糊不清等问题,法学人才无法满足当代社会需求。

作为首批卓越法律人才培养基地,甘肃政法学院注重法学教育教学方式改革,并将其延伸到课程设置、培养等各环节。一方面,以服务国家"一带一路"倡议和西部民族地区经济社会全面可持续发展为目标,充分考虑西部民族地区基层政法工作的特殊性,针对基层司法实践的特点和要求,坚持职业品德高尚与教学能力全面的教师培养观,追求法学教育的高尚性,提高法律人才质量。另一方面,把中国特色社会主义法治理论教育贯穿教学始终,围绕学校办学定位,着力培养具备国家情怀、西部情怀、法治信仰、公平正义理念和奉献精神的卓越法律人才。

(三)加强合作,建立协同育人长效机制

长期以来,甘肃政法学院高度重视与实务部门、行业企业、科研院所的紧密、深度合作,联合培养社会需求的专业人才。以卓越法律人才教育

⑤ 2012年教育部、中央政法委启动卓越法律人才教育培养计划,遴选了首批基地院校。

培养计划为纲领,全面推进开放式办学,促进学校与地方政府、企业、科研院所和国内外高校的联合培养工作,邀请合作单位参与学校人才培养方案的制定、实施与管理,增强人才培养工作的社会适应性,提高学生的实践与创新能力。建立协同创新人才培养新机制,加强与国内外一流大学、科研院所、企业和行业的交流合作,建立相对稳定的协同创新人才培养模式。⑥ 学校借助“立格联盟”、安宁五校联盟、“一带一路”区域联盟及与实务部门的合作平台,与联盟单位共同制定人才培养目标,共同设计课程体系、组织教学团队、建设实践基地,探索形成常态化、规范化的协同育人机制。

与此同时,甘肃政法学院高度重视法学、知识产权、监狱学等法学类专业的协同育人工作。2016年监狱学专业获批,并与甘肃省司法厅签署监狱学专业共建协议,联合探索“招生—培养—就业”一体化的监狱学专业人才培养机制;首次尝试异地联合培养普通本科生,在甘肃省高级人民法院的积极支持下,与甘肃民族师范学院联合培养法学专业(藏汉双语方向)专项人才,并与甘肃省高级人民法院达成共识,形成联合培养法律人才的机制。“要鼓励支持政法部门有较高理论水平和丰富实践经验的专家到高校任教,鼓励支持高校教师到政法部门挂职,实现高校与实务部门的人员的双向交流机制,提升法学师资队伍的素质与水平。”⑦自2011年开始实施“双千计划”⑧以来,学校积极推进“双师型”师资队伍建设水平,与实务(企业)部门互聘人员十多人,努力建设一支专兼结合的师资队伍。

(四)深化改革,创新法治人才培养模式

一是持续推进法学专业综合改革。近年来,甘肃政法学院目标明确、思路清晰和措施得力,法学专业建设教学成效良好。学校在此基础上持续推进专业综合改革,准确定位、注重内涵、突出优势、强化特色,大力尝

---

⑥ 参见李玉基:《愿景与行动:“一带一路”战略背景下的西部法治人才培养——基于甘肃政法学院的构想与实践》,载王翰主编:《法学教育研究》(第16卷),法律出版社2017年版,第54页。

⑦ 黄进:《不断创新法治人才培养机制》,载《经济日报》2014年11月11日,第15版。

⑧ “双千计划”,即鼓励支持实务(企业)部门有较高理论水平和丰富实践经验的专家到学校任教,鼓励支持学校教师到实务部门挂职。

试人才培养模式、教学团队、课程教材、教学方式、教学管理等专业发展重要环节的综合改革,充分发挥法学专业试点项目的示范效应,促进人才培养水平的整体提升。一方面,依托国家级教学项目平台深化优势特色专业建设,通过有效途径显著提升优势特色专业的竞争力。加强对支撑专业、基础专业、新专业的建设,如监狱学、安全防范工程、网络安全与执法等,推进专业群建设,开展应用型专业群建设试点,拓宽专业服务面向,打造以政法机关、企业行业涉法岗位为主要服务面向的应用型专业群。另一方面,建构法律职业知识、素养和技能“三位一体”的法律职业素质教育模式,根据法律职业的特殊性确定法学教育的发展方向并丰富法学教育的内容。为解决传统法学教育中的短板问题,弥补法律职业技能教育的缺失,学校在加强对校内实践基地以及实验室的建设的同时,协同学校所在地的公、检、法等司法机关,实现局(院、检)校共促,创建法学实践新模式。

二是通过课程体系改革培养人文素养。甘肃政法学院结合学科专业和师资队伍实际,打破院系壁垒,整合课程资源,积极借鉴成果经验,以提高学生人文素养和科学素养为重点,以打造体现学校和区域特色的核心通识课程为突破口,逐步形成结构合理、符合人才培养目标的课程体系。在此基础上,学校大力推行教学方式的改革:在卓越法律人才培养过程中推行经典书目阅读计划并建立严格考核标准,努力使学生从实用主义回归学术;建立读书笔记(报告)制度,组织开展由研究生引导,本科生全员参与的小班讨论和演讲辩论活动,着重培养学生自主学习、主动思考、团队协作的能力,引导学生锻炼批判、怀疑、价值判断等思维,使学生在博弈中提高辩论、说理等能力。

三是推进法学创新教育教学模式。学校积极推进学分制改革,实现因材施教、分层教学,通过修订和完善选课制、导师制、弹性学制、主辅修制,打造由通识教育、跨学科教育、第二课堂和社会实践活动等构成的科学素质和人文精神相融合的人才培养体系。一方面,扩大依托慕课(MOOC)、小型在线课程(SPOC)等建立的混合式教学方式改革试点的范围,推进信息技术与课程教学的深度融合。另一方面,改革实验室管理体制,建立高效的实验室开放运行机制;注重培养学生的科研兴趣,探索建立本科生参与课题、参加科研团队、自主设计实验的有效机制;加强拔尖创新人才培养,切实提高学生实践能力和职业适应能力。

(五)实践育人,构建法治教育大格局

实践教学是培养高质量应用型人才的重要环节。甘肃政法学院通过完善培养方案、改善实践教学条件、拓宽实践教学渠道、充实实践教学师资等多项举措强化实践教学环节,有效提升了实践教学质量,实践育人的功能得到凸显。打破高校与社会的体制壁垒,用活用好校内校外两种优质法学实践教学资源。⑨ 学校与校外实务部门等共同建设了一批科技含量高、教学功能齐全的校外实验和实习基地,通过聘请实务部门的专业技术人员担任实践实训教官,制定了一系列的制度和评价规则,使其卓有成效地服务于实践教学。学校重视实践教学平台建设,鼓励各二级学院围绕应用型、复合型卓越法律人才培养目标,加大实践教学改革力度,新建校外实践基地,力争增加国家级校外实践基地、省级实验教学示范中心、校级实验教学示范中心,拓宽与公安司法实务部门及企业、行业合作办学的形式。与此同时,通过加强校内实训场所建设,如法学教学实训中心、法律诉讼业务实训教学软件、数字庭审系统、法律实务综合模拟平台等,保证了学生的实训效果。

在实践育人机制积极推进过程中,甘肃政法学院高度重视创新创业教育。2016年,学校与实务部门联合申报的“社会治理与法律服务实践育人创新创业基地”荣获第二批全国高校实践育人创新创业基地。根据国务院、教育部及甘肃省关于深化高等学校创新创业教育的精神,学校积极探索并完善“办学特色与社会需求有机融合、创新创业教育与专业教育有机融合、个性化培养与质量标准有机融合”的人才培养机制。一方面,开展首批大学生创新创业计划训练项目立项工作,鼓励创新创业、支持学生在专业竞技中成长成才,提升学生创新创业能力。在将创新创业教育纳入学校人才培养方案的同时,加大课程教学资源建设,提高课程质量,

⑨ 参见付子堂:《探索政法高校法治人才培养新机制》,载《中国高校社会科学》2017年第4期。

提升学生创新创业意识。另一方面,学校历来重视鼓励和支持青年学生在专业竞技中成长。通过组织学科专业竞赛活动,学校充分发挥自身现有学科专业建设在学生培养方面的优势,在检验学生学习效果的同时激发学习专业知识的兴趣,促使其注重专业实践、培养专业思维,进而实现全面成长成才。

三、新形势下高素质法治人才培养体系的创新

“德法兼修”是对法律人的时代要求。立身先要立德,培育德行和传授专业知识要同步进行。不可否认,当前的法学教育难以满足国家和区域法治建设需求,法学教育体系和模式改革仍在路上,法治人才培养机制任重道远。“德才兼备”的法治人才培养是学校的首要任务。作为首批面向西部基层卓越法律人才培养基地院校,尽管在法治人才培养实践中取得了一定成效,但现阶段仍需要进一步坚持树立“立德树人、德法兼修”的高素质法治人才培养观,特别是应当培育和树立正确的法学教育观。简言之,学校需要紧紧围绕“德法兼修”,从培养目标、培养理念、培养机制、培养模式等方面对法治人才培养进行新定位。

(一)将德育融入法学教育全过程

近年来,甘肃政法学院将思政教育与法律人文教育有机结合起来,引导法科学生的理想信念及价值追求,培养“有灵魂”的法治人才。法学教育秉承“立德树人”的同时,需要将“德法兼修”内化于心、外化于行。首先,应当认真贯彻全面依法治国方略,以服务西部基层及民族地区法治建设为理念,吃透法学教育顶层设计的核心任务,紧紧围绕“培养什么样的人、如何培养人以及为谁培养人”这个问题,把思想政治工作贯穿教育教学全过程,通过加强法治人才理想信念教育和法治信仰教育,深入开展社会主义核心价值观和社会主义法治理念教育,坚持以“健全人格教育”为统领,构建崭新的立德树人、德法兼修模式,优化知识教育与实践教育模式,着力将学生培育成品德优良、学识丰富、能力卓越、身心健康的人。其

次,应当以独具学校特色的五个“认同教育”为载体,积极引进优质网络在线课程、举办高水平的形势政策讲座,深入开展社会主义核心价值观教育并结合实际将其具体化,使“德育”真正落到实处。最后,应当立足于法律实践问题来设计思政课程实践教学内容,制定针对性较强的实践教学及考核改革方案,通过专题辩论赛、模拟审判、模拟人大代表、模拟联合国等活动形式积极推进思想政治理论课教学改革,将社会实践活动与学术科技活动紧密结合,充分发挥社会熔炉的育人功能,进一步提高思政课教学效果和法科学生德育质量。

(二)坚持通识教育基础上的法律职业教育

学校在法治人才培养过程中应当处理好法治人才的思想道德教育和法律职业伦理教育的关系,通过坚持通识教育与法律职业教育的有机结合,进一步提升通识教育水平,培养学生对知识掌握的广度和深度,以适应多样化法律职业要求。坚持厚基础、宽口径,强化学生法律职业伦理教育和法律实务技能培养,提高学生运用法学与其他学科知识方法解决实际法律问题的能力,促进法学教育与法律职业的深度衔接。通过引入职业教育方法,以分类教育的精细化模式予以运作,以打造体现学校和区域特色的核心通识课程为突破口,逐步形成结构合理、符合人才培养目标的课程体系,从而达到高素质法治人才培养的要求。例如,将“法律职业伦理”设置为法学专业核心课程,面向法律实务部门聘请专家建立师资库,精心打造高水平课堂。

(三)继续充分发挥协同育人示范效应

学校在深入推进卓越法律人才培养机制创新、及时总结试点经验并大力推广的同时,积极引导法学与非法学专业开展应用型、复合型特色人才培养机制改革。学校应当紧紧围绕国家全面依法治国的基本精神和法学教育体制改革的政策走向,进一步强化与司法实务部门协同育人机制,形成与应用型人才培养和行业、职业人才需求相匹配的人才培养体系。例如,以监狱学专业为试点,进一步深化“招生—培养—就业”三位一体的政法人才培养模式改革,在协同育人中实现专业设置与岗位需求、课程内容与职业标准、教学过程与职业实践、毕业证书与职业资格证书的“人才培养—行业执业”的有效衔接。除此以外，还应当鼓励各学院根据自身专业性质和特点，按照“德育为先、需求导向、能力为重、大类培养、个性发展”的原则推行多样化的人才培养模式改革试点，借助第三方评估力量，积极探索制定与实务部门联合培养人才的考核评价指标体系。

（四）优化法学专业教师队伍建设

就法治人才培养来说，法学专业教师队伍思想道德素质和专业素质的状况极其重要，[⑩]因此，法学师资建设应明确按照三个“牢固树立”的要求，即“牢固树立中国特色社会主义理想信念”“牢固树立终身学习理念”“牢固树立改革创新意识”，[⑪]争做“有理想信念”“有道德情操”“有扎实学识”“有仁爱之心”的“四有”好老师。[⑫] 首先，学校应当通过学习、培训、观摩，进一步转变教师的教育教学观念，深层次推进课堂教学方法的创新，注重学思结合，倡导启发式、参与式、案例式、模拟式等各种有效的教学方法，着力提高课堂教学质量。其次，学校应当鼓励教师充分利用反转课堂、混合式教学等方式，探索以学生为主体的教学模式，增加学生的参与度；通过改革实践（实验）课教学的内容与方法，构建理论教学与实践教学一体化的教学模式，使实验教学项目或内容由操作性、应用性逐步向综合性、创新性转变。再次，学校应当继续加大人才引进力度，高度重视教学团队建设，以教改项目牵动、引导全校在专业建设、课程建设、教学方式方法改革、教学管理方式、质量评价体系等方面开展具有前瞻性、针对性和实效性的改革，进一步深入推进人才培养模式改革，积极服务和保障卓越法律人才教育培养工作。最后，为构建应用型、复合型的教师队伍，学校应当向其他知名高等院校借力，聘请国内外知名教授担任客座教授；向实务部门借智，聘请知名法官、检察官、律师等担任双师型导师；积极打造一支能够培养应用型、复合型法律人才

---

⑩ 付子堂：《探索政法高校法治人才培养新机制》，载《中国高校社会科学》2017 年第 4 期。

⑪ 《习近平向全国广大教师致慰问信》，载《人民日报》2013 年 9 月 10 日，第 1 版。

⑫ 参见《习近平：做党和人民满意的好老师——同北京师范大学师生代表座谈时的讲话》，载《人民日报》2014 年 9 月 10 日，第 2 版。

的教师队伍。

(五)丰富推进实践育人长效机制

习近平总书记强调,法学学科是实践性很强的学科,法学教育要处理好知识教学和实践教学的关系。基于甘肃政法学院实际,学校实践育人工作应当按照"六个一"的要求开展,即一院建成一个校级实践育人示范基地;一院发展一项品牌学科竞赛活动;一院开展一项紧扣专业的社会实践活动;一院培育一项有示范效应的实践育人教改项目;选树一批实践育人先进典型;形成一批标志性的实践育人成果。总体而言,学校通过在实践育人模式、实践育人体制机制构建等方面进行积极探索,注重培育有深度、有特色、有推广价值、有示范效应的具体成果,形成实践育人长效机制,全面推进实践育人工作向纵深发展。

与此同时,打破高校与社会的体制壁垒,丰富实践育人工作载体,用活用好校内校外两种优质法学实践教学资源。[13] 尤其是充分利用司法实务部门的优质实践教学资源开展法学实践教学,通过搭建法学教师与实务部门工作者之间的交流平台,进而促进理论和实践相结合。

(六)完善学生评价和考核机制

"德法兼修"法治人才培养的关键,是改革和完善学生评价和考核机制,充分考虑到法治人才应当具备坚定的法律信仰、合乎要求的法律职业伦理、完善的知识结构、严密的思维能力、深厚的人文素养及娴熟的实务操作能力。这样的话,学生考核和评价机制就不能单纯以考试成绩作为考核和评价学生的标准,而且评价主体应当扩大到协同育人单位甚至社会各界。对此,学校应当积极探索并形成有效的机制,联通"三个课堂"——第一课堂提质量,第二课堂强能力,第三课堂拓视野,从"封闭式"教学转向"开放式"教学,实现全员育人、全过程育人、全方位育人,进而全面提升学生综合素质,促进学生全面发展。

"志之所趋,无远弗届,穷山距海,不能限也。"政法院校注定将在法治中国建设的伟大征程中有所作为,我们将切实贯彻落实习近平总书记重

---

⑬ 参见付子堂:《探索政法高校法治人才培养新机制》,载《中国高校社会科学》2017年第4期。

要讲话精神,遵循教育规律和人才成长规律,创新法学教育模式,改革法治人才培养机制,坚持“立德树人,德法兼修”,为国家和社会培养更多高素质法治人才。

On the Construction and Innovation of the Cultivation System of High-quality Legal Talent with Virtue and Law

Li Yuji

Abstract: In the context of comprehensively promoting the rule of law, the rule-of-law is greatly significant for the social development in our country. The "training students' virtue and promoting both virtue and law" is the important content of the Party's educational policy in the new period and it is also the central link of talent cultivation at universities and colleges. Universities of political science and law, as the frontier of legal talent cultivation, should strengthen the talent cultivation with every effort. "Training students' virtue" is the essential task for the higher education and "promoting both virtue and law" is the new requirement for the cultivation of legal talent - to make students acquire legal knowledge and to train students' virtue. Gansu Institute of Political Science and Law, based on the connotation of "promoting both virtue and law", cultivates high-quality legal talent and adopts scientific guidance to build the "top level design" of legal education and position itself accurately. The university also comprehensively innovate the concept of legal talent cultivation by strengthening cooperation, building the long-term mechanism of cooperative education. It is the new task and new requirement that domestic legal education has to confront to deepen the reform, innovate the modes of legal talent cultivation, adopt practical training and cooperatively build the big pattern of legal education in our country.

Key Words: promoting both virtue and law, legal talent cultivation, practice, innovation

立德树人为本　德法兼修为要

——以上海政法学院探索法治人才培养为例

刘晓红

摘　要：目前，高校的思想政治工作受到了党和国家的高度重视，如何在法学教育中加强德育，是政法院校人才培养工作的重大命题。习总书记提出的立德树人、德法兼修，为法学教育和人才培养指明了方向。政法院校在落实这一精神过程中，应以立德树人作为根本，德法兼修作为培养机制，进而构建符合德法兼修的人才培养目标、课程设置、实践教学环节、评价机制等，培养符合社会主义需要的高素质法治人才。

关键词：法学教育　立德树人　德法兼修

习近平总书记在2017年5月3日考察中国政法大学时指出：全面推进依法治国是一项长期而重大的历史任务，要坚持中国特色社会主义法治道路，坚持以马克思主义法学思想和中国特色社会主义法治理论为指导，立德树人，德法兼修，培养高素质法治人才。“立德树人”是高校人才培养的根本目的，“德法兼修”则为法学教育和人才培养指明了方向。作为政法院校，应贯彻落实总书记的重要讲话精神，全面构建“立德树人、德法兼修”的人才培养体系和机制,培养高素质的社会主义法治人才。

一、法治人才培养要坚持“立德树人”的价值取向

在中国传统价值理念中,“百行以德为首”,讲的是人必须具有正直高尚的道德根基,然后才能谈得上“修身、齐家、治国、平天下”。在2016年12月中共中央政治局第三十七次集体学习中,习近平总书记指出,法律是成文的道德,道德是内心的法律;在国家治理中,两者都有其地位和功能,法安天下,德润人心。

(一)坚持德育为本的教育方针

德育教育是学校教育的基石和灵魂,其核心是关于做人的教育。教育家陶行知说,道德是做人的根本,是建筑人格长城的基础。“立德树人”的提出,凸显了大学教育的根本在于树人。在培养法治人才的过程中,这不仅是关于“培养什么人”这一问题的回答,更是人才培养的基本价值导向,即坚持用马克思主义法学思想和中国特色社会主义法学理论全方位占领法学教育和法学研究阵地。把社会主义核心价值观融入教育教学全过程,培养造就一大批忠于党、忠于国家、忠于人民、忠于法律的高素质社会主义法治人才。

在人才培养方面,上海政法学院一直强调德育教育在人才培养中的价值导向作用。学校的校训是“刻苦、求实、开拓、创新”。这既是学校办学理念的集中体现,也是上海政法学院学术精神的象征。这一校训,注重充分发挥个性特色与自我价值的实现,努力使学子们感悟思想、升华精神、创新进取、继往开来。反映在立德树人方面,就是要求培养德才兼备的法治人才,教育大学生知法、懂法、信法、敬法、畏法、守法,做社会主义法治国家的合格公民。

从2008年起,上海政法学院与上海市监狱管理局、上海市劳动教养工作管理局签订了联合培养人才协议,创建并实施了“招生与招警相结合”的“订单式”人才培养模式。2012年起,学校开展上海市卓越法律人

才培养试点班和人民调解专业方向人才培养，明确培养具有信念执着、品德优良、知识丰富、本领过硬的法治人才。上述改革探索成效明显，获得用人单位的高度评价，也得到中央政法委充分肯定和司法部、国家人事局的大力支持。

（二）明确德法兼修的培养目标

德育是各层次人才培养的重要方面，上海政法学院也积极探索将德育作为重要目标，突出"德法兼修"的法治人才目标，尤其习近平总书记在全国高校思想政治工作会议上指出，高校思想政治工作具有重要的地位和作用，强调高校思想政治工作关系高校培养什么样的人、如何培养人以及为谁培养人这个根本问题，强调要坚持把立德树人作为中心环节，把思想政治工作贯穿教育教学全过程，实现全程育人、全方位育人。这对于我们将"德法兼修"纳入法学专业培养目标，提供了重要的理论基础和指导方针。

把"德法兼修"纳入人才培养目标，将是对习近平总书记讲话精神的重要落实，也是对于高校"培养什么样的人、如何培养"的有效回应。在政法类高校中，将"德法兼修"纳入法学类学生人才培养目标，一方面可以体现德育在法学教育中的重要性，另一方面可以为各大高校法学院的人才培养目标设定给予示范和指导。为此，建议各政法类高校结合各自学校的目标定位和办学特色，将"德法兼修"吸收进人才培养目标，突出"德"的要素，特别是将"德"融入法律职业素养之中，并在培养要求中具体体现出来，进而从培养目标、培养模式、培养方法、培养内容等层面构建完整的"德法兼修"体系，确保培养出来的法学人才符合社会主义法治建设要求。

二、法治人才培养要坚持"德法兼修"的全过程培养

"德法兼修"，强调了法治人才培养中德育与法学知识传授的同步进行。"法者，唯有德才兼修，方为上品。"上海政法学院在培养学生过程中，充分兼顾德法两个维度，贯穿在教学的各个环节中。

(一)全力打造"大国安全"重点课程

学校精心设计通识课"大国安全"课程,组建一支强大的教师团队,包括书记、校长走上讲台上课,还邀请外交官、将军、海外知名专家等一起授课,辐射带动上海政法学院其他思政课教学,深入推进我校思政课新一轮的教学改革,进一步提升上海政法学院思政课教学水平。该课程聚焦宣传《中华人民共和国国家安全法》和习近平总书记关于总体国家安全观的新思想,回应大学生所关注的国家安全战略和形势政策热点,增强大学生的国家意识和政治责任感,打造让学生真心喜爱、终身受益的精品课程。"大国安全"课程通过专家的专题研讨式教学,讲好中国安全故事,帮助学生深入了解中国特色国家安全道路、总体国家安全观、国家安全体系的基本内涵,深刻领会"国家安全是头等大事"的科学论断,树立科学的国家安全观。该课程深受学生欢迎,反响强烈,效果很好。

(二)积极推进课程思政教学改革

党的十八届四中全会提出了全面推进依法治国,建设社会主义法治国家的目标。建设法治国家,离不开高素质的法治工作队伍。提高人才培养质量,其首位要素便是培养思想政治素质。法学专业教育应以培养党和人民信赖的、社会各领域所认同的法治人才为目标,努力探索将思想政治教育寓于法学专业教育的新途径和新方法,不断提高法学专业学生的思想政治素质、法律职业技能和职业道德水准等综合能力,实现学生的全面发展。

2017年7月,上海政法学院成功获批上海高校课程思政教育教学改革试点"重点培育院校"。学校已于近期全面启动课程思政教学改革试点工作,以法学专业课程为试点改革课程主体,引导教师结合课程实际,将中华优秀传统文化和社会主义核心价值观教育有机地融入法学专业课程教学中,既教书也育人,使学生德法兼修。

思想政治素质是社会主义法治人才的第一位要求,要把社会主义核心价值观融入法治人才教育教学全过程。牢牢掌握意识形态工作领导权话语权,坚持用马克思主义法学思想和中国特色社会主义法治理论全方位占领高校、科研机构、法学教育和法学研究阵地。其一,在课堂上,教师须加强对社会思潮的辨析引导,组织对错误思潮的批判,决不为错误思潮提供任何传播渠道和空间,以提高法治人才辨别能力,使其能够分清重大是非。其二,在教学中,把社会主义法治理念和法律职业伦理教育放在重要位置。学校根据办学特色,制定好法治教育工作规程,努力在所有课程教学和有关学习活动中渗透德治教育的内容,从而为在高等教育阶段培养德才兼备的法治人才打好坚实基础。通过“思政课程”与“课程思政”的齐头并进,思想政治课、综合素养课、专业教育课形成三位一体的教育体系,使所有课都能上出“思政味”,令所有老师都能挑起“思政担”。

(三)科学开设法学专业德育课程

我国著名法学教育家孙晓楼认为“法律教育的目的,是在训练为社会服务为国家谋利益的法律人才,这种人才一定要有法律学问,才可以认识并且改善法律;一定要有社会常识,才可以合于时宜地运用法律;一定要有法律的道德,才有资格来执行法律”。①

目前,我国的法学教育重在掌握知识和技能,对于“德”关注不够。缺乏德育的法学教育,犹如失去了灵魂,也失去了对法律的信仰和尊重。要破解上述问题,“德法兼修”无疑是良方解药。强化德育教育,不仅是塑造合格法律人的需要,而且也是推进教学改革的需要。当前,我国的法学教育存在“唯技能”的倾向,而忽略了法律职业伦理的建设,也丢失了传统的道德规范。无疑这是非常可怕和危险的,就如有的专家指出,我们在培养精致的利己主义者。强调功利主义将直接影响我国的法治人才培养质量,影响我国的法治国家、法治政府、法治社会一体建设。因此,学校也正在积极探索开设一系列法学专业德育课程,并将其纳入必修课程。同时,组建一支具有思想政治教育和法律专业共同学历背景的高水平教学团队,形成完整的“法学德育”体系,培养真正“德才兼备”的法治人才。

(四)积极传播中国优秀传统文化

2013 年 10 月,中国—上海合作组织国际司法交流合作培训基地成立。学校坚持以服务国家战略为己任,以整合各方面优质资源为举措,着

---

① 孙晓楼:《法律教育》,中国政法大学出版社 1997 年版,第 12 ~ 13 页。

力打造“培训基地”高端平台,培养知华、友华人士,取得了明显成效。2015年、2016年圆满、高效、优质地完成公安部、商务部、司法部、中国法学会等中央部委委托的“塔吉克斯坦内务部高级干部研修班”、“吉尔吉斯斯坦国安委高级干部研修班”、“哈萨克斯坦国安委大型活动研修班”、“塔吉克斯坦法律管理人才高级培训班”、“上合组织刑事司法研修班”以及“中非法律人才班”等17个培训班。学校在安排专业教师对培训班成员授课时,明确提出,除了对法律、国际政治、安保等专业课内容的讲授,更需要讲解中国优秀的传统文化,并须重点传播中国特色社会主义文化,对中国社会主义法治理念及社会主义价值观等作详细诠释。同时精心选取社会考察的领域和单位,让受训学员直接感受中国文化的魅力。通过在课程教学和实践考察中融入文化的元素,相应教学活动在国际人才培养中取得了较好的效果。

三、法治人才培养要凸显“德润人心”的实践特色

法学教育也是素质教育。西方法学教育从不缺乏对学生法律忠诚、法律信任、法律信仰的培养。美国学者伯尔曼曾言,法律不被信仰,则形同虚设。所以在法学教学中,如何打破课程界限,融汇知识、技能和道德,以及如何使德育内容能“润物细无声”进入法学课程教学过程中,值得研究。

(一)营造校园浓厚的德育氛围

加强大学生思想政治教育不是短期任务,而是长期的使命,不能仅仅将其视为政治任务予以推行,而应该自觉把思想政治教育融入到文化建设层面。易言之,高校应该努力打造思想政治教育的文化氛围,使之转化为校园文化而潜移默化地影响人心。

首先,坚定正确的办学方向和强烈的社会责任感。大学应该孕育自强不息的奋斗精神和敬业守道的奉献精神,培养实事求是的科学精神和团结协作的集体主义精神,发扬艰苦奋斗的拼搏精神和开拓进取的创新

精神，形成昂扬向上、积极奋发的精神状态，为大学生思想政治教育提供重要的文化引领。学校大力倡导复合型人才培养，也注重充分发挥个性特色与自我价值的实现，努力使学子们于学业感悟中启迪思想、与时俱进，而且积极提倡拓展学术创新空间，注重交叉学科、边缘学科的研究，致力于对富有挑战性的哲学社会科学问题的思考与批判，探求科学与人文的交融与整合。这些对于引导学生树立正确的世界观、人生观和价值观，树立马克思主义信仰，形成关于道德的观念，确立为实现中华民族伟大复兴和建设中国特色社会主义而奋斗的共同理想具有积极意义。

其次，坚持用马克思主义最新成果引领学校发展。以往，大学对思想政治导向重视不够，教材编写和教学实施偏重于西方法学理论。正如习近平总书记所指出的“实际工作中，在有的领域中马克思主义被边缘化、空泛化、标签化，在一些学科中‘失语’、教材中‘失踪’、论坛上‘失声’”。这种状况，在法学领域表现非常突出。

2017 年 6 月，学校马克思主义学院获得上海高校示范马克思主义学院建设单位称号。这既是对学校马克思主义学科建设成果的认可，也是马克思学院发展的契机，必将对学校马克思主义学科的未来发展、思政课程教学改革产生深远影响。在以后的教学和科研过程中，在编写教材与举办论坛时，坚持用马克思主义法学观、中国特色社会主义共同理想凝聚力量，用以爱国主义为核心的民族精神和以改革创新为核心的时代精神鼓舞斗志，用社会主义荣辱观引领风尚，充分发挥文化的塑造功能，不断优化当代大学生思想政治教育的精神园地。

最后，坚持深挖校史文化以构建思政工作新载体。学校将建校以来的历史资料、珍贵图片、精彩瞬间等在校史馆集中展出。在新生入学和新教师入职时，都会组织新生与新进教师参观校史馆，使师生深入了解学校的历史沿革，深刻感悟学校的成就来之不易，并能继承学校光荣的优良传统。通过深入了解校史文化，大力弘扬校史文化，充分发挥校史文化潜移默化的育人作用，有意识地培养和教育师生，极大增强师生的爱国情怀和校园情结，积极影响青年学生及教师的价值取向和思维方式。

（二）增强法学教师的道德使命感

“德法兼修”培养目标的实现，有赖于教师对自身品德修养的提升和对德育工作的重视。长期以来,许多教师注重传授知识和技能,比较侧重解释概念、注释条文,而忽视了法律的终极目标,是为了人的自由和解放,是为了秩序和正义。目前,有的高校出现教师抄袭论文的违背学术道德的案例、与学生的不伦关系等违背职业道德的事件,使作为培养社会人才的象牙塔,不再是引领社会道德的制高点,反而成为拉低伦理底线的催化剂。由此,如何将德育的灵魂引导到高校教学中,让校园成为社会道德建设的重要阵地,教师的作用至关重要,并负有主要责任。所谓"打铁还需自身硬",就是要教师加强自身修养,培养自身的道德情操。在实践教学中,由于增加了教师和学生面对面交流的机会,更由于学生具有敏锐观察和细致分析的能力,进而也激发了教师自身的教书育人使命感,使师生之间在品质塑造上产生双向互动的促进效应。今后,学校将进一步优化师资队伍,向兄弟院校学习,建设一支"有理想信念、有道德情操、有扎实知识、有仁爱之心"的高水平法学师资队伍。

(三)推动德育培养与法学教育有效对接

德育教育,不是高校一家的事情,要多方参与、形成合力、凝练特色。因此,德育教育需要梳理清楚知识教学和实践教学的关系,打破高校和社会之间的体制壁垒,加强理论界和实务界之间的交流,并在知识教学与实践教学互动当中,完成德育培养与法学教育的无缝对接。

就法律职业而言,其有特殊的道德诉求。例如,"律师可以为他明知有罪的人辩护;法官为民解决纠纷不像行政官员那样免费服务,而是要收取诉讼费;法官不得对当事人抱有同情心;法官对于犯罪嫌疑人的暴行不得疾恶如仇,而应当保持超然中立进行无罪推定,等等。法律职业特殊的道德要求在法律程序当中基本是必须遵循和实践的。离开法律程序也就不会存在这种法律职业的道德要求"。② 基于此,法律职业道德要求的特殊性决定了"德法兼修"法治人才的培养过程中,需要律师、法官、检察官等有实践经验的法律实务专家走进课堂,充分发挥实务专家在法学人才培养中的作用。

---

② 孙笑侠:《职业伦理与大众伦理的分野》,载《中外法学》2002年第3期。

近三年来，共有200多名兼职教授来校开设系列讲座，有30多名实务部门的专家参与学校开设的“东方讲坛”学术名人讲坛，外聘专家独立开设近10门课程，60余人讲授课程部分章节。这些兼职教师大都来自法律共同体，通过他们的有效参与，更好地阐述了法律程序当中的法律职业道德要求，与作为法律职业人应该具备的道德要求之间的关系；同时，学生提前浸染社会现实，确立整体解决视野和方法，并运用实事求是的批判和建构态度，以培养学生解决法律问题的核心能力。今后，在法学教育的过程中，学校将会继续加强和深化与实务部门的合作，共同构建“德法兼修”的法学人才培养模式，紧密围绕教学与研究两大主题，对接法学基础理论前沿，并结合当代中国法治实践，准确把握中国特色社会主义法治理论最新成果，准确把握中国特色社会主义法治建设丰富实践，准确把握本学科领域的最新进展，提高法治人才应用能力。

（四）加大对德育培养多维度支持

德育文化的培育，社会主义价值观的塑造及社会主义法治观的培养，除了教师德法兼修的自身努力，还需学校从多个维度推进，为校园德育文化的形成提供支撑。学校采取了一系列措施，对德育给予多维度支持。比如，为了配合上海市哲学社会科学规范办公室“三大”专项（“改革开放40周年、建国70周年、建党100周年”系列研究）课题申报，推动校内“三大”专项课题的发布和申报，在为市哲学社会科学课题申报提供充分培育的同时，也引导校内教师将研究和教学的目光适当向社会主义核心价值观转移，并鼓励教师及时转化研究成果，为课堂教学提供充足的智力支持。通过教学示范岗的评选，突出先进教师的示范作用。顾名思义，教学示范岗是教学与师德的有机结合，优选学校教学水平高和师德师风好的教师，并赋予其“教学示范岗”的称号，有效引领校内教师在教学与师德两个层面的齐头并进。近年来，学校为了推动社会主义价值观培养、中国社会主义法治教育及马克思主义法学观塑造，而制定出各种制度规则进行规范。例如，《上海政法学院讲座管理办法》《上海政法学院学术沙龙管理办法》《上海政法学院学生考试违规处理办法》《上海政法学院研究生管理暂行办法》，等等。

学校通过从科研经费、荣誉称号及规章制度等不同层面推进对学校师生道德风气的培养,强化社会主义核心价值观的引领作用,并努力将思政教育内化于师生的内心,使之成为推动学校发展的有效的智力支持与价值支撑。在今后工作当中,这种将德育内化于教育的工作路径将会被持续推行和加大力度。

四、法治人才培养要坚持“师生并重”的评价体系

德育评价体系应该包括两个方面:一是高校德育工作的评价体系,对德育工作包括专业课程中的思想政治教育的有效性进行评价;二是对学生品德修养的评价体系,对学生在校期间的德行操守进行评价。如何建立科学有效的“德法兼修”法治人才评价体系,是一个新的时代命题,还需要科学的研究、论证。但有一点必须强调,即它应该是在现有的德育评价体系的基础上,进一步充实和完善,而不是推倒重来。

(一)创新高校德育工作评价机制

评价体系是教育模式的核心因素,它决定了教育内容和方式、教育质量如何以及是否达到了教育目标等许多因素。因此,教育评价是教育模式的“指挥棒”。目前,上级主管部门对高校的考核、评价一般都集中在办学条件与资源、学科专业水平、人才培养与科学研究等方面,在权重中更加注重学科水平与科学研究,普遍存在重科研、轻教学的现象。而在对高校的人才培养质量的评价中,更缺乏对高校德育工作的评价机制。

因此,要培养“德法兼修”的法治人才,不仅需要将“德法兼修”纳入目标,也要将其引入评价体系。只有对人才培养中的德育工作进行有效的评价,对法科教学中的德育渗透给一个有说服力的衡量标准,进行量化以及奖优罚劣,才能使学校给予德育工作在政策、资金和人力等方面的保障,使法学教育中的德育能更有积极性、主动性和创造性。

(二)优化学生品德修养评价体系

在法学教学中,教学评价标准体系主要包括教学目标、教学队伍、教学内容、教学方法、教学效果等,而这个评价体系基本上是为传统课堂设

定的，德育过程很难通过这个标准来衡量。传统意义上的德育评价，往往以人的思想道德水平为主进行衡量，只满足于道德知识的掌握，具有片面性。因此，进一步优化学生品德修养的评价体系，是培养“德法兼修”的法治人才的必要环节。

在德育评价中，不仅要从学生的校内表现中积累评价要素，还要将目光延伸至学生的校外行为。例如，社会实践、学生志愿者活动、创新创业活动等，要拓展评价空间，对学生实行全面评价；另外，在评价过程中应充分发挥学生的主体性作用，使评价过程真正起到教育与自我教育的作用。在德育评价的内容上，也应体现高校人才培养模式及社会对人才的基本要求，必须体现多元性、个性化、求异性及可持续性的特征。

习近平总书记在全国高校思想政治工作会议上指出，好的思想政治工作应该像盐，但不能光吃盐，最好的方式是将盐溶解在各种食物中自然而然吸收。近年来，高校的思想政治教育工作受到了党和国家的高度重视，而德育工作的创新乏力也是我们不得不面对的问题。思想政治教育是一项需要长期投入的系统工程，不能急功近利、投机取巧。今后，要进一步完善思想政治教育的工作机制，构建思想政治教育的话语体系，探索德法兼修的法治人才培养模式，努力培养高素质社会主义法治人才。

Taking Training Students' Virtue as the Fundamental and Promoting Both Virtue and Law as the Essential

—Based on the Exploration of the Cultivation of Legal Talent at Shanghai University of Political Science and Law

Liu Xiaohong

Abstract: At present, ideological and political work at universities and colleges has been highly emphasized by the Party and the country. It is a significant topic in the cultivation of the universities of political science and law and law schools on the strengthening of moral education in legal education. General Secretary Xi Jinping's remarks on training students' virtue and promoting both virtue and law has indicated a clear direction for legal education and the cultivation of legal talent. When domestic universities of political science and law implement the spirit, trainng of students' virtue should be considered as the essential and promoting both virtue and law should be considered as the cultivation mechanism. By conducting those methods, we can set up the objectives of legal talent cultivation which meet the goal of promoting both virtue and law, the curriculum, practical training, evaluation mechanism and so on to cultivate the high-quality legal talent who meets the demand of socialist construction.

Key Words: legal education, training students' virtue, promoting both virtue and law

立德树人　德法兼修 培养A型法治人才

吕　涛

摘　要:习近平总书记的重要讲话要求高校从国家战略和法治中国的高度上认识法学专业建设和法治人才培养。中国特色法学教育的培养要求应当是德法兼备,培养过程是德法兼修,把“人”的培养放在更加突出的位置上。而将“人”字略加变形,山东政法学院提出了A型法治人才培养的思路。A的左边竖线代表“德育为先”,右边竖线代表“法育为基”,二者之间相互倾斜,彼此支撑,以法律彰显道德、以道德孕育法律。A中间横线代表“德法交融”,三者的结合即意味着高素质的顶尖(Apex)法治人才。

关键词:立德树人　德法兼修　A型法治人才

习近平总书记2017年5月3日到中国政法大学考察,强调全面推进依法治国是一项长期而重大的历史任务,要坚持中国特色社会主义法治道路,坚持以马克思主义法学思想和中国特色社会主义法治理论为指导,立德树人,德法兼修,培养高素质法治人才。习近平总书记的重要讲话内涵丰富,强调了法治和法治人才培养的重要性,对提高我们法治人才培养质量具有重要的指导意义。

一、A型法治人才的思路

习近平总书记指出,“全面依法治国是坚持和发展中国特色社会主义的本质要求和重要保障,事关我们党执政兴国,事关人民幸福安康,事关党和国家事业发展”。习近平总书记还指出,“随着中国特色社会主义事业不断发展,法治建设将承载更多使命、发挥更为重要的作用”。[①] 这要求我们更加深刻地认识法作为“国之重器”的独特价值和极端重要性,站在国家战略和法治中国的高度上认识法学专业建设和法治人才培养。从“德”和“法”两个维度上去思考,中国特色法学教育的培养要求是德法兼备,培养过程是德法兼修,培养目标是高素质的法治人才。不能有才无德,不能有德无才,更不能无德无才,而是要有德有才。其基本要义是既成才,更成人。高素质的法治人才不能仅满足于法学知识和法律技能,更要将法律视为信仰,充当社会公平正义的重要守护者,需要超越专业化教育的狭隘性,把“人”的培养放在更加突出的位置上,“人”应成为我们法学教育的出发点、落脚点和中心点。

“人”是一撇一捺。“法治人”的一撇是“德”,这是第一笔,意味着“德育为先”;“法治人”的一捺是“法”,这是第二笔,但它支撑着撇,意味着“法育为基”;一撇一捺紧密连接,相互支持,意味着“德法交融”。“法治人”的这一撇一捺,这一“德”一“法”就像人的两条腿,只有两条腿坚强有力、步调一致,才能走得更加稳健,更加久远。将“人”字略加变形,我们提出了“A型法治人才培养”的思路。A的左边竖线像“人”的撇,代表“德育为先”,右边竖线像“人”的捺,代表“法育为基”,二者之间相互倾斜,彼此支撑,形成交叉,以法律彰显道德、以道德孕育法律。A中间横线代表

---

① 《习近平在中国政法大学考察时强调　立德树人德法兼修抓好法治人才培养　励志勤学刻苦磨炼促进青年成长进步》,载 http://politics.people.com.cn/n1/2017/0504/c1024-29252342.html,最后访问日期:2017年12月3日。

“德法交融”，横线越粗，载体越多，交融越深，人才培养质量越高，就能培养出高素质的顶尖(Apex)法治人才。

二、德育为先

《资治通鉴·周纪》中谈道：“才德全尽谓之圣人，才德兼亡谓之愚人，德胜才谓之君子，才胜德谓之小人。凡取人之术，苟不得圣人、君子而与之，与其得小人，不若得愚人。”现代管理学上也有“有德有才，破格重用；有德无才，培养使用；有才无德，限制录用；无德无才，坚决不用”的理念。这都充分说明德育为先的重要价值。推进德育为先需要做到“四个合一”。

(一)教育主体：专兼合一

目前许多高校在德育过程中存在“三脱节”现象。一是德育教师队伍与德育管理队伍脱节。德育教师主要负责第一课堂，德育管理部门如宣传部、学生处、团委、辅导员、班主任等负责第二课堂，这两支德育队伍在开展德育活动中各自为政，缺乏相互间的沟通与协作，造成教育重叠、断层，浪费了人力、物力、财力。二是德育专职教师和非德育专职教师脱节。非德育专职教师认为德育是德育工作者的责任，与己无关，工作中单纯完成自己的工作任务，没有从各自的角度和岗位发挥对德育的影响作用，造成德育专职教师孤军奋战，德育人力资源没有得到有效整合。三是教师和学生脱节。教师在德育过程中往往自觉不自觉地将自身放在“传道”的位置上，将学生看成是单纯的接受者，既没有充分认识到学生自我教育在德育中的重要价值，也没有根据学生的兴趣点和困惑点进行针对性的“解惑”，导致学生不愿也不能主动参与到德育的全过程中，造成“你讲你的，我干我的”这一被动局面。

实现专兼合一，就是要在教育过程中，构建大思政、大法学的人才培养格局，克服德育是个别部门个别教师的任务的狭隘思想，上下联动，齐抓共管，全员参与，使教师、辅导员、管理人员、学生等作为一个整体参与德育,形成全员全过程全方位的“三全”育人模式。

一是实施跨学院共同备课计划,引导思政教师与法学教师共同建设课程,把法治理念融入思政课,把思想政治融入法学课。

二是建立思政教学与学生第二课堂活动的联动机制,将“大水漫灌”与“精准点灌”结合起来,把第一课堂的内容作为第二课堂开展的主题,纳入计划,同时要求第二课堂活动体系和牵涉思想政治活动项目的设计都要有思政教师的参与,在第二课堂中发现的学生思想政治方面的问题也要及时反馈给思政教师,推动第二课堂活动与思政教学同步开展。

三是建立思想政治工作的“三联”机制,即校领导联系学院、班级和学生,机关处级干部联系班级和学生,专业教师联系相应课程学生,实现全员育人。

四是实施“热点话题排行榜”活动,利用“9958”爱生服务热线、山政网络服务平台和学生教学信息中心等,汇总整理学生关心的热点话题并反馈给思政教师,通过思政教师专业的力量帮学生答疑解惑。

五是开展“榜样山政”等活动,充分发挥优秀学子的榜样作用,挖掘学生本身的德育力量,促进学生自我教育、自我服务。

通过系列活动,最终实现德育的教育主体的专兼合一,让教师、学生和管理人员,专职人员和兼职人员都能发挥各自的德育作用,为培养A型法治人才相互支持,共同发力。

(二)教育载体:虚实合一

思想政治工作从根本上来说是做人的工作,必须围绕学生、关照学生、服务学生。脱离了学生这个主体,思想政治工作就会空对空,投入再多的精力也只是隔靴搔痒,效果不佳。现在的大学生马上都是“00后”了,他们是随着互联网成长起来的新一代,网络已经渗透到他们的日常生活,绝大多数学生都是通过网络来获取信息、阅读思考、休闲娱乐、交往交流,同时学生在知识体系搭建、价值观塑造、情感心理培育等方面又存在不足,需要加以正确引导。这就要求我们的德育必须虚实合一,发挥线下教育的规范性、系统性的优势和线上教育灵活性、迅捷性的优势,实现线上教育和线下教育的有机结合,才能适应时代发展,满足学生需求,实现教育目的。

一是以“四类媒体”为核心构建立体德育网络。打造以校报、团刊、学院刊物等为代表的平面媒体阵地，以校园广播、大学生通讯社等为代表的声像媒体阵地，以学校宣传栏、学院宣传栏、班级宣传壁报等为代表的传统媒体阵地，以校园手机报、微博平台、微信平台、QQ群等为代表的新媒体阵地，从而以四类媒体为核心构建立体德育网络，以学生喜闻乐见、丰富多彩的形式，拓宽德育渠道，巩固德育成果。

二是丰富网络资源，编织“红网”。建设网上党校、网上团校、德育课堂，占领网络主阵地；建设虚拟社区，开展网上咨询、在线讨论，疏通信息交流渠道；建设思政工作微集群，构建以官方微信、微博为核心，学院团总支、学生组织、学生社团微信微博以及QQ、贴吧等组成的覆盖全校园的新媒体矩阵，加强高校主流思想舆论的传播。团委官方微信平台现有关注用户20,655人，是校园内师生关注的品牌性宣传平台，在团中央的基层团组织微信公众号综合影响力排行榜里名列前茅。

三是组建网络队伍，打造“红军”。专业教师利用专业优势，发出主流声音，成为网络舆论向导；辅导员与学生交往频繁，在微信群和QQ群观察学生动态，及时进行辅导；“9958”服务热线对于在山政网络服务平台出现的负面情绪，及时进行开导；学生骨干在学生中影响力大，可以在网络上对其他同学形成有效引导；学生信息中心属于学生自治组织，就是学生身边的人，可以利用其情感优势对学生进行及时疏导。最终形成“专业教师向导、辅导员辅导、‘9958’开导、学生骨干引导、信息中心疏导”的网络“红军”。

四是注重网络道德，形成“红风”。由于网络世界特有的身份隐匿性特征，使许多学生穿梭于现实世界和虚拟网络之间，扮演着两面人的角色，在网络空间不受约束，滥用权利，既不利于学生个人的道德养成，也容易引发歪风邪气。学校在德育课和法学课中应增加网络操作的“网风”与“网德”教育、网络法纪教育和网络爱国主义教育，增强学生对全球网络文化的识别知觉能力、自律抗诱能力，最终使网络世界“红风”劲吹，正能量满满，帮助学生实现现实世界和网络世界的道德一致性。

五是坚持新媒体文化精品建设。积极打造"一学一做""扬帆团校""青春风向标""山政致青春""五四青年"等新媒体品牌项目。每逢重大节日,主动发声发言,占领新媒体传播制高点,使校园新媒体成为弘扬主旋律的阵地,在青年中牢固树立坚定的政治信仰。同时注重平台亲和力,引导学生自我管理、自我服务,加强与青年的良性互动,树立青年榜样。学校新媒体平台平均日阅读量2000多次,单篇阅读量经常超过2万次,在学校师生中有较大影响力。

(三)教育资源:内外合一

德育包括政治教育(政治方向和态度)、思想教育(世界观和方法论)和道德教育(行为准则和道德规范),是一种涉及范围广泛又比较复杂的教育活动,所需要的德育资源是丰富的、多方面的,必须坚持内外合一,充分发掘校内外各种资源为我所用,才能满足A型法治人才培养的需要。

一是加大对校内德育资源的建设。坚持第一课堂主阵地地位,把课堂德育资源的开发与利用放在首位;注重德育资源生活化,把日常生活变成使学生产生道德需求、养成良好习惯、体验道德成长的重要资源;积极开发校本德育资源,尤其是山东政法学院校史、解放济南战役茂岭山战场遗址、法治文化等;推动德育案例库建设,丰富德育案例,促进案例共享;加强德育信息化建设,开发网络德育资源,引入德育教学软件。

二是加大对校外德育资源的利用。注重就近原则,充分利用山东政法学院的区位优势,在学校周边的山东省博物馆、档案馆和美术馆等建立学校德育基地,便于组织学生活动,促进学生活动规范化、制度化。注重务实原则,立足山东政法学院法学专业需求,在周边法院、检察院、律所和监狱建立学校德育基地,便于激发学生兴趣,提高学生德育的深度化、有效性。注重分类原则,分类建设社会实践基地、国防教育基地、法治教育基地、安全教育基地、传统教育基地、科技教育基地等,便于学生有针对性地开展德育活动。

(四)教育效果:知行合一

A型法治人才的重要特征是德法兼修,不满足于单纯的道德知识和单纯的法律知识,而是把道德视为根本,把法律当成信仰,身体力行,知行合一。我们的道德教育有一种倾向,就是将道德教育等同于智育教育,错误地把道德当作一种知识体系来传授。其实,道德的内涵要更丰富,它表现为道德观念、道德情感和道德行为。道德观念可以通过学习获得,但它并不必然导致相应的道德行为。道德观念隐藏在认知结构的"黑箱"里,难以直接被评价、判断,故评定一个人的道德品质时,更多的是依据这个人展示出来的道德行为。因此,德育要树立"知行合一,知为先,行为要"的重要观念,防止"无知无畏",也要防止"知而不行"甚至"知而逆行"的道德"双重人格"。

一是要抓好课堂教学。这里要注重五个"度",以推进思想政治课程教学改革。其一是坚持问题导向,提高两课信度。以教材和学科要点为基础,坚持问题导向,根据学生关注热点问题排行榜,针对学生思想实际、时政热点和社会现实,设置不同专题组织教学,解决学生困惑,使学生真正感受到两课能用、好用,自觉地把知识转化成信仰。其二是推进集体备课,拓宽两课广度。发挥团队力量,从单一教研室备课转变到跨教研室备课,从学院内备课到跨学院备课,提高教学内容的整体协调性,形成同向同行、协同发声的教学体系。其三是教学科研结合,提高两课深度。深入开展重大理论与现实问题研究,以科研成果支持教学深度,保证两课教学"讲得深、讲得通、讲得透"。其四是改革教学方法,保持两课热度。采取对话教学、学导教学、小组讲授、主题演讲、课堂辩论等多样化的教学方法,注重科学性和趣味性有机结合,进入学生的话语系统,用生动活泼的课堂氛围"让马克思主义讲中国话,让专家讲家常话,让基本原理变成生动道理,让根本办法变成管用办法",提高学生兴趣,保持他们对两课的热度。其五是改革考核机制,提高两课效度。思政教学不满足于知识性考核,而是强调入脑入心、知行合一,要将考核重点由知识考核转移到对学生身心修养的自我反思与道德践行上。探索将学生第二课堂成绩纳入两课考核体系,同时将考试作弊等违规行为也纳入两课考核体系,充分发挥两课的行为指导作用,提高两课效度。

二是要注重深入研究。道德情感产生于道德认识之上,学校德育应通过将德育课题面向学生开放等各种措施,推动学生深入研究某些道德观念及其相关元素,使学生对某一道德规范产生深刻认识,才有可能使学生在此基础上产生“心向往之”的道德情感并付诸行动,这正所谓“知之深,爱之切”。

三是要加强行为训练。道德观念,即知识的东西可以通过课堂教学、系统讲解和学习教材来掌握,是可以“教”的;而道德行为很难通过这种途径来培养,它们是不可以“教”的,需要通过各种有针对性的学生活动和社会实践来进行相应道德品质的训练。

三、法育为基

有德就有了为党分忧、为国干事、为民谋利的良好愿望,但如果没有法律知识和技能的支撑,就缺少了实现道德价值、推动法治建设的能力,德也难以与法融合。加强和改进法学专业教育,需要做到“四个突出”。

(一)教育内容:突出德融于法

加强法学专业教学中的德育渗透。要把思想政治教育像盐一样融入法学专业教学的“菜”中去,努力从四个方面挖掘法学专业教学中的德育元素,突出德融于法。

一是以马克思主义法学思想和中国特色社会主义法治理论为指导,坚持法学本身所具有的阶级性和政治性的基本立场,构建符合马克思主义精神的学科体系和知识体系,杜绝法学根本理念、法学理论、法学话语西化的倾向,培养学生的辩证唯物主义和历史唯物主义思维观。

二是挖掘历史文化和法律文化中积极的道德元素,如以儒家思想为核心的传统法律文化极力提倡的知足忍让、和谐无讼,劝导人们重视内心修养,保持人际关系的和谐,与我国现代法治建设追求的“和谐”是一致的。通过发挥优秀传统伦理文化的熏陶作用,培养学生的民族精神、人文精神和历史使命感。

三是将法学学科发展史料渗入教学,通过讲授法学杰出人物及其辉煌成就等内容,一方面可以扩大学生知识面、增强记忆、激发兴趣、克服重结果轻过程的教学弊端，另一方面可以对学生进行辩证唯物主义、历史唯物主义和科学道德观教育。

四是挖掘不同学科和课程中蕴含的德育要素，加以提炼，有针对性地予以渗透。通过讲授法律面前人人平等、诚信、公序良俗等基本原则，培养学生的诚信意识和平等观念；通过讲授法律程序的设计理念和实施步骤，培养学生的正义理念和严明操守；通过讨论真实、典型案例，培养学生的团队合作意识和角色使命感。在提升学生法律知识素养的同时，对学生进行法律精神和职业道德培养，促其坚定法律信仰，形成诚信、公正、责任等现代法律基础理念。

（二）教育理念：突出应用导向

各个学校由于自身不同的服务定位、价值取向和历史传统，法学专业的人才培养理念各有不同。山东政法学院定位于地方性应用型本科高校，故我们在法学人才培养过程中要突出应用导向，以培养应用型人才为己任。

一是优化人才培养方案。人才培养方案是学校人才培养的指导性文件，故学校高度重视它的设计工作。2017年，学校按照学分制改革要求，严格贯彻应用型人才培养理念，对培养方案进行了科学设计和整体规划，根据学生发展趋向和未来职业需求，加大民法类课程比重，压缩三国法课程课时，增加实践实训课程，开设科研向教学转化的小学分课程，增设职业培养课程，延长学生见习时间，等等。

二是改进专业课程体系。在课程安排上，改变先理论后实践的单一课程安排方式，而采取理论课程与实践课程相互交替方式安排课程，或者根据实际情况，采取将实践教学环节融入理论课程中的方式设计课程教学内容。在课程考核上，改变单一的以期末考试成绩为最终成绩的考核方式，而注重对学习过程的考核和学生综合素质的评价。

三是强化职业考试帮扶。获得法律职业资格证书是从事法律职业的前提，应用型本科高校要培养从事法律职业的应用型人才，必须实现法学教育与国家司法考试的有机结合。学校利用自身双师型教师众多的优势，同时借助社会办学力量，成立了司法考试教研培训中心，负责组织教师为学生进行司法考试有关问题的研究和辅导,实现了法学教育和国家司法考试的良性互动。

四是完善人才评价模式。在人才培养过程中,学校将国家司法考试和公职人员考试等作为评价人才培养水平的重要指标,充分发挥了各类考试在应用型人才培养评价中的杠杆调节作用。每年学校都召开特色人才培养工作表彰大会,对在国家司法考试和公职人员考试中表现优秀的学生进行表彰,引导学生在学习过程中明确努力目标,保持和发扬学校“乐学、勤学、真学、活学”的学风。

(三)教育重点:突出实践教学

习近平总书记强调,法学学科是实践性很强的学科,法学教育要处理好知识教学和实践教学的关系。这就要求我们打破高校和社会之间的体制壁垒,研究如何在高校与司法实务部门之间建立起教学资源共享机制,构建与法律职业成长相吻合的开放式实践教学模式。山东政法学院利用在山东省的区域优势,在全省各地市共建立法学实践教学基地223个,基本实现了全省实践教学基地的全覆盖。以校内法学教学实训中心和校外实践教学基地为依托,搭建了“优质司法资源共享平台、专兼互补的师资队伍平台、三位一体课程体系平台和校内校外协同育人平台”,创建了开放式实践教学模式。

一是建立资源共享平台。通过将法院审判卷宗向高校开放,学校以法院审判卷宗为基本素材,组织编写法学教学自编案例,建设覆盖民事类、刑事类、行政类等主要部门法的法学自编案例库,把海量的司法卷宗转化为优质的教学资源,用于日常的法学实践教学。通过法院现场开庭,学校将法院的现场开庭活动转化为学生的庭审观摩教学活动。通过法院庭审活动在高校同步直播,彻底突破学校与实务部门的距离障碍,有效地整合地方法院的优质司法资源,为学生了解审判程序、感知审判制度提供了最直观的途径。

二是建立“专兼互补”的师资队伍平台。首先是优化校内专职实践教学队伍。通过建立“民事实训教研室”等实践教学教研室、实施《山东政法学院教师实践教学能力提升计划》、加大实验实训课程工作量系数等手段,进一步加强校内专职实践教学队伍建设。其次是用好半专职的实践教学队伍。这部分实践教学队伍源自学校与法律实务部门开展的“双千人计划”。学校根据实务专家的从业经历和业务专长,制定具体的教学方案,组织实务专家更加广泛地参与学校实践教学工作,最大限度地发挥实务专家在人才培养中的作用。最后是规范兼职的实践教学队伍。近年来,学校聘任的法学实践教学兼职教师中,已有60余名通过指导模拟法庭竞赛,进校现场开庭以及做客大法官讲坛、大检察官讲坛、大律师讲坛、证据鉴识大讲坛等形式直接地参与到实践教学中来。今后,学校将根据兼职教师的业务专长和时间安排,继续拓展兼职教师参与实践教学的渠道。

三是建立实验、实训、实践“三位一体”的实践教学课程体系。学校以法律职业成长的基本规律为主线,设置递进式的实践教学模块,建立了实验、实训、实践“三位一体”的实践教学课程体系。首先通过证据实验、基础环节训练,来培养学生的法务基本技能;其次通过三大诉讼法和实体法的综合实训,培养学生综合运用法律的能力;最后通过法律诊所、法律援助实务等法务实践训练,来培养学生办理专项委托、参与案件代理的实战能力。

四是建立协同育人平台。通过使学校和实务部门成立的实务性研究机构、中心承担一定的人才培养功能,进一步完善既有的实践教学体系,服务于应用型法律人才培养。通过创办“大法官讲坛”“大检察官讲坛”“大律师讲坛”“证据鉴识大讲坛”等实务大讲坛,为学生了解法律实务专家的成长历程、分享专家的职业技能、把握法律实务中的热点问题,提供了窗口和途径。通过举办高度仿真的模拟法庭竞赛,实现法学教育与法律实务更好的对接,以此来检验法学教育的成果,探寻法学应用型人才培养的方向和路径。通过探索协同指导实习实践模式,构建校外实习见习与校内实验实训的良性互动机制,特别是实习见习作为一个重要的实践教学环节,通过实施双导师制,确保把学校的教学目标、教学计划通过具体的实习见习活动,落到实处。

(四)教育过程:突出教学改革

深化人才培养模式改革,完善分类培养、分流培养、复合培养、联合培养(校企联合、跨校联合)等机制。

一是分类培养。根据教育部法学专业综合改革试点要求设计,依托山东省法学“三三三”法学人才培养模式改革创新实验区项目,组建“鼎山学堂”法学实验班,培养卓越法律人才。法学实验班师资力量雄厚,实行导师和青年教师助教制度,单独设置人才培养方案,强调培养过程的“三强三多三结合”,即“表达能力强、实务能力强、综合能力强;双师教师多、讨论课程多、实践经历多;理论教学与实践教学相结合、学科教育与职业教育相结合、学习过程与就业目标相结合”。2013年招生以来,“鼎山学堂”法学实验班共为国家和社会培养学生200余人,研究生、公务员、国家司法考试通过率远高于非法学实验班。

二是分流培养。根据学校法学专业学生规模庞大的特点和律师、检察官、法官等职业的特征,在法学人才培养方案中设置相对独立的专业模块,鼓励学生根据个人兴趣选择相应模块并进行集中深入的学习,提高学生的某一特定方向的法学专业知识和职业素养,提升其在就业市场的竞争力。

三是复合培养。为兼顾学科专业的共性需求与社会实际需求,培养社会需要的宽口径、厚基础、强能力、高素质的复合型人才,学校设置法学专业、经济学专业等双学位班,一方面鼓励非法学专业学生修读法学专业,培养“法律+经济”“法律+新闻”“法律+英语”等复合型人才;另一方面鼓励法学专业学生结合人才培养需求,积极选读经济学、新闻学、管理学等专业的双学位,促进学生知识能力素质协调发展,体现学生的自主选择与个性发展,培养一专多能、具备多学科知识的高层次复合型人才。自开设双学位以来,学校共毕业具有法学背景的各类复合型人才400余人。

四是联合培养。依托“立格联盟”、“一带一路高校联盟”和区域高校联盟等平台,加强与联盟高校交流学习,学习联盟高校在法学专业建设、课程建设、人才培养模式等方面的先进经验,积极争取联盟高校的支持和对口帮扶,探索建立教师培训、挂职锻炼、学生交流等合作机制;加强与公检法司等行业机构的合作,通过联合制定人才培养方案,联合开展课题研究和开发课程,聘请司法实务部门人员承担各层次专业课程教学、指导学生见习和学生实习、指导本科生毕业论文等工作,实现法学人才培养和行业岗位需求有机对接;积极开拓和发展法学专业的对外合作与交流,引进国外优质教育资源,学习其先进的教学理念、其学术与实践相结合的课程特色,探讨建立"2+2"双本模式、"2+2"硕士双学位和短期交流项目;积极配合山东省法官检察官员额制改革,探索与法院检察院联合开展助理法官、助理检察官和书记员人才培养。

四、德法交融

A型法治人才培养重要的是需要德法交融,通过各种措施,设计各种活动,确保一头连着"德",另一头连着"法",使学生既能"立德"也能"立法",实现二者的深度融合。促进德法融合,需要强化"四个育人"载体。

(一)润物无声:文化育人

立德树人,文化育人。优秀的校园文化,能够在无形中实现内化、融合、升华和超越,从而把正确的做人做事之道渗透到灵魂里。学校按照物质文化、行为文化、制度文化、学术文化和精神文化统筹谋划、一体化建设的思路,加强"文化山政"建设,以之提高学生的思想道德水平和法治意识。

一是加强物质文化建设。学校建设"法治广场"、"权广场"和"红色广场",设置"法治之光"雕塑,打造法律名人墙,教学楼内营造以法律箴言为核心的微观文化环境,发挥表层物质文化的表征功能。

二是加强行为文化建设。学校营造行为得体、阳光自信、关爱学生的教师文化,渲染师生平等、相互合作、热烈互动的课堂文化,凝练自我管理、团队合作、富于创造的社团文化,形成整洁温馨、关系和谐、相互帮助的宿舍文化,发挥基层行为文化的实践功能。

三是加强制度文化建设。学校建立了法律顾问制度,大力实施"法治山政"发展战略。日常制度和活动突出强调"依法治校、按章办事、规范运转、公平公正”,法治文化日益彰显,法治理念深入人心,发挥了中层制度文化的规范作用。

四是加强学术文化建设。学校激励教师潜心学术深入钻研,鼓励教师吸纳学生参与科研,要求教师将科研成果转化为教学资源,对学术不端行为一票否决。同时学校进一步加大对学生作弊等行为的处罚力度。通过以上举措学校发挥深层学术文化的内化作用。

五是加强精神文化建设。学校弘扬“博学笃行刚健中正”的校训精神、“实事求是”的校风、“学在前沿,大爱施教”的教风、“乐学、勤学、真学、活学”的学风和“爱岗敬业,务实高效”的工作作风,发挥高层精神文化的引领作用。而且学校深入推进书香校园建设,以系列阅读推广创新活动为载体,打造“经典相伴,人文彰显——校长推荐阅读书目活动”“刻苦读书,研讨法学——读者俱乐部法学沙龙活动”“文化书香,多元开放——志愿者联盟活动”“桃李满园,名师风范——印象·名师在身边活动”等十个“书香校园”特色文化品牌,营造浓厚的校园文化氛围,不断提升学生的道德素养和人文素质。

(二)靛青工程:项目育人

学校发挥共青团在法治人才培养过程中的生力军作用,做好青年学生思想发展的引领人,通过开展丰富多彩的活动,促使学生“德法兼修”。

一是实施“青马工程”,奠定坚实思想基础。学校着力打造“扬帆团校”这一团学干部培养和教育的龙头工程,每期团校培训内容都被精心策划设计,以强化学生的理想信念教育和职业精神培养,同时实施“1+10”计划,要求每个“扬帆团校”骨干学员带动10个普通团员,从而紧密地把学生凝聚和团结在党的周围,培养了一批批对党忠诚、素质优良、作风过硬的青年马克思主义者。我校申报的《扬帆团校扬帆起航——山东政法学院扬帆团校大学生思想政治教育工作案例》入选省委高校工委大学生思想政治教育优秀工作案例。

二是实施“靛青工程”,丰富第二课堂活动。“靛青工程”坚持立德树人,按照“思想引领举旗帜、文明修身强素质、全面发展长才干”的要求,通过组织丰富多彩的主题教育活动、品牌特色活动、素质拓展活动等,将先进价值观、道德理念和优秀习惯规范融入学生的生活和学习中。“靛青工程”将素质拓展活动学分化、项目化，年均活动项目精选300余个，年度参与25,000余人次。通过第二课堂活动加强思想引领，助力学生全面发展、全面成长成才。“靛青工程”2014年被团中央评为全国学校共青团重点工作“打造高校学生第二成绩单”创新试点项目。

三是完善考核机制，提高第二课堂质量。构建大学生素质拓展课程体系“6+1”培养模式，规范第二课堂活动，提高第二课堂质量。“6+1”含6项必选模块和1项自选模块，其中将思想引领模块作为首要模块，使其学分占比最大，同时加大学生参与专业性学生社团的要求，从源头上、制度上保证了学生政治引领和法律训练的实施和效果。

（三）爱生学工：服务育人

习近平总书记强调：“把立德树人、规范管理的严格要求和春风化雨、润物无声的灵活方式结合起来。”这要求我们要将学生管理与服务的文章做好，通过严格管理和热情服务来培养A型法治人才。

一是加强学生管理，规范学生行为。学校把对学生综合素质的考核特别是对思想道德素质的考核放到了非常重要的地位。对于学生思想品德素质的考核，设定了由思想品德基本分、思想品德奖励分、思想品德素质扣分构成的评价体系，由班级测评小组评议打分，同时在学生奖助学金评定、先优评选、组织发展、就业推荐等工作中，把学生综合素质测评成绩作为重要依据，以此来规范学生行为，为学生成长成才提供正确导向和目标。

二是突出学生服务，建设和谐山政。学校开通“9958”爱生服务热线，建立网络服务平台，开展学生日常服务；加强学生学习指导，促进学生专业发展。开展就业创业服务，提高学生就业创业能力；构建“133”资助体系，服务经济困难学生。关爱学生心理健康，帮助学生健康成长。学校在服务学生中真正做到“以理解之心尊重学生，以宽容之心关爱学生，以真诚之心引导学生，以热忱之心服务学生”，使学生在爱的环境中感受到爱、理解了爱、传递着爱，提高学生思想道德修养。

三是搭建学工平台，助力学生成长。实施“爱生学工”品牌项目，以主题教育领航行动、“榜样山政”伴你行等精品活动为载体，把法律教育、德育教育、思想政治教育、传统文化教育融为一体，把法治信仰、法治精神的培育与世界观、人生观、价值观和荣辱观的形成有机结合，做到相互融合、相互渗透、相互促进、相得益彰，为学生德法兼修、全面成长提供坚实保障。

（四）服务社会：实践育人

学生只有多多接触社会，多多服务社会，才能在服务的过程中加强对国情的认识，感受社会跳动的脉搏，提高自身对经济和社会发展现状的认识，同时了解个人在专业知识和技能方面的不足，在实践中升华思想，提高才干。

一是完善学生社会实践。为更好地发挥社会实践作用，需要实现几个转变。其一是参与学生由精英群体向普通学生的转变，将社会实践纳入人才培养方案并提出学分要求，推动社会实践的大众化。其二是实践安排由一次性向阶段性转变，改变原有的“一个主题一盘棋”的一次性实践安排，根据学生学习进程，开展相互关联、层层递进的社会实践。其三是实践内容由一般化向项目化转变，从服务地方经济社会发展需要和民生问题出发，选取重点项目开展研究，提供服务。学校重点支持社会实践的课题调研。

二是吸纳学生参与课题研究。山东政法学院与省人大常委会合作建立山东省地方立法研究基地，与省委政法委合作建立社会稳定研究中心，与省高级人民法院合作建立司法研究院，与济南市人民检察院合作建立司法会计研究所，积极承接各方面的研究课题，组织安排学生参与这些课题的研究，不断提高学生运用专业知识解决现实问题和服务社会的能力。

三是推动学生开展社会公益服务。利用学校司法鉴定中心、法律援助中心和法律诊所等平台，推动学生参与到社区普法、法律咨询和法律援助中来，使学生在校学习期间，就能够直接面对当事人，了解当事人所面临的法律难题和困境，运用所学的专业知识和方法为当事人提供法律服务，综合培养和训练学生的实践能力，同时使学生在公益服务活动中增强社会责任感，不断提高思想道德素质和专业素质。

综上所述，山东政法学院将系统推进“四个合一”以夯实德育内涵，注重“四个突出”以提高法育质量，强化“四个育人载体”以进一步促进德法融合，努力培养A型高素质法治人才。

Training Students' Virtue, Promoting Both Virtue and Law, and Cultivating Apex Legal Talent

Lv Tao

Abstract: General Secretary Xi Jinping's remarks during his visit to China University of Political Science and Law put forward the new requirement that domestic universities should understand the construction of law major and the cultivation of legal talent from the high level of national strategy and rule of law. One of the requirements of legal education with Chinese characteristics should be the combination of virtue and law, and the education process is the training of both virtue and law, which means that the cultivation of "human beings" is placed in a highlighted position. If the Chinese character of "人 (ren)" is transformed a little, it can be recognized as the English letter "A". Therefore, Shandong University of Political Science and Law puts forward the idea of cultivating "Apex" legal talent. The left side of letter "A" means "putting moral education for the first" and the right side of the letter means "putting legal education as the baseline". The two sides depend on each other, which indicates that to demonstrate morality with law and to breed law with morality. The middle stroke means the integration of morality and law. The combination of the three means the cultivation of high-quality apex legal talent.

Key Words: training students' virtue, promoting both virtue and law, Apex legal talent

理论探讨

德法兼修法治人才培养目标的实现路径探讨

——基于辽宁大学法学院的探索

杨 松 闫 海 王 印

摘 要：德法兼修是我国法学院校培养社会主义法治人才的目标之一。实践德法兼修的法治人才培养目标，需要正确认识法治人才道德培养的重要性、特殊性和艰巨性。国内诸多法学院校努力探索通过课程体系化和实践教学规范化来实现法治人才的德法兼修培养目标。为实现德法兼修法治人才培养目标，必须采取全员参与、全过程实施、全方位强化的体系，重点解决法学教育中德育教学有效实施所面临的难题。

关键词：德法兼修 法治人才 理论课程 实践教学 德育教学

自党的十八届四中全会以来，全面推进依法治国已经明确为我国今后的发展战略和基本国策，是国家治理体系和治理能力现代化的重要抓手。培养具有中国特色的社会主义法治人才，是建设法治国家的根本和保证。2017 年 5 月 3 日，习近平总书记视察中国政法大学时指出，坚持以马克思主义法学思想和中国特色社会主义法治理论为指导，立德树人，德法兼修,培养大批高素质法治人才。①

习近平总书记的讲话为我们明确了“为谁教、教什么、教给谁、怎样教”的重大理论课题和实践需要,明确了将“立德树人、德法兼修”作为法治人才培养的目标。辽宁大学等法学院校担负着法治人才培养和法治理论研究的重任,需要以此认真思考服务国家依法治国战略的能力和作为。

一、法治人才道德培养的重要性、特殊性和艰巨性

道德与法律、德治与法治的关系,一直是古今中外思想家、法学家讨论的话题。中国古代就有儒法之争:儒家强调德治和道德教化;而法家崇尚法治和法律为先。从汉代起在指导思想上“舍法取儒”,在技术手段上采取“以经决狱”,来实现司法层面德与法的结合,开始形成了“以经注律”的传统律学。② 在西方法学史上,从亚里士多德与柏拉图之争到后来的自然法学派与分析实证主义的分歧,法律与道德关系是困扰西方法学的“哥德巴赫猜想”。道德在法律实践中的作用不容忽视,“在调整或整合相互冲突或重叠的诉求时,应当承认哪些诉求,以及如何界定和保障这些诉求等问题,都依赖于一种价值纲目或一个价值理论”。③ 社会主义道德与法律在本质上是一致的,在治理社会过程中表现为互相补充和共同作用的关系。几千年的中国历史和中国文明、中国社会的进步,证明了德治与法治结合的重要性。今天我们强调德法兼修,正是对中国法治发展历程中优秀遗产的集成,更是适应新的历史时期中国法治道路的必然选择。我们应该认识到,法治和德治的结合,即依法治国和以德治国的统一,是实现当下国家治理体系和治理能力现代化的重要保障和抓手,体现

---

① 参见《立德树人德法兼修抓好法治人才培养 励志勤学刻苦磨炼促进青年成长进步》,载《人民日报》2017 年 5 月 4 日,第 1 版。

② 参见郭成伟主编:《中华法系精神》,中国政法大学出版社 2001 年版,第 42 页。

③ [美]罗斯科·庞德:《法律与道德》,陈林林译,中国政法大学出版社 2003 年版,第二版前言。

了新的时代要求。“道德与法律是可以互相协调的，通过制度建设使二者达到平衡与和谐，在道德涵养法律的同时，以法律促进道德的普适。”④国家全面深化改革进入了攻坚克难的阶段，“一带一路”倡议又需要中国做出大国应有的风范和贡献，而司法制度和法治建设的速度和质量，直接关系到国家政治稳定、经济发展、社会进步、人民安康。法治人才的质量是影响国家法治建设和治理能力成败的重要因素。

在新的历史条件下思考德治建设，我们必须要清楚，道德有层级之分：有“小德”和“大德”——内在道德与外在道德，即从个人的修身品行，到集体的德风，再到社会的德化。由此可见，道德的培养是一个体系，一个系统工程。高等院校对于人才的道德培养，应该既内在于受教育人的内心，又外化于受教育人的行动，应该是立体的、全方位的、长效的。法治人才承担着治理国家、管理社会、定分止争的任务，对于法治人才的德行要求自然应当是全面的、立体的，不但需要有独善其身的个人品行，也需要有关爱、仁慈、正直等社会公德，更需要有勇于担当、立志报国、为民执法等职业道德。所以，对法治人才的道德培养不但比对一般受教育者的道德培养更加重要，而且也需要更系统科学的方法，才能够树立起全面的道德观和职业尊严。习近平总书记高瞻远瞩地指出，中国特色社会主义法治道路的一个鲜明特点，就是坚持依法治国和以德治国相结合，强调法治和德治两手抓、两手都要硬。法学教育要坚持立德树人，不仅要提高学生的法学知识水平，而且要培养学生的思想道德素养。⑤

法治人才的道德培养应以法律职业道德培养为核心内容。职业道德作为高层次道德，对低层次道德起到示范、引导作用。⑥ 法律职业道德以公民个人道德为基础，但又是个人道德的升级。个人的道德认知可以在社会交往中自然形成并实践，而法律职业道德具有专业性、群体性、规范性等特点，很大程度上需要通过法学教育去培养和塑造。复杂的现代社

---

④ 田文利：《法律与道德之和谐——法律与道德关系的三维解读》，载《道德与文明》2015 年第 5 期。

⑤ 参见《立德树人德法兼修抓好法治人才培养　励志勤学刻苦磨炼促进青年成长进步》，载《人民日报》2017 年 5 月 4 日，第 1 版。

⑥ 参见张文彦：《道德层次性与道德建设成效性》，载《理论学刊》2008 年第 12 期。

会使法律人面临巨大的道德挑战,“法律人所遭受的角色道德困境,与一般人相比,更加特殊:他的职业本身就是要解决价值冲突和利益矛盾”。⑦仅凭个人道德感中的“好人”原则,无法达到法律职业道德中的专业化要求。“从事法律职业必须掌握专门的法律知识和技能,这种知识和技能是一种‘习得的艺术’,其中就包括法律职业道德的内容”,“法律职业是一个自主自律的职业群体,它通过各种途径或手段实现自我管理,其中最重要的就是制定和实施职业道德准则”。⑧ 法律职业共同体奉行的职业道德准则,能够超越个人道德认知的犹疑和不确定,达成高度共识。因此,法律职业道德可以通过课程化、体系化的方式,以宣讲、传授的方式来培养,在一定程度上成为专业知识和职业技能的组成部分。⑨ 当下法律人职业道德“沦陷”事件时有发生,在职业群体社会公信力不容乐观的情况下,⑩于法学教育环节夯实职业道德基础,更有紧迫的现实性。

道德是内化于人内心的品质,虽然可以外化为人的表现,但是无法在短期内被准确评价。因此,法律职业道德教育与法律专业技能教育相比,更具有长期性和艰巨性。法治人才的道德素养,体现于专业知识、职业技能之中,这一部分可以进行客观考核评价。但是,法律职业道德培养的复杂性在于,它能够以课程为载体,又不能仅限于此。法治人才的法律职业道德必须接受实践的检验。我们培养的法治人才走出学校,面对复杂的环境和各种利益诱惑,是否能够坚守道德底线不动摇,这才是检验法律职业道德培养的试金石。这种检验无法在培养周期内通过课程成绩的量化指标来完成。然而,在高尚职业人格塑造上,我们不能无所作为。在借助高校思想政治工作常规手段和平台的同时,我们应当拓展学生服务社会、进行法律实践的渠道,将社会责任感的养成作为职业人格塑造的核心。

---

⑦ 李学尧:《非道德性:现代法律职业伦理的困境》,载《中国法学》2010年第1期。

⑧ 张志铭:《法律职业道德教育的基本认知》,载《国家检察官学院学报》2011年第3期。

⑨ 例如,律师根据“对客户忠诚”的职业道德、丰富的专业知识和经验,进行说理论证,阐释诉讼主张,这将大幅提高司法腐败的机会成本,有利于抑制司法腐败。参见季卫东:《通往法治的道路——社会多元化与权威体系》,法律出版社2014年版,第45页。

⑩ 参见李学尧:《转型社会与道德真空:司法改革中的法律职业蓝图》,载《中国法学》2012年第3期。

培养什么样的人,就会走什么样的路。有法治人民,才会有法治社会、法治国家。高素质法治人才应有坚定的法治信念和行动力。这样的法律职业共同体能发法治之先声,可在法治实践中释放正能量,并通过职业活动成为法律正义的化身,而民众由此才能形成对法治的认同。虽然高等学校的法学教育是精英教育,但法治成果的享有者是广大人民,不只是少数人群。法治是谁的法治,这是一个根本问题。法治终究是人民的法治,这才是法治的生命力。法律职业共同体如果没有兼济天下的情怀和立场,无论在专业理论和技能培养上多么成功的法学教育,都是不值得推崇的。从这一层面看,法律职业道德培养是法学教育所肩负的历史使命。

二、实现德法兼修法治人才培养目标的理论课程体系化

德法兼修是每个法学院校在高素质法治人才培养过程中所追求的目标,提高学生的法学知识水平和培养学生的思想道德素养并重,努力为国家和社会培养"于一般道德基础上还应当具有法律道德、有社会使命感和责任感的人"。[11] 一些法学院校在理论课程设计上都凸显对学生的道德教育与培养。

20 世纪 80 年代初,辽宁大学设立法学专业伊始,便在"法理学""司法实务"等课程中安排部分学时向学生讲授法律职业道德等内容,但当时授课形式较为单一,讲授内容相对分散,效果并不明显。自辽宁大学开始建设国家级法学实训教学中心时,就对包括"法律职业伦理"在内的所有课程予以改革。在被遴选为首批国家卓越法律人才教育培养基地之后,全面修订课程大纲,调整课程设置和体系,在理论课程、实验实训课程、实习课程等所有课程,以及作为课程延伸的法律诊所和法律援助活动等,全方位渗透法律职业道德的教育,不断探索德法兼修的理论课程的体

⑪ 费安玲等:《中国法学专业本科课程体系设计改革研究》,中国政法大学出版社 2016 年版,第 200 页。

系化。

“思想道德修养”是辽宁大学专门面向法学专业学生开设的公共基础课,依托马克思主义学院,旨在引导学生树立正确的价值观、人生观。在本科入学时开设此课程也是贯彻社会主义核心价值观教育的具体体现。

在“思想道德修养”课程基础上,辽宁大学法学院率先在全国开设“社会主义法治理念概论”。“社会主义法治理念概论”课程,作为通识教育课程,普及社会主义法治观念,牢固树立学生的法治思想,为培养高素质法学人才提供坚实的思想后盾。其最初授课对象为非法学专业学生,是对“思想道德修养与法律基础”的法学知识提升和本土化认识。2014年起,该课程面向法学专业一年级学生开设,旨在使法学专业学生在法学专业课程学习伊始即树立社会主义法治理念,并为培养高素质法学人才提供坚实的思想后盾。

经过多年的成果积累和科学论证,辽宁大学法学院在2012年修订人才培养方案时,在本科、政法干警第二学士学位课程体系中单设“法律职业伦理”。本科生在第三学年夏季学期、政法干警第二学士学位在第二学年夏季学期开设“法律职业伦理”,计1学分,30学时。此课程有计划、有步骤地对法治人才职业道德培养进行了探索和实践,培养学生从事法律职业的规则意识、纪律意识、公平公正意识,增强学生法律职业伦理意识和职业道德意识,形成学生建设社会主义法治国家、服务社会主义法治文明的责任感和使命感。之所以在本科三年级开设“法律职业伦理”:一方面是基于其为“思想道德修养”“社会主义法治理念概论”等课程的深度延伸;另一方面也是考虑到法治人才的职业道德标准高于其他职业人才,有其自身存在的必要性、复杂性,故须在学生就业前夕,为学生树立正确的、蓬勃向上的价值导向和职业归属。授课内容方面要既考虑普遍性,又兼顾法律职业者的特殊性,基本涵盖法科本科就业主要方向,即法官、检察官、律师、公证员、仲裁员及行政机关的执法人员。

“思想道德修养”“社会主义法治理念概论”“法律职业伦理”的循序渐进课程设计,配之以实践教学,形成了独具特色的辽宁大学法学院德法兼修法治人才培养模式。

三、实现德法兼修法治人才培养目标的实践教学规范化

通过长期探索，我们深刻认识到，单纯的理论教学和简单的道德说教是无法实现德法兼修培养要求的，必须注重全员参与、全过程实施、全方位强化的体系，才能够真正达到德法兼修的培养目标。德法兼修是一个系统工程，需要贯穿于法学教育始终，而不是一蹴而就的。我们需要逐步强化、逐步规范、逐步完善。伴随着辽宁大学法学院实践教学和实验教学的探索，学校也把加强以思想道德、职业道德为内容的实践教学，纳入实践教学的核心环节，并且通过实践教学的规范化要求，增强对德法兼修的落实。

（一）课堂教学中理论课与实训课的衔接

课堂的理论教学是大学的重要的教学方式，但不是唯一的教学方式，尤其在思想道德、职业道德培养方面。辽宁大学实验教学的方法和手段引入“思想道德修养”“社会主义法治理念概论”教学之中，按 3∶1 比例分配理论教学和实验教学；“法律职业伦理”被整体纳入法学实验教学课程体系和法学实验教学内容体系，采取规范设计，诸如案例研析、专题探讨等多种实验教学方式，通过场景再现、角色扮演等让学生充分体会法律职业活动的伦理准绳及冲突处理方法。

（二）校内教学资源与校外法治资源的统筹

辽宁大学在德法兼修法治人才培养中打破高校和社会之间的体制壁垒，将法律实务部门的优质教学资源引入学校，作为校内教学活动的有机补充。学校正在探索一条全员参与法治人才培养的途径。法学院推动高校法学研究者和实务部门的法律工作者的相互流动，广泛邀请专家以讲座、座谈、研讨会、经验交流等多种形式，参与包括职业道德养成等法治人才培养的全过程，如共同制定“法律职业伦理”的教学大纲，拟定法治人才的德法兼修评价标准等。同时，把实践部门的法治从业者走进课堂授课直接规定在教学大纲中，以增强校外实践资源参与人才培养环节的公信

力和约束力。

(三)正面养成教育与教训警示教育的统一

辽宁大学法学院在法治人才思想道德素养养成过程中,注意将规范管理的严格要求和春风化雨、润物无声的灵活方式有机结合。学校开展近三年的立德树人工程,法学专业教师与行政管理人员与学生对接,要求教职工以身作则,坚定中国特色社会主义法治的理想信念,自觉做社会主义核心价值观的传播者和法治中国的建设者,传递正能量,让学生从每一位教职工的言传身教中感受到法治精神。近年来,我们的毕业生中涌现全国道德模范厉莉、第一代行政审判法官许福庆等先进模范,他们不止一次返回校园为在校学生做讲座。优秀校友具有庞大的榜样力量,这些都成为重要的实践教学资源。同时,法学院还加强法律职业纪律教育,每年带领新生参观警示教育基地、反腐倡廉基地,以牢固树立学生的纪律意识和规则意识,并定期开展警示教育,引导学生崇德向善,遵法守法,信仰法律。

(四)学与做的结合——成立全国首个法律校企联盟组织(辽宁法律服务业联盟)

实践教学的特性在于被动学习与主动实践的结合。在课堂教学、正反宣讲中,学生都处于被动地位。虽然学生在课堂实训中具有一定主动性,但虚拟设置会影响道德、伦理养成的可接收性。因此,辽宁大学法学院强调德法兼修的"做"主要指向"社会实践"。为此,学校成立了全国首个法律校企联盟——辽宁法律服务业联盟,联结辽宁省内法学院校和法律实务界。依托该校企联盟、法学校外实践教学基地等平台,结合学校的学期制改革,在夏季学期、寒暑假引导学生走出课堂,深入社会和司法实践,开展专业实习活动,同时在专业实习实践活动中注意引导学生关注法律职业伦理的训练。另外,辽宁大学法学院将学生参与普法宣传情况作为德法兼修高素质法治人才的重要评价指标之一,同时还组织丰富多彩的法制宣传活动。2016年,辽宁大学法学院被授予"辽宁省青少年法治实践教育基地"。根据基地建设需要,法学院规范化地引导学生参与基地的社会实践活动,为中小学提供普法服务。

(五)道德教育和专业教学的有机融合

高素质法治人才的成长和道德教育也离不开社会主义法治理念教育。社会主义法治理念是中国特色社会主义法治理论的重要组成部分，需要将法治人才的道德教育渗透到法学学科的所有课程教学中。从教师角度来看，这是将知识传播和道德教育相结合；从学生角度来看，是将法学专业知识体系的构建和法治人才的职业道德养成相结合。例如，辽宁大学在政法干警第二学士学位开设的“审判业务”“检察业务”课程中，也都融入法官职业道德和检察官职业道德的基本内容。

四、实现德法兼修法治人才培养目标的德育教学重点

我们知道，法与德是法治人才的两个翅膀，缺少任何一个都不能够展翅飞翔。法律思维的训练、法学技能的培养、法学知识体系的掌握，都可以通过一定的量化标准完成，并且具有可以比较和研判的标准。但是，职业道德和伦理观念的培养，包括法治理念的形成，不但不是一个四年的本科阶段就可以全部完成，而且在本科阶段也无法完全通过一个量化的指标和课程设计就能够落实这一培养。其难度远远超过法律知识的灌输。我们还要认识到，我们投入巨大的精力去塑造学生的道德修养，可能会由于学生在社会上一次不公正的遭遇就面临坍塌，道德教育的艰巨性可想而知。所以，我们必须采取全员参与、全过程实施、全方位强化的体系，才能够真正趋近于德法兼修的培养目标。这也是法学教育未来面临的难题和需要着重解决的问题。

学校多年来努力探索德法兼修法治人才培养目标的实践路径，初步形成独具特色培养模式，也深深地认识到实现德法兼修的培养目标须着力解决以下问题：

首先，德育教学应具有贯通性，贯穿于法学本科四年教育体系的始终，从社会主义核心价值至社会主义法治理念，再至社会主义法治人才的职业伦理，针对不同年级进行不同的课程设计，由浅入深、润物无声，最终

在学生毕业之际实现将他们打造成德法兼修高素质法治人才的培养目标。

其次,须解决德育教学与专业教学的“两张皮”现象,实现二者的有机融合。既要充分承认德育教学有其自身的规律性和内在要求,又须注重法学本科教育中的德育教学的职业性要求。这些与专业教学存在密不可分的关系。因此,德育教学应当注意挖掘法律职业背景、法律专业素材;同时法学专业教学亦应当坚持职业伦理的基本要求,坚定学生的法律信仰,而不是将“玩法”视为法律技巧并予以传授。

再次,德育理论课教学和实践课教学须有效衔接。德育的理论课教学、课堂教学存在较大局限性,法律职业道德要入脑、入心,必须从入行为根本,因此要采取多元化方式进行德育的实践课教学形式,在有效引导下让学生体会职业道德的要求。

复次,加强德育教学的教材建设。“法律职业伦理”成为法学专业核心课,并非一劳永逸地实现德法兼修培养目标。课程规范化是下一步应当重点解决的问题。教材是向学生传授知识、技能和思想的基础“范本”,是德育教学规范化的基本路径。社会法治理念目前仅有若干读本或学习问答的普及手册,欠缺与法学本科教学配套的教材。《法律职业伦理》教材虽然相对丰富些,但主要是对相关法律、法规及规范性文件中关于法律职业人员道德规则的梳理。国外法学院普遍将“法律职业伦理”列为必修课,相关教材内容极其丰富,往往从案例入手展示伦理冲突难题,具有生动性、冲击感。

最后,德育教学须直面中国法治建设的现实问题。目前,我国正处于全面推进依法治国、加快建设社会主义法治国家的征途上。在德育教学中,要讲清我国社会主义法治建设的成就和经验,也要不讳言所存在的现实问题。否则,学生进入社会,面对现实工作、生活中的矛盾情景,反而会质疑所学,以致德育教学的可信度和效果丧失。因此,德育教学要充分展示社会主义法治建设的光明,尤其是面对问题的光明未来,从而使学生时刻坚守心里的道德底线。

尽管有着上述诸多困难和问题,但是,至少我们已经达成共识,即法学专业人才教育必须包含两个同等重要的体系:法学专业知识体系和法律职业道德体系。后者并不是前者的附属,更不是实现前者的手段。它们共同成为法学专业人才培养的目标。

Discussion on the Approach of Realizing the Objective of Promoting Both Virtue and Law in the Cultivation of Legal Talent

—Based on the Exploration of the Law School at Liaoning University

Yang Song　Yan Hai　Wang Yin

Abstract: The promotion of both virtue and law is one of the goals of the cultivation of socialist legal talent in Chinese law schools. To promote both virtue and law in legal education, we need to understand correctly the importance, particularity and difficulty of the legal talent's moral education. Many law Schools in China have explored the path of promoting virtue and law in the process of cultivating legal talent by opening theoretical courses and standardizing teaching practice. To achieve the objective of cultivating legal talent with virtue and law, we must take full participation and the full implementation of the education process, and the all-rounded education system and focus on solving the problems of moral education in legal education.

Key Words: promoting both virtue and law, legal talent, theoretical courses, practical teaching, moral education

中国创建一流法学学科的实践与愿景

郭玉军　李　伟

摘　要：一流法学学科是对"双一流"的理论创新和理念升华，是以"一带一路"为契机的法学教育纵深层次改革，也是中国法学步入世界一流之列的必然途径。我们应当着眼未来，放眼世界，在明确世界一流法学学科概念，归纳具体衡量指标以及共同特征的基础之上，正视我国在世界一流法学学科创建上的实践与差距，以世界一流为标准，借"一带一路"机遇统筹推进相关体制建设，打造高端法学智库，为学科交叉、新兴学科创造有利条件，着力发展品牌学科，以期实现我国法学教育向"世界一流"的历史性跨越，为推动区域间利益冲突的解决、国际经济平衡发展乃至国际社会的可持续发展贡献一己之力。

关键词：一流学科　法学学科　服务社会　时代愿景

引　言

中国法学教育在民主与法制的不断进步和完善中始终坚持与时俱进的导向，历经数十年发展取得了诸多举世瞩目的成就,使法律人才培养模式趋于复合型、国际化,从而形成特有的法学学科体系。近些年国内不少高校十分重视其在国内外各类法学学科排名中的位置,但对于世界一流学科衡量标准的理解却是各执一词,褒贬不一,难以形成中国自己主导的法学科学评价体系。基于此,我国开始以"世界一流"为标准,以学科建设为基础,将统筹"推动国内一批高水平高校与学科进入世界一流"作为高教发展战略目标之一,①并对目标具体建设任务和措施予以明确。② 因此,我们应当审时度势、运筹帷幄地将法学教育与"双一流"目标相结合,突破现有国内法学教育在人才培养、智库构建以及国际化建设上的窠臼,在"双一流"的基础上融入更多国际化、法制化以及科学化的因素,以创建更多世界一流法学学科。创建世界一流法学学科的目的,在于培养更多全球法学精英,树立全球意识,将国家利益、民族利益与国际社会乃至全人类利益相结合,有效地解决全球性危机及应对各种形式的政治、经济、文化、宗教等区域性冲突;在于实现中国在全球性的公共事务管理的中流砥柱角色,缩短国家或地区之间的社会经济、技术等差异,从而实现全人类社会的和平发展和利益均衡;在于传承和发扬中华民族优秀传统法律文化的同时,以中国传统法律思想有效解决国际争端、恐怖主义威胁、全球网络信息安全等威胁人类社会和平发展的不利因素,获取国际话语权,从而构建起合作共赢的人类命运共同体。实现中国法学学科的世界一流,是新时期"法治中国"创建过程中所面临的艰巨且严峻的挑战,也是集合我国国内高校法学研究资源,协同创新,攻关"一带一路"法律研究和推动"一带一路"沿线法律统一化的

---

① 教育部于2015年11月5日颁布《统筹推进世界一流大学和一流学科建设总体方案》列出三个阶段的目标:到2020年,若干所大学和一批学科进入世界一流行列;若干学科进入世界一流学科前列;到2030年,更多的大学和学科进入世界一流行列,若干所大学进入世界一流大学前列,一批学科进入世界一流学科前列,高等教育整体实力显著提升;到21世纪中叶,一流大学和一流学科的数量和实力进入世界前列,基本建成高等教育强国。

② 教育部在2016年2月颁发的《教育部2016年工作要点》明确要求加快一流大学和一流学科建设,如制定"双一流"实施办法,研究制定绩效评价办法;更大力度落实"千人计划""万人计划"等国家重大人才工程,深入实施"长江学者奖励计划";制定实施高校科技发展"十三五"规划;完善促进科技成果转化的政策机制;完善教师考核评价和学科评估机制;深化高校人文社科重点研究基地改革,启动高校专业化智库建设等。

任务使然,更是进一步加快我国法学教育治理体系现代化的关键所在。这是新时期提升我国高等教育综合实力和国际竞争力的必要途径,也为实现中华民族伟大复兴的中国梦提供了强有力的支撑。

一、世界一流法学学科的概念、衡量指标及共同特征

大学之道,在明明德。[③] 大学发展至今,其所肩负的使命不再局限于修身立业之本、治国安邦之学。大学的国际化水平成为一个国家发展水平和潜力的重要标志,法律院校亦概莫能外。因此,要实现法学教育全面发展,其最大前提条件是将一流法学学科创建推至国际层面,因为知识的全球化发展赋予我们在高等院校法学教育上更高层次的目标追求,即如何实现向世界一流法学学科的迈进。基于此,我们在创建世界一流法学学科的过程中所应注重的不仅限于学科本身对于高校和本国的法治意义,而是要学会如何以国际化视角,明确世界一流法学学科的概念、普遍衡量指标以及共同特征。这也是各国一流法学学科扩大国际影响力的题中之意。

(一)世界一流法学学科的概念

法学作为学科出现可追溯于公元前 3 世纪罗马共和国时代,古罗马法学家将法学(Jurisprudential)视为“关于神和人的事物的知识,是关于正义和非正义的科学”。[④] 但这种“科学”在当时并非对法学在教育学科和推动社会发展的地位的认可,而是判断思想和行为对错与否的准则而已。现今法学学科被赋予“国际化”使命,世界一流法学学科概念被重新定位,主要体现在两点。第一,其范畴被拓展至国际学术前沿,以促进全球战略性和前瞻性法律问题研究和解决为要务。法学学科不再局限于单一学科

③ 参见(西汉)戴胜:《礼记》卷 42《大学》,上海古籍出版社 1996 年影印本,第 276 页。

④ Donald Black, “The Boundaries of Legal Society”, in Carroll Seron, eds., *The International Library of Essays in Law and Society: The Law and Society Canon*, England: Ashgate Publishing, 2006, p. 108.

布局的优化设计上,而是着力提升其解决各种类型国际问题手段和相关领域国际法律规则的原始创新能力。[⑤] 第二,“法学学科体系建设是法治人才培养的关键”,[⑥]世界一流法学学科要求推进科研组织模式创新,依托法学学科建设重点研究机构和学会,围绕重大社科基金科研项目,在相对健全科研机制前提下,开展学科带头人以及学科教师间协同创新,优化学科各种资源配置,以提高社会科学创新能力。

(二)世界一流法学学科衡量指标

在评判世界一流法学学科的衡量指标上,虽然包括 QS(Quacquarelli Symonds)、ESI(Essential Science Indicators)等在内的诸多学科指标体系国际公信力强,[⑦]但由于这些指标体系内的某些指标主观性过强,对被调查群体学科发展无法进行客观详尽的了解,因而难以被一些国家接受。我们在整合以上学科评价指标的基础上,将衡量指标具体细分为诸多定性指标和定量指标,[⑧]以“质”与“量”相结合的方式实现主观评价和客观发展的有效结合。

1.法学学科水平居于世界前列

法学教育是高等教育的重要组成部分,它以“立德树人”为本,即以培养具有强烈社会责任感,秉持精神独立、思想自由与批判态度的现代公民

⑤ 参见郭玉军:《一个法学家的世纪追梦:韩德培思想研究》,武汉大学出版社 2015 年版,第 225 页。

⑥ 陈菲等:《为全面依法治国培养更多优秀人才——习近平总书记在中国政法大学考察时的重要讲话引起热烈反响》,载中国法院网:http://www.chinacourt.org/article/detail/2017/05/id/2848407.shtml,最后访问日期:2017 年 5 月 5 日。

⑦ 最具国际权威的当属 QS“世界大学学科学科排名”指标体系,它是由教育组织 Quacquarelli Symonds 所发布的年度世界大学排名,排名包括主要的世界大学综合排名及学科排名。其主要参考 6 项指数,包括:学术领域的同行评价(academic peer review)、学生就业评价(recruiter review)、教师/学生比例(faculty student ratio)、单位教职的引用率(citations per faculty)以及国际教师和国际学生占总教师、总学生数的比例(international orientation)。

⑧ 定量指标相对于定性指标来说更具有一定程度上的客观性,这种指标体系是由引文排名(Citation Rankings)、高被引论文(Most Cited Papers)、引文分析(Citation Analysis)和专家评述(Commentary)四部分组成。ESI 数据库以“引文分析”为基础,针对各学科领域,通过计算论文数、引文数、篇均被引频次(Average Citations Per Paper)和单篇年均被引频次(Averages)、平均年份(Mean Year)等指标,从各个角度来对当前正在深入研究和有突破性进展的学科领域进行直观的反映。

为其重要目标之一,而这种目标的实现必须依赖法学学科对受教育者公平正义的理想情操的培养。决定一所大学法学教育实力高低与否取决于其能否培养出追求真理的法学精神、学问渊深的法学大师以及形成旁通曲鬯的法律氛围,这也从根本上决定了法学学科实力能否进入世界前列。法学学科水平的高低与否,是法学教育实力和相关科研水平的体现,从侧面反映着大学的社科教育和文化发展水平。目前其主要通过"文献计量分析"来反映,即根据对法学院近几年科研产出指标(学术出版物的数量和被引用率)的测量,并与国际具有相关的学科/领域的世界一流大学进行同类型比较,若科研产出指标与世界一流大学法学学科保持相同水平甚至居于其上,则表示学科水平居于世界前列。

2. 学科发展方向符合法学理论前沿

从ESI世界学科排名的变动趋势来看,每一次排名的上下浮动,都伴随着一次学术思想的大解放和大碰撞,从而引发相关前沿理论的重大变革,乃至促进或带动某个国家或区域若干产业的发展甚至产业革命。⑨ 所以说,世界一流法学学科发展的根本动力来源于经济社会发展的需要,国家经济机制变革产生的巨大需求,推动着法学的跨越式发展。反之,法学的进步则引领社会法治的进步。因而衡量世界一流法学学科的重要指标之一即其学科发展方向符合其理论发展前沿。在尊重法学学科现有发展方向的前提下,以揭示经济社会发展的实质性规律和不同区域文化的历史发展特征,瞄准经济社会发展前沿以及社会经济亟待解决的重大问题或关系国计民生的基本问题,在社会实践中萌发新的理论生长点,明确法学学科发展的未来趋向,提前做好科学且全面的学科部署,确保学科发展统筹规划与法学发展前沿相契合,从而使法学学科能够及时、有效、全面解决各种前沿性问题。

3. 持续产出对人类生存与发展具有重大意义的法学理论成果

法学研究的主要作用即服务于人类生存与发展。当今波谲云诡的国际局势面临着大量的只有法学学科才能加以解决的难题。一般来说,人

---

⑨ 参见马德秀:《创建世界一流大学的阶段性挑战与思考》,载《中国高等教育》2010年第23期。

类的文化程度与其社会参与的意识和能力呈正相关，所以，法学主动关注、干预社会生活的意识比较明显。[10] 从法学的本质来看，其本身隶属于人类社会活动的上层建筑，最终目的即服务于社会，这就从根源上决定了法学学科以高度专业化知识保障经济社会活动有条不紊进行，以及确保各项社会问题被及时有效解决。因此，世界一流法学学科以问题为导向，以多元化方式实现学科资源的有机整合，以解决法学学科前沿问题以及影响国家乃至全球经济进步、人类社会可持续发展的重大法律问题为重要目标，以贴合人类生存与发展为理论研究出发点，真正做到服务社会，更新问题解决思路，以法学理论成果推动人类社会的和谐发展。

4. 培养具有社会责任感的国际化高素质法律人才

知识经济的革命性进步，使法律知识与实践的交锋跨越国界。经济法律行为及法律知识的更新，使各种国际性法律关系与日俱增。与之相对应的是法学研究在研究范畴、研究深度上都发生了重大变革，这必然要求高校要将自己定位为"全球性大学"（Global University），把将人才培养成"全球公民"（Global Citizen）作为目标。因此，要实现"全球的一流"定位，能否培养出国际化高素质法律人才至关重要。世界一流法学学科是先进法律思想的策源地、法学知识传授的殿堂，也是一流法律人才的荟萃之地，更是法治人才培养的第一阵地，其人才培养模式集中于培养学生学术精神和实践能力的同时，更加注重学生高度社会责任感，把学生培养成具有全球化视野、精通国际社会竞争规则、积极参与国际法律实务和解决国际法律争议的精英型、复合型人才，[11]通过其在世界范围内竞争而获得的卓越成果，来考验一所大学法学学科与人才培养的契合程度，更考验法学人才的多元文化张力和对未知世界的挑战性及理解力。

5. 进入 ESI 世界顶尖法学学科之列

ESI 针对包括法学（法学在 ESI 学科排名中被归入社会科学总论学

---

[10] 参见喻恺、田原、张蕾：《后发新兴世界一流大学师资队伍的特点及其启示》，载《高等教育研究》2011 年第 4 期。

[11] 参见张男星、王春春：《如何在同类大学中突显特色——访中国政法大学校长黄进》，载《大学》2011 年第 1 期。

科)在内的22个大学学科的排名,⑫是通过对法学学科领域内的公开发表SCI、SSCI论文数量、论文被引频次数、包括高被引论文、热点论文和前沿论文在内的高质量论文等指标,从各个角度对国家/地区法学科研水平、法学研究机构学术声誉以及法学期刊学术水平来进行全面衡量而得出的。⑬ 诸如哈佛大学、牛津大学、剑桥大学、斯坦福大学等世界排名居前的大学,⑭其法学学科ESI全球排名均为世界顶尖。⑮ 这充分意味着法学学科要进入世界一流之列,必须对进入ESI全球排名的各项指标予以重视,以高质量且多数量的法学论文为基本指标,以提升大学在发展法学学科的全球排位。这足以说明学科建设进入世界顶尖队伍与否是创建世界一流大学的核心要件:法学学科的强弱在一定程度上决定着高校实力的强弱。

(三)世界一流法学学科所具有的共同特征

1. 瞄准国际学术前沿理论发展

“前沿”是世界一流学科的重要标志。它不仅表现在学科研究成果上,也体现在学科自主创新过程中。那么创建世界一流法学学科,需要在发展过程中注重法学理论发展的前瞻性,强调法学研究和经济社会发展的最新动态相结合,从而启发学科领军人物的学术挑战性,以开启通向新领域的捷径。西方国家的法学之所以被视为世界一流法学学科的代表,并非源于雄厚的师资力量或自由的学术之风,而是其在数百年的学术传

---

⑫ ESI根据学科发展的特点设置了22个学科:农业科学、生物学与生物化学、化学、临床医学、计算机科学、经济学与商学、工程学、环境科学与生态学、地球科学、免疫学、材料科学、数学、微生物学、分子生物学与遗传学、综合交叉学科、神经科学与行为科学、药理学与毒物学、物理学、植物学与动物学、精神病学与心理学、社会科学总论、空间科学。

⑬ 黄容霞、[瑞典]Lennart Wikander:《一个学科国际评估的行动框架——以学科评估推进世界一流大学建设的一个案例》,载《中国高教研究》2014年第2期。

⑭ 世界前10名的大学进入ESI排名的学科数为:哈佛大学22个、斯坦福大学22个、加州大学伯克利分校22个、剑桥大学22个、麻省理工学院21个、加州理工学院19个,哥伦比亚大学22个、普林斯顿大学19个、芝加哥大学21个、牛津大学22个,社会科学总论均包含在内。

⑮ “社会科学总论”学科前1%(含1%)的大学学科为世界顶尖法学学科;前1%~5%(含5%)为世界高水平著名法学学科;前5%~10%为世界高水平知名法学学科。

承中形成的“独立于社会价值之外的理性”。⑯ 如较为注重社会理性分析的宪法解释的新派别层出不穷,而女性主义法学研究则从宪法平等保护原则来分析认同国家政治,它们均站在时代前沿来推动法学理论进步以及人类社会进步。⑰ 另外,不少西方国家一流法学学科领军人物站在批判法学派视角,始终发挥这种“理性”思维,⑱另辟蹊径,把握法律史、国际法、法律经济分析、公司法、科技法等法学分支未来发展趋势,自成体系,使其处于世界前沿并引领其他大学法学发展的方向。

2. 鼓励向跨学科和跨领域转变

鼓励跨学科和跨领域研究,这意味着在拓宽法学学生知识视野的同时,法学学科与其他学科要进一步融合和相互渗透。这种由单一学科走向综合学科的战略,可推动新的学科生长点的增加,使法学研究范畴在横向和纵向均有所突破,促使法学学科建设更加综合化,因为“学科的分化与综合是现今理论形态学科进步的两大发展方向,两者之间相辅相成、互生互补”。⑲ 而现实中允许学生跨学院选课(Cross-registration)在世界一流法学院普遍存在,让学生能选择除法学之外的其他课程,乃至其他非法科大学的非法学课程,着力发展若干跨学科中心,是对“以学科的交叉与融合促进创新”学科建设理念的秉持。⑳ 多学科的交叉与融合使法学院有能力承担各种重大科研项目,有利于将学术研究成果转化为具有实用

---

⑯ 查尔斯·弗莱德(Charles Fried)曾担任里根政府时期的司法部副部长(Solicitor General),是美国重要的保守派宪法学教授,认为法律自成体系,有其独立于社会价值之外的理性。

⑰ 玛莎·米诺(Martha Minow)从女性主义的观点出发,从恢复性司法(restorative justice)的角度探讨转型社会中冲突解决与族群和解的可能性与可行之道。Janet Halley 则结合女性主义与同志理论,批判既有法律体系对于女性、同性恋人群以及其他弱势族群的歧视。

⑱ 批判法学派(Critical legal studies)以邓坎·肯尼迪(Duncan Kennedy)与罗伯托·安格尔(Roberto Unger)为典型代表,他们从现行法律体系出发,揭穿既有法律体系所宣称的价值中立。其中 Duncan Kennedy 于 1979 年出版的文章“The Structure of Black Stone's Commentaries”,从检视普通法的基本体系与结构指出现行法律中的基本构造,如公私二元对立、实体与程序区分等看似中立的概念,实则包含了维持现状的价值决定。

⑲ 金薇吟:《知识与学科理论发微——兼论学科的分化与综合》,载《扬州大学学报》(高教研究版)2004 年第 5 期。

⑳ 参见王廷芳:《美国高等教育史》,福建教育出版社 1995 年版,第 271 页。

价值的立法建议或商业诉讼解决方案,从而推动学科由研究型向创新型的角色嬗变。可见,法学学科向世界一流的转变,并非故步自封、坐井观天,而要勇于打破学科间壁垒,善于发掘法学同其他学科间的联系,在多学科协调发展中,以众星拱月之势推动法学学科的进步。

3. 服务社会和批判思维相结合

服务社会通常被局限于公共部门与准公共部门的肯定性义务,但法学学科与生俱来的社会化使命使其必须服务于全体社会公民。法学批判思维(Critical Thinking)这种否定性思考方式貌似与服务社会相悖,但自20 世纪 30 年代美国现实主义法学运动㉑后,形式主义法学㉒受到广泛批判而法的实际功能愈加受到重视;法的形式规则受到抨击而影响法律实施的政治决策受到吹捧。㉓ 一些一流法学院深谙政策改革往往带来难以预料的后果,将服务社会和批判思维相结合,开始思考法律的本质,思考法律目的的正确与否,以及目的实现可能性。"认识的起点即怀疑,怀疑目的在于达到无可怀疑的真理。"㉔批判性思维对真题的追求促使这些法学院给予法律规则背后的原则以充分的重视,目的在于引导法学学生大胆怀疑社会规则,批判性审视社会政策和责任究竟是利大于弊还是弊大于利,这也是一流法学院在社会优秀领导人才培养上更胜一筹的原因所在。法学学科发展与社会的联系将更为广泛和紧密,在一定程度上承担

㉑ 现实主义法学(Legal Realism),是从反对概念法学的过程中产生的,发轫于德国的自由法运动,在美国和北欧得到迅速的发展成长,逐渐形成了自己的独特的理论体系。在美国,现实主义法学是从霍姆斯的实用主义法学发展而来的,是由卢埃林、弗兰克等现实主义法学家创立的。20 世纪二三十年代,在美国形成规模宏大的现实主义法律运动,将现实主义法学推向高潮。这场运动一直持续到 60 年代,在美国法律思想界、法律实务界和法学教育界都产生了深远的影响。

㉒ 法律形式主义主要是一种法律研究和适用的方法,其核心主张为法律是一个封闭的逻辑自足的概念体系。法律形式主义在 19 世纪的欧美都非常盛行并发展到顶点。在欧洲,其典型表现是当时法学界的法典化运动以及德国的一些学者对"概念法学"的追求;在美国,自 1870 年到 1920 年的 50 年间,法律形式主义一直是美国法学界的正统理论,其代表人物是哈佛法学院院长兰德尔(Langdell)。

㉓ 参见刘翀:《现实主义法学的批判与建构》,载《法律科学》2009 年第 5 期。

㉔ [美]哈罗德·J. 博尔曼:《法律与革命》,贺卫方等译,中国大百科全书出版社 1993 年版,第 189 页。

对国家、社会和个人的发展使命，任重而道远，而这种责任承担的前提是培养学生的“公平”和“法治”价值理念，即鼓励学生以建立法治社会和促进公平正义为己任，帮助学生养成批判性思维以应付未来社会的不确定性，而非“形式化”服务。

二、我国创建世界一流法学学科的实践与思考

全球化浪潮正以势不可当的力量深刻影响着人类法律生活的基本面貌，重新塑造着包括我国在内的每一个国度或民族的法律架构，从而对法学教育产生显性的国际化影响。目前我国一些国际化水平高、国际影响力大以及国际竞争力强甚至跻身于世界前列的一流法学学科不在少数。但通过国内各大高校的国际化建设政策及相关文件的对比研究发现，国内一些大学都将创建世界一流法学学科作为发展愿景，但将之作为重点建设目标的却屈指可数，而具有完备详尽专项建设步骤和落实政策的更是寥寥无几。高校对于“世界一流”的理解尚停留在狭隘的国内设想层面，由此而导致创建世界一流法学学科过程中存在诸多问题。

（一）国际平台的绝对话语权亟待加强

国际平台话语权是指以国家根本利益为核心，就国家内部事务和相关国际事务发表自身意见的权利。它体现了一国在国际平台和双边、多边协议谈判的知情权、表达权和参与权的综合运用。我国法学学科在国际平台上的话语权与发达国家法学学科相比，目前仍存在一定差距。第一，从目前世界知识系统的范式及标准来看，法学前沿知识的生产和分配高度集中在少数西方发达国家，其学科准则往往演变为世界共同的准则。现代法学学科知识结构、理论基础大多也是西方的，法学学科国际化被不恰当地演绎为西方化。不少政法类高校既不以法学理论的创新来推动经济社会发展与民主法治建设，以致难以构建中国特色的法学学科话语权；也无法使法学学科与优秀传统法律文化相融合，仍停留于基础研究浅层面，缺乏民族历史文化底蕴，更无从谈及在全球治理上建立有利后盾。第

二,目前我国国内不少院校法学学科已迈入ESI世界顶尖法学学科前列,但法学创新研究成果往往囿于国计民生,缺乏对全球法律新动态和新焦点的密切关注,针对全球问题的治理停留在国内学界的学术讨论,难以准确运用各领域知识全面分析以形成权威性的解决方案,在法学国际发展趋向上极为被动,对世界一流法学学科的理解过于单一片面化,无法在法学国际平台据有一席之地而挥斥方遒。概言之,经济全球化的不可逆趋势要求高校将提升本国国际话语权作为世界一流法学学科的目标,因为较之其他学科,法学与生俱来的判断是非曲直的本质,有利于解除故步自封的理论研究模式,消除不同法系、不同宗教、不同利益主体在国际政治、经济、文化、安全和防务上的藩篱,故需要国内高校以全球化视野和民族传统文化来提升法学学科在国际平台的话语权。

(二)法学精英人才培养模式较为滞后

在我国春秋战国时期,先秦诸子,百家争鸣,学说林立。较之其他学派,法家以变法、立法和入仕作为精英人才培养方式,从而使法学朝"亦师亦官"发展。法家代表商鞅先前于秦国推崇变法,使"境内之民皆言治,藏商、管之法者家有之"。㉕ 秦一统六国后,以吏为师,法学教育被垄断,实用型知识传授模式被广泛推崇,直至现在这种模式仍被国内众多大学运用,法学人才培养处于粗放式单向传授的藩篱中,愈加无法满足知识多样化的需求。法治人才的培养是全面依法治国的重要内容,也是我国法制事业兴旺发达的重要保障。习近平总书记曾在全国高校思想政治工作会议上强调只有培养出一流人才的高校,才能成为世界一流大学。㉖ 因此,我们建设一流法学学科所面临的问题是如何培养"厚德明法"的"一流人才",即要求法学人才具有深厚法学功底的同时,也要具有关心人类命运共同体的意识、责任心与使命感。解决该问题的关键在于如何将法学通识教育与精英教育结合。法学通识教育目的在于对法科学生施以全面法

㉕ (战国)韩非:《韩非子》(卷49·五蠹),北京燕山出版社2009年版,第172页。

㉖ 《把思想政治工作贯穿教育教学全过程》,载中华人民共和国教育部官网:http://www.moe.edu.cn/jyb_xwfb/s6052/moe_838/201612/t20161208_291306.html,最后访问日期:2016年12月25日。

律教育；而精英教育则是在前者基础上的进一步深化，更加注重从法科学生到法律精英的转化，从知识吸收到知识创新的升华，[27]为打破固有民族利益或国家利益藩篱而推动构筑人类命运共同体和国际民商新秩序培养人才的新路径。我们走精英人才培养之路，站在前所未有的高度，打破单向知识传授为主的教育模式，不再局限于国内某一团体或某一个人法律问题的探讨和解决，而是创建为全人类以及国际社会服务的平台，促使未来法学学科朝着精英化、国际化方向发展。

（三）传统法律文化与西方法治的博弈

在西方侵略者打开清王朝的大门之前，中国的传统法律文化处于一种相对封闭的状态，封建士大夫只关心儒家之礼下的"礼法文化"，即以四书五经作为其法律学术研究的纲常伦理。换句话说，儒家道德与当时作为封建统治秩序控制手段的法律几乎融为一体，并无实质区分。[28] 因此，受儒家思想影响，在"天不变道亦不变"的世界里，中国传统的法律文化逐渐演变为对儒家学说的注释和佐证，以至于难以形成独立自主的法学学科体系。自改革开放以来，物质经济的市场化和国际化使法学学者们将更多目光转移至西方国家的法治研究成果，中国法学学术的构建似乎呈现"趋同化"之走势——不同的法律学派的学术观点与西方社会的法治经验与知识同声相应、同气相求，也不排除部分法律学者的学术研究方向多以西方国家的法学研究成果为指向，为争得西方主导的法学学科排行榜上有名而忽略中华传统法律文化精髓，以致变成法学全球化下的被动者。纵观国内高校法学教育改革，突出问题之一是无法正确处理好传统法律文化与西方法治的关系。为与西方通行制度相接轨，直接套用西方法学学科标准的不在少数。法学研究成果以西方标准作为权威认定，有意无意地进行西化，对本国传统法律文化的产生巨大冲击，实质上演化为西方化与民族化的冲突，造成更多国内优秀传统民族文化的流失。习近平总书记曾强调，要结合时代条件继承和发扬中国优秀传统文化，并让其同世

---

[27] 参见郭玉军：《一位法科名校校长的法学教育思想——评黄进〈何以法大〉一书》，载《法学评论》2017 年第 1 期。

[28] 参见林端：《儒家伦理与法律文化》，中国政法大学出版社 2002 年版，第 38～41 页。

界各国优秀文化一道造福人类。[29] 真正世界一流的法学学科,不仅要投身于对他国法学成果的研究,实现法律文化互鉴,更有责任和义务承袭中国传统法律文化,在世界范围内展示中华优秀法律文化的独特精髓、价值理念,在努力传播中国的法学精神,创造性转化、创新性发展法律文化的同时,以促进法学教育国际化目标,对国外法学研究成果进行精心鉴别和改造,使其与本土法律文化相融合,使"冲突"转变为"趋同"。[30] 着力实现中西法学的融会贯通、切磨箴规。因此,我们在设计法学学科良性运作规范和机制的同时,应赋予其新的时代内涵,重要的是坚守社会主义核心价值观,在大学理念中融入中华优秀传统文化的精神基因和"底色"。[31] 有了中国精神和中国价值理念,使法律人的自主意识、民族认同感以及文化竞争力得以培养,中国的一流法学学科才有可能在国际上赢得尊重。

三、我国创建世界一流法学学科的时代愿景

建设世界一流法学学科不仅提升法学教育在世界一流大学综合建设和体制改革中的地位,也将国内法学与世界一流标准相融合,人文主义精神培养与国际化建设相融合,必然对大学提出全新的时代挑战。创建世界一流法学学科的时代愿景也不再局限于传统改革,而是必须与人类命运共同体建设相契合。中国法学有可能成为影响国际格局与秩序演变的重要推动力量,为新型全球化打上深刻的中国烙印,发出中国强音,成为凸显中国角色的强大助力。因而中国的世界一流法学学科的创建要融入更多时代性元素,着眼于"一带一路"建设,建立起国际一流的高校高端智库,积极应对各种国际公共危机,以交叉学科、新兴学科以及品牌学科优化法学学科结构,积极构建世界领先、思想开放,以及有利于法学全面、科

---

[29] 《习近平:在纪念孔子诞辰2565周年国际学术研讨会上的讲话》,载新华网:http://news.xinhuanet.com/politics/2014-09/24/c_1112612018.htm,最后访问日期:2016年7月4日。

[30] 郭玉军、李伟:《李双元法律趋同化思想研究》,载《时代法学》2016年第5期。

[31] 林建华:《教育是通向未来的桥梁》,载《法制日报》2016年4月20日,第7版。

学、协调发展的机制。

（一）顺应时代，以法学助力“一带一路”法治建设

以文明交流超越文明隔阂，文明互鉴超越文明冲突，文明共存超越文明优越，[32]是“一带一路”建设所面临的重大问题，不仅仅是包括我国在内的沿线国家共同承担的责任，更需要发挥我国法学学科在推动“一带一路”文明交流、文明互鉴及文明共存中的辅助性角色，真正承担起服务于“一带一路”的时代重任。“一带一路”在为国内法学提供国际化发展机遇的同时，也使其面临一系列前所未有且极其复杂的法制建设重大问题。第一，“一带一路”的核心不仅限于经济发展倡议，同时也是法治发展倡议。“一带一路”沿线各国法治水平差异大，法律规则区别明显，法治环境较复杂，跨国经贸合作和投资经营存在法律风险，需要法学推动产学研管多部门一体化，对我国与沿线国家的双边或多边政治、经济、文化、安全等合作协议作出科学论证，并得到协商可行的实施方案，促进沿线各国的战略对接和政策协调，从而为“一带一路”发展疏通法律障碍，提供法律支持，实现经济上的协调和法制上的平衡。第二，“一带一路”沿线国家或地区各种纠纷解决机制需要法学这一有利后盾。利用法学进行法律和案例大数据分析，既要研究沿线国家法律制度及其变迁，也要研究其在司法、执法中的法律适用；既要研究我国企业与沿线国家的合作项目所存在的法律风险、法律争议及处理结果，也要研究沿线国家企业在我国发生的法律纠纷及处理结果，开展全面的法律风险评估，及时发布法律风险预警，积极为沿线国家政府和企业提供有效的法律咨询方案。第三，“一带一路”中长期、稳定、可持续、风险可控的金融保障体系的建立，需要以法学为依托。目前我国已同数十个沿线国家签署了合作协议并开展国际产能合作，以亚投行、丝路基金为代表的“资金融通”为沿线国家间产业项目的实施提供了保障。而金融保障体系问题直接关系到“一带一路”能否顺利推进，因为经济上的长远合作必然要求国家之间有合作的法治基础，所以

---

[32] 参见习近平：《开辟合作新起点　谋求发展新动力——在“一带一路”国际合作高峰论坛圆桌峰会上的开幕词》，载网易新闻网：http://news.163.com/17/0515/18/CKGGCL9H00018AOQ.html，最后访问日期：2017年5月16日。

法学在促进国家间基本法治共识的达成和平衡不同法域与不同法系间的利益上有着相当重要的使命。第四,“一带一路”促进高校间法学学科的“强强联合”,实现真正意义上的“共商、共建、共享”。在加强沿线国家高校法学学科就“一带一路”重大问题开展有针对性、有操作性的共同商议和政策研究的同时,[33]共同搭建信息共享、资源共享、成果共享的学术交流平台,共同增进对沿线国家法律发展趋势和最新成果的了解,发展网络远程法学学科教育以实现法学资源的第一时间共享,增强我国法律文化软实力和丝路法律文化影响力,构筑开放共赢的时代新局面。

(二)高端智库,构建全球视野下的战略思维和决策

21世纪国家之间软实力竞争在很大程度上体现为法治力量博弈,而法治力量离不开高端智库的强大支持。历史证明,一个国家盛衰与否关键取决于能否准确把握当前形势和制定前瞻战略,尤其在知识经济全球化的今天,依托世界一流学科形成的专业性智库在高端智库的全球性战略中发挥着至关重要的作用。我们需要“打造一批具有中国特色和世界影响的新型高校智库”,[34]究其原因,与国际社会公共危机的产生与各国经济发展的不均衡性、不同领域利益的冲突、传统道德文化体系的差异以及全球化的冲击与挑战等因素密切相关。当前各种公共危机愈加复杂化、国际化(如恐怖主义、核武器危机、难民危机、毒品走私、重大传染性疾病传播等),非传统安全威胁持续蔓延,[35]相关法律框架的脆弱使各国政府力量往往显得捉襟见肘。与政府的各个职能部门所作出的行政决策不同,高端法学智库在很大程度上会更多地体现出法治性、学术性、专业性、兼容性等特征,因而在不同区域、不同宗教信仰、不同政治体制、不同经济模式之间,在处理国际公共危机上会有更权威、更直接、更灵活的沟通方

---

[33] 如复旦大学、北京师范大学、兰州大学和俄罗斯乌拉尔国立经济大学、韩国釜庆大学等46所中外高校在甘肃敦煌成立了“一带一路”高校战略联盟,并达成《敦煌共识》,服务“一带一路”沿线国家和地区的经济社会发展。

[34] 中华人民共和国教育部:《统筹推进世界一流大学和一流学科建设总体方案》,载中华人民共和国中央人民政府官网:http://www.gov.cn/zhengce/content/2015-11/05/content_10269.htm,最后访问日期:2016年12月26日。

[35] 参见陈福今:《公共危机管理》,人民出版社2006年版,第25页。

式。而在处理世界一流法学学科构建与高端智库构建这一关系上，我们应从两方面着手。第一，世界一流法学学科为国内高端智库建设提供全球视野下的战略思维。能否具有战略思维决定世界一流决策的实现与否。法学学科应在该节点发力，在相应的法律框架体系内打造世界一流"法学智库"，[36]成立国内高端智库，提出政治、经济、文化、外交以及安全等方面的重大战略性框架和建议，促进高端智库在处理国际争端或地方冲突、搭建国际性或区域性法律交流平台等方面发挥智囊作用。第二，高端法学智库可以为世界一流法学学科提供全球视野下的有效战略决策。利用高端智库的人才优势和"智囊团"优势，对内出台"中国方案"，制定法治"软实力"全球战略目标部署及对策；对外表明"中国态度"，不断运用全球战略思维研究本国的外交策略以及相关法律问题的协商、谈判、公约缔结以及争议的解决等，携手推进法律合作联盟，为各项国家战略提供行之有效的法律解决方案，打造共同发展、共同繁荣、共同进步的人类命运共同体。

（三）健全门类，为学科交叉和新兴学科创造条件

古罗马法学家乌尔比安（Ulpianus）将"法学"视为"人和神的事务的概念"，这就决定了法学超脱人类思维极限的属性，相对其他学科更需要缜密的理性思维和敏锐的时代洞察力。法学作为社会科学的一员，与经济、历史、文化传统、道德伦理乃至自然现象在内的人文科学和自然科学息息相通，这也就从根本上决定学科交叉和新型学科在法学学科领域的旺盛生命力。因而在当前全球多元文化和多重思维交集的知识创新时代下，应当运用什么样的法学研究方法和研究思维，来寻找法学学科与其他学科的普适性、共生性并使其相互结合或渗透，为法学学科构建一个多要素、多层次、多结构的综合系统，成为我们构建一流法学学科所面临的严峻挑战。第一，不同学科交叉点易衍生出新的边缘学科生长点、新的理论

---

[36] 例如，由武汉大学、中国政法大学、西北政法大学、西南政法大学、华东政法大学、中南财经政法大学、对外经济贸易大学、"一带一路"国际律师联盟共同发起成立"一带一路"法律研究协同创新中心；西安交通大学组建丝绸之路国际法与比较法研究所，并提出中国应与《能源宪章条约》组织携手打造惠及全球的"丝绸之路能源带"；中国政法大学成立了"一带一路"法律研究中心；西北政法大学成立了丝绸之路区域合作与发展法律研究院。

前沿,最有可能催化理论的进一步突破,从而使学科进展产生意想不到的成果。“在人类思想进化史上,标志性成果的诞生往往发生在两条看似截然不同的思维路线交叉点上。”[37]我们要善于利用法学与其他学科的交叉点,通过科学系统的论证证明学科交叉点的合理存在,为学科交叉点创造合理发展空间。第二,新兴学科是知识经济时代进步的必然产物,人类社会所面临的闻所未闻的全球性问题的解决,离不开新兴学科的协助。例如,科技法学就是在科技快速发展带来法律传统研究范式的革命背景下应运而生的。全球科技革命在带给人类生活翻天覆地的变化的同时,也要鼓励科技法这一新兴学科为科技进步提供保障,解决科技发展带给全球网络交易安全、个人数据信息安全以及网络知识产权等领域的潜在危险。第三,利用学科交叉和新兴学科综合性地解决人类所面临的重大问题。在社会发展中,人类会遇到诸如人口、食物、能源、生态、环境、健康等全球性问题,这仅靠任何单独一门学科或一大门类学科都难以有效解决,将法学与其他学科交叉,并在此基础上衍生新学科,能够针对问题根源采取合理有效的法律解决途径,推动法学学科积极向一体多元、多元一体、和谐共生、协调发展的新格局迈进。

(四)创立品牌,打造具有世界影响力的特色学科

创建品牌学科是国际一流法学学科建设的战略性步骤之一,也是加强所有高校学科国际影响力的重大举措之一。世界一流大学的发展史即品牌学科的创建史,因为一所高校里世界一流的品牌学科越多,其国际良好声誉往往越高,对国家重大事务决策的参与度也越高,对国际化人才的创新能力和竞争能力的培养就愈加全面。现今“一带一路”为我国品牌法学学科的创建和宣传提供了前所未有的机遇,世界一流法学学科应当成为我国国内法科大学的品牌战略,这不仅是解决民族化和国际化困局的重要途径,也是扩大我国法学学科国际影响力的最佳捷径。首先,我国应根据当前法学学科建设实际情况以及各区域的师资差异,走特色学科发展道路,如条件优越的区域可以重点发展法学二级特色学科,条件落后区

---

[37] [美]大卫·C.卡西第:《海森伯传》,戈革译,商务印书馆2002年版,第39页。

域优先发展法学一级重点学科。这是我国各区域高校增强法学学科实力、谋求长远发展,既兼具本地化和国际化,融发展实际与未来开创于一身的举措,不断赋予国内法学新的时代内涵。其次,利用网络科技和大数据时代的便捷,深化产教融合,促进法学人才、科研与产业互动,将法学理论研究成果与推动经济社会发展紧密结合,在调整与完善与政府的关系同时,建立与市场的联系,形成独特的"政府—大学—市场(或社会)"三元治理体系。这对于提高法学学科对产业转型升级的贡献,促进科研成果法制化、成文化、实践化,为市场经济服务,为社会进步过程中已出现或可能出现的问题提供前瞻性的智力支持。最后,将法学师资团队集中于分支学科或发展若干子学科,以呈众星拱月之势,每一分支学科都有专业的研究队伍,[38]队伍在充分利用传统法学学科平台优势的同时,着力创建法学分支学科部级或省级社会科学重点研究基地,邀请国内外相关学科领域专家,定期开展分支学科或跨学科国际研讨会或交流会,在扩大法学学科国际公信力和知名度的同时,也要坚定中国自信,完善国内法学学科体系建设,为将国内更多大学法学学科打造为具有世界一流水平的学科提供良好机遇。

结语

一百年前,蔡元培在任职北京大学校长的演说中曾言:"欲求宗旨之正大与否,必先知大学之性质。大学者,研究高深学问者也。"[39]现今在经济全球化和知识经济一体化的国际发展形势下,大学学科建设的目的不再局限于高深学问之研究,而是要打破束缚,不抱守残缺,不持一孔之论,不守一家之言,以全球化眼光接纳和审视各种思想,以兼容态度广泛吸收各类人才和容纳不同学派,以前瞻性全球意识解决国际社会发展和人类

---

[38] 黄进、郭玉军、车英、李洁:《德高北斗耀天宇 培育桃李正乾坤——纪念韩德培教授百岁诞辰》,载《武汉大学学报》(哲学社会科学版)2009 年第 6 期。

[39] 蔡元培:《蔡元培自述》,北方文艺出版社 2012 年版,第 136 页。

生产生活的各种冲突和矛盾。创建世界一流法学学科,正是在这一背景下的必然产物。它以实现全人类的和平发展以及谋求国际社会开放创新、包容互惠的发展前景为目标,以服务于全球性的公共事务管理以及人类命运共同体的构建为目标,是我国在"一带一路"基础上与时俱进、更具战略高度的历史革新性创举,是社会主义法治理念在世界范围内的彰显和推进,为提升我国法学高等教育综合实力和国际竞争力奠定了强有力基础。国内大学应抓住"世界一流"法制建设的良好契机,实现国内一流法学学科向世界一流法学学科的演变,主导和推动"一带一路"沿线国家间的和平合作、开放包容、互学互鉴和互利共赢,进而为全球经济社会治理改革提供切实可行的"中国方案",将中国"和平、和谐、和美"价值观推行于世界,取得各种国际标准和公约规则的制定权、国际争议的优先评议权和裁判权,以及包括全球生态文明构建、国际公共空间及资源利用、种族平等和难民保护等国际法律事务博弈的绝对控制权和话语权。因此,对于正在崛起的中国来说,创建世界一流的中国法学学科,实现法学教育强国和法治中国的目标,实现我国从国际经济秩序的被动接受者到主动参与塑造者的巨大转变,保障我国在国际社会的绝对地位和合理利益,是我们这一代法律人所应为之奋斗不息的重要使命和伟大目标之一。

The Practice and Vision of Creating the World-class Discipline of Law Science in China

Guo Yujun　Li Wei

Abstract: The world-class discipline of law science, which is the theoretical innovation and concept of upgrading based on the "Double First Class University Plan", is not only a deep reform of the legal education under the opportunity of the "Belt and Road Initiative", but also the inevitable way that China's law science step into the team of world-class. We should focus on the future and open our eyes to the whole world. Based on the definition of the world-class discipline of law science, and the summarization of the specific measurable indicators and common characteristics, we should face practices and dilemmas in the establishment of world-class discipline of law science, take the world-class as standard indicators, coordinate and promote the related system construction. We should take the opportunity of the "Belt and Road Initiative", forge the high-end legal think tank, and create conditions for cross-disciplines and emerging disciplines with every effort to develop brand courses. By accomplishing those objectives, we can achieve the historical leap of world-class in China's discipline of law science. We can also endeavor to contribute our strength for resolving inter-regional conflict of interests and to contribute the balanced development of international economy and the sustainable development of the international community.

Key Words: top discipline, discipline of law science, serving the community, vision of the era

教学研究

经典阅读与书评写作

何柏生

摘　要：读书的要义在于阅读经典，阅读经典能够抓住知识的要点。但理论构建仅有阅读则远远不够，对经典文献进行解读、评析才能够充分掌握经典，这就涉及了对经典的评价。书评写作不是简单的恭维和赞美，优秀的书评始自批判。书评写作也不是为他人做嫁衣，好的书评能够在经典的基础上生发出自己的思想，甚至本身也能成为经典。

关键词：经典阅读　书评写作

一

阅读经典是成长过程中的必然。知识海洋浩瀚，积淀浓缩为经典。阅读经典就抓住了知识的要点，破解了知识的"阿喀琉斯之踵"。一门学科的关键词是由一部部经典构成。不阅读经典，就如同得了软骨症一样，理论上永远站立不起，何谈指点江山，激扬文字?！大学校园，杨柳依依，鸟语花香，是阅读经典的理想场所。师长的循循善诱，同学的相互砥砺，图书馆的丰富储藏，加上"勤为径"，数年之间就会成长为栋梁之才。所以，谁的屁股沉，能把图书馆坐穿，谁的枝干就高大、茂盛,谁就有一览众山小的气势,就有改天换地、创门立派的可能。

许多大师,当年上大学时,就把青春抛掷在图书馆,换取知识和智慧。马克思一生最喜欢的事是啃书本,除在波恩大学"聊发少年狂"酗酒、决斗外,转学到全德学风最好的柏林大学后,就被"真理的旋律"迷住,把"法里法外"(马克思学的是法律专业)的书横扫。第一学期,他利用患病期间,将黑格尔的著作读了个遍。他还不罢休,把其大部分弟子的书也纵览过。如此不要命的读书法,连马克思的父亲也着急了,为儿子的健康担心。陈寅恪在国外多所大学"游学",学位可以不要,但图书馆可不能不去。至于钱钟书,当年横扫清华图书馆的壮举至今传为美谈。有人比喻待在图书馆读书有饥鼠入太仓之乐。正因为"此间乐,不思蜀",深知此中三昧的国学大师柳诒徵,在当中央大学图书馆馆长时,创立了"住馆读书"的制度,满足了那些书中"蠹虫"的愿望。著名学者蔡尚思年轻时就利用"住馆读书"的方便,每天吃稀饭咸菜,读书十七八小时,遍读集部书,为他的中国思想史研究打下了坚实的基础。蔡尚思后来感慨地说:"我从前只知大学研究所是最高的研究机构;到了30年代,入住南京国学图书馆翻阅历代文集之后,才觉得进研究所不如进大图书馆,大图书馆是'太上研究院'。对活老师来说,图书馆可算死老师,死老师远远超过了活老师。"①

二

当然,仅仅阅读经典远远不够,要汲取其精华,最好的办法是太岁头上动土,对经典道长论短,揉搓一遍,这就是写书评。读书,尤其是阅读经典,倘若不写书评,犹如猴子掰包谷,所得甚微。同样读书,通过写书评,知识就会在头脑中扎下根,不易忘记。更重要的是,写书评,需要深入的研读,蜻蜓点水似的泛泛而读是不行的,这样,就容易把自己的思想火花

① 参见范红霞:《柳诒徵的图书馆学思想及成就》,载《图书与情报》2006年第3期。

碰撞出来。虽然也可以用学术论文把碰撞出来的思想火花记录下来，但采用书评最为方便。因为书评不但具有一定的学术含量，而且灵活多变，有时还可挟着原作者的威风，易于被读者接受。

书评可长可短，有寥寥几行的书评，也有数十万字的书评。有针对书中某一问题的书评，也有对全书所有重要问题予以商榷的书评。既可览胜，也可针刺，嬉笑怒骂全由自己，把他人思想"玩弄"于掌股之上，这等手段，何等了得！

书评因书而存在，既沙里淘金呈献读者以精品，也作为清道夫把书山垃圾打扫。莘莘学子通过写书评获取知识，掌握做学问的要领。打开一本书好似闯入一个崭新的世界，所过之处，琳琅满目，鲜花朵朵，只想徜徉其中，饕餮般贪婪地饱饮书海琼浆。

翻开大师文集，古代不说，近现代的大师，哪个没写过书评？思想史是由长长短短的书评组成。没有书评就写不出思想史。精彩的思想史是由一篇篇精彩的书评构成。轻视书评就是轻视对思想文化的传承，轻视对大师思想精华的萃取。从某种意义上来说，经典要靠经典的书评流传。书评给经典添上了翅膀，使经典飞得更高，使更多人识得经典，并沐浴经典的雨露滋润。

有些经典刚问世时，并未被世人识得价值所在，关键时候，是书评充当了救世主。《纽约时报》的书评是图书畅销的风向标，许多畅销书就是经《纽约时报》刊登名家书评后而畅销起来的。写到这里，大家不要忘记，马克思的《资本论》引起人们的注意，与书评大有关系。在《资本论》之前，马克思曾出版过《政治经济学批判》一书，由于没有书评，该书一直默默无闻，不被人知。吸取此前的经验教训，《资本论》在德国甫一出版，马克思、恩格斯马上联系报刊，组织有关人员撰写书评，仅恩格斯撰写的书评就达九篇。恩格斯甚至施用"小小的手腕"，"用我们的老朋友耶稣的话来说，要像鸽子一样驯良，像蛇一样灵巧"②，采用各种手段宣传《资本论》，有时不顾"站错立场"，以资产阶级代言人、经济实业家的口吻指责

② 参见陈松柏：《马克思恩格斯的编辑艺术》，载《益阳师专学报》1997年第4期。

《资本论》,目的在于展开论战,引起人们对《资本论》的注意,达到宣传、鼓动作用。就这样,"天生丽质"的《资本论》,经众多书评的"狂轰滥炸",冲破资产阶级的封锁,像响雷一样在沉默中爆发,宣告了"无产阶级《圣经》"的诞生。

三

别以为书评只是为人作嫁,难登知识的大雅之堂,光芒永远被原著遮蔽。好的书评也会成为经典,也会在历史的长河中大放异彩,曹丕的《典论·论文》就是例证。诺奇克的《无政府、国家与乌托邦》是在与罗尔斯的论辩中诞生的,可以说是给罗尔斯的《正义论》写的书评;富勒的《法律的道德性》也是在与哈特的辩论中诞生的,也可以说是给哈特的《法律的概念》写的书评,只不过两书写得太长,一不小心就成了名著。笛卡儿的名著《第一哲学沉思集》是由《沉思》、《反驳》和《答辩》三部分组成。《反驳》即书评,是其他学者针对《沉思》而提出的不同观点,而《答辩》即对书评的回答。可以说,其他几位学者的书评完善了笛卡儿的观点;没有这些书评,笛卡儿的著作留给读者的会是"累累伤痕",笛卡儿通过《答辩》,"治愈"了暴露出的"伤痕"。《历史研究》是汤因比的名著,但却被索罗金批得体无完肤;《历史研究》永垂不朽了,索罗金的书评也同样成为牛虻,使"大部分论点都是不正确的或是不健全的"③巨著显示出它的"残缺美"。最解颐的是梁启超,给钱学森的岳父战略家蒋百里的著作《欧洲文艺复兴史》作序,一不留神,写了五万多字,比原著还长。人家掏钱出书,不能因增加个序而破费太多,坏了梁某人的名声。"笔端常带感情"的梁任公这时可没感情流溢太多,没敢把自己作的序献纳,后以《清代学术概论》为名单独出版。蒋著少人知道,而梁著却成为名著。

其实,写篇精彩的书评并不易,没有渊博的知识、卓异的识见、仔细的

---

③ [英]汤因比:《历史研究》(下),曹未风等译,上海人民出版社1964年版,第474页。

啃读,那是不可能的。有些人能写出精彩的论文,但未必能写出精彩的书评。论文往往自说自话,把自己的观点在逻辑上打理清楚,就成了。但书评要有“王顾左右而言他”的本领,必须把原作者抛在台面上,与之平等对话。倘若对原作者不理不睬,这样的书评不易写得精彩。我就听说,某教授论文写得倒是一般,但对学生的论文挑刺时,却头头是道,让人佩服得五体投地。这样的教授所写的书评一定不错。

初学者写书评往往是对原著溜须拍马、唱赞歌,想挑点刺用的也是“绣花针”,一针见血的功夫欠缺,而大家的书评才是与原著作者的平等对话。所以,要写好书评,还须揣摩大家的书评。面对同一本书,大家是如何挑刺的,这是初学者写书评需要重点掌握的。即使唱赞歌,大家也会像日日侍奉皇帝的奴才,恭维得不露一丝痕迹。小骂大帮忙也是常用的伎俩。

误读乃书评写作之大忌,才露尖尖角的“小荷”会误读,千古风流人物也会误读。罗素给学生维特根斯坦的著作《逻辑哲学论》作序,也就是写书评,认真地写了几十页,却换来了文本被误读的指责,好不尴尬,弟子愣是把老师往半瓶醋的行列中推。当然,有时为了思想的创新,必须误读,不误读,思想就会原地踏步,无法向前发展。朱熹因误读了《论语》而创立了朱子学,王阳明因误读了《论语》而创立了阳明学。我们今天的社会主义初级阶段理论也是对以往信奉的经典理论的“有意味”的“误读”。不过,思想史允许思想家的误读,学问家的误读招来的是恶谥。所以,“小荷”必须认真读书,不能囫囵吞枣,一目三行。有意味的误读是大家的专利,无意味的误读乃门外汉的作为。学术界就这么“势利”,对无名小卒如此苛刻。然而,艰难苦恨,玉汝于成。要求严有要求严的好处。不会走就想跑,结果连连摔跟头,鼻青脸肿难免。这样的人多了,让人觉得学界智商不高,关系可就大了。所以,学界要繁荣,需要一批老实人兢兢业业的开垦。

学者中有不少人写过颇有分量的书评,有些甚至以写书评著称,如哈佛大学华裔史学教授杨联陞。作家鲁迅、茅盾、王蒙也写过大量的书评。英国作家伍尔夫的许多书评成为精彩的散文,赢得了读者的青睐。诚如杨联陞所说:“一门学问之进展,常有赖于公平的评价。”④众多的作家、学者通过书评为文学界、学界把脉,使作家、学者不至于走弯路。

四

学界有不少刊物登载书评,有些甚至以登载书评闻名学界,成为名刊,如《读书》。但是,总体来说,登载书评的杂志在我国越来越少,有些甚至公开宣布不登载书评,如法学界的核心刊物就很少登载书评,与书评绝缘的不少。有些刊物过去登载了不少有分量的书评,现在却偃旗息鼓,不再登载。其实,作为编辑,何尝不知书评的重要,但我国是熟人社会,处处讲关系,忽视规则,所刊书评,赞词过多,本是幼稚的法学著作却被书评家抬出来大批“扛鼎之作”,让人目不暇接。作者觍着脸、昧着良心说瞎话早成习惯,然而编辑实在不好意思让那些肉麻的谀词跳来跳去,折腾学界,只好来个“一刀切”,把书评统统枪毙。书评没了,缺少清道夫的学界,空气污浊不堪。

王朔是小说家,写过几篇书评(名义上是人物评论,实际上是通过人物对作品品头论足,与书评无异),读者爱不释手。“盗亦有道”,“痞子”小说家的道就是以聊斋先生写《画皮》的笔法,入骨三分,对那些被某些势力精心呵护的名家大腕一概不留情面,该刺就刺,该骂则骂,痛快淋漓。这说明书评并不缺乏读者,关键要精彩,要讲真话。而精彩的书评、讲真话的书评是“大臣”写不出来的,需不会看人脸色的“无知小儿”写,才能戳穿假面,知道“皇帝新装”的新奇之处。

矫枉过正,笔者窃以为要扭转书评界的陋习,先从批判开始,给唱赞歌的书评添加休止符。雅典的牛虻使雅典社会更加有活力,而以批判为主的书评也会为书评正名,使学界活力无穷。历史上的无数经典就是在与学术对手的吵吵闹闹中写出的;没有批判,没有争吵,经典就难以产生。

---

④ 杨联陞:《汉学书评》,商务印书馆2016年版,第458页。

Classics Reading and Book Review Writing

He Baisheng

Abstract: The essential of reading books lies in reading the classics. Classics reading can help readers to get the key points of the knowledge. The construction of theories cannot be achieved merely relying on reading. The analysis and review of the classics can make readers reach the full comprehension of the classics, which is related to the evaluation of the classics. Book review writing is not just the complement and praise. A good book review originates from criticism. Book reviews are not just the introduction of others' academic achievements. A good book review can generate the reviewer's own thoughts. Based on the review of the classics, the review itself can even become one of the classics as well.

Key Words: classics reading, book review writing

经典阅读在法学教育和法学研究中的意义*

于　浩

摘　要：法学教育与法学研究离不开经典，经典一般都是对特定时代的重大问题的深刻思考和集中表达。阅读经典可以拓宽我们认识世界的视野，加深我们对于社会现实的理解。但法学研究并非在一般意义上关注经典，法学的实践品质指向对于具体法律问题的回答，法学偏重于规范分析的方法意味着要有选择地阅读经典。法学教育的目标主要是培养具有专业技能和职业伦理的法律人才，意味着经典阅读在法律专业人才培养方面乃是锦上添花之举。较为可取的做法是，我们要认真对待经典，但不要迷信经典。

关键词：经典阅读　法学教育　法学研究

20世纪80年代末"法学幼稚"的论断至今仍刺痛着法律人的神经，对于如何提升法学学科知识的深度和广度，法学知识界可谓煞费苦心。大批法学译著如雨后春笋般出现，法学借助其他学科知识或与其他学科交叉研究的情况广泛流行。研究者期待

---

* 本文系中国法理学研究会2016年青年专项课题研究成果。

通过对于域外法学知识的引介来丰富我们关于法学问题的认知，而这样一种谦虚的求学姿态确实起到了累积法学知识的作用，解决了特定阶段无书可读的状况，实现了法学学科的快速发展，具体体现在学科整合以及自我认同上，并在此基础上达成诸多共识。① 比如，在法学教育上聚焦于法律职业共同体建构，尤其关注"像法律人一样思考"的养成。在法学研究上，一方面，青睐于以法规范为研究对象并以阐明规范含义为任务的法教义学所开示的进路和方法，而这既是法学的传统也构成当下中国法学研究的主流；另一方面，根据现有的知识结构和法律在社会中所发挥的作用，要想更有意义地研究法学，不能与社会隔绝而仅仅满足于对法律条文和法哲学的探讨。如今法学理论已并非单纯通过法律条文和司法裁判来展示，因为法律正在通过传统的法庭之外的方式调整社会关系。而社会科学及其研究方法也愈加丰富了我们对人类在冲突和非冲突条件下行为方式的了解。② 这就导致了以事实为导向、以法律外部因素为研究对象的社科法学的异军突起。

本文关注"经典阅读在法学教育和法学研究中的意义"的问题，这一问题的字面意思想要表达的是经典阅读与法学教育和法学研究的关系。意义的限定显示了命题者一定程度上的"先见"，认为经典阅读是有意义的，推定其具有价值正当性。但是细细思考，我们可能会问：二者之间是否有关联？如果有关联那么这种关联是正面的还是负面的，如果这种关联是正面的，那么这一意义所附带的限定条件是什么？

一、何为经典

有学者指出，经典可以分解为"经的权威"和"典的厚重"。"经的权

① 丁轶：《经典阅读的限度及其可能性》，载《第二届自然法青年学术论坛论文集》，2017 年 5 月，第 7～8 页。

② 参见［印］梅隆主编：《诊所式法律教育》，彭锡华等译，法律出版社 2002 年版，第 10～11 页。

威”具有“排除论证”的功能,使诸多法律原理在很长一段时间内,被设定成不证自明的逻辑起点,从而夯实了法学理论体系的基础,并在一定程度上避免了法学知识的重复生产,从而降低了法学知识的生产成本。“典的厚重”具有“解释论证”的功能,变动不居的法律现象在典的脉络中获得因袭可靠的解释,纷繁复杂的法律问题端赖典的学理获知理性的回答。“经的权威”与“典的厚重”二者缺一不可,共同致力于法学研究的“范式”形成,也就是说研究范式的确立和划分有赖于经典著作的积累和法学认识的刷新。将经典置于“范式”之中来理解的意义在于范式可以聚拢起研究共同体,其成员接受相同的经典训练,掌握相同的研究方法,面对相同的现实问题并对现实问题提出解释思路或解决方案,这就使对经典的认知与确定不会流于散漫的堆砌而无际无边。也正是由于一代又一代法律学人聚拢在“范式”下的持续接力,经典方能跨越漫长时间而历久弥新;也正是借助于“范式”所凝聚起的法律学人的共同努力,才有了不同时代人们对于经典的推崇。③

关于经典的代表性定义,是意大利学者卡尔维诺在其名文《为什么读经典》中所展示的。卡尔维诺将“经典”归纳为独立而又关联的14条定义:经典是那些你常听人说“我正在重读”而不是说“我正在读”的书;经典对读过与尚未开始读的人而言都是一种宝贵的经验;经典要么给人们的想象力打下深刻印记,要么成为个人或集体的无意识深藏在记忆深处;经典是每次重读都像初读那样带来发现的书;经典是即使我们初读也好像是在重温的书;经典是永不会耗尽其要向读者说的一切东西的书;经典带着先前解释的气息走向我们,背后拖着它们经过文化时留下的足迹;经典不断在其周围制造批评话语的尘云,却也总是把那些微粒抖掉;经典是这样一些书,我们越是道听途说,以为我们懂了,当我们实际读它们,我们越是觉得意想不到和新颖;经典作为一个名称用来形容任何一本表现整个宇宙的书,一本与古代护身符不相上下的书;经典使读者自己不能对其不闻不问,它帮助读者在与它的关系中甚至在反对它的过程中确立自己;

③ 参见陆宇峰:《法学研究应当面向“范式中的经典”》,载《第二届自然法青年学术论坛论文集》,2017年5月,第31~32页。

经典是一部早于其他经典作品的作品，但是那些先读过其他经典作品的人，一下子便能认出其在众多经典著作系谱中的位置；经典把现在的噪声调成一种背景轻音；经典即使与其所处的当下主流格格不入，它也坚持至少成为一种背景噪声。在对经典罗列了14种定义后，卡尔维诺得出结论：读经典总比不读好。④

在日常生活中，不是说你说我说大家都说一本书是经典，它就是经典。卡尔维诺开列出的这些定义似乎对于我们厘定和辨识经典仍有困难。哪些作品是经典，经典的判准是什么，标准由谁制定？这本身就是问题。常识告诉我们，经典都是经过时间筛选留下来的东西，经典肯定有意义，不然怎么能流传至今。这在一般意义上讲合情合理，但是因为对于经典是什么，我们尚未形成一个确定性的定义，因此在不同学科及不同问题面前判断一部作品经典与否不能一概而论。

职是之故，我们可能会发问，经典的东西就一定有意义吗？比如说，我的博士论文探讨当代中国法治建设中的国家主义立场这一问题，那么研究国家主义这一概念是否非得要追根溯源，回溯到古希腊古罗马，然后把历史上与国家主义有关的经典文献都要厘定清楚、娓娓道来？每个研究者的时间精力是有限的，技术条件也无法将所有文献网罗殆尽。但即使说能获得所有相关的经典文献，那么这种研究是否因为在研究成本上构成一种资源的浪费而被抛弃？对于当代中国法治建设中的国家主义立场这一问题，尤其是考虑到共和国对于马克思主义的继受与发展，可否只回溯到马克思恩格斯著作那里就可以？我们面对一个问题，不一定非得回到经典，尤其是古典。知识人常有一种感觉，似乎不读经典人生就不完整，或者不回溯到知识的源头，所做的研究就没有说服力或没有意义。这是否也是哈耶克所指出的一种知识的傲慢或专制？可以说，虽然从古至今关于国家主义的问题形成了众多经典，需要借助经典来来认识和理解这一问题，但是无限回溯并不可取，经典的意义还是要与所研究的问题相关。

---

④ 参见[意]伊塔洛·卡尔维诺：《为什么读经典》，黄灿然、李桂蜜译，译林出版社2006年版，第1～10页。

学术界对于经典的理解偏向于西方世界的经典,这种现象在法学界尤其明显。经典不应该只是西方的,中国的经典更要阅读。经典固然重要,但是将经典与当下问题的对接更为重要。剥离了经典的背景,高见可能会沦为谬误。经典与否以及经典是否有意义是不能跳脱时代语境以及经典所回应的问题的,因为经典肯定是对于彼时彼景所面临的问题的关注和思考,不是无缘无故凭空想象写就的。尤其在价值观多元盛行的当下社会,如果说人们之间还存在基本共识的话,宪法中所承载的价值就构成了我们的底线共识。所以,我国的宪法就是一部经典,值得认真对待。经典有很多种。一手原文或汉语译本与二手甚至多手解读文献之间的关系如何处理?研究是否必须都要阅读一手文献?如果必须是一手外文文献,我们自问是否有能力去阅读和理解?尤其是有些经典作品可能还是用小语种来写作的。这就牵连出一个问题:是不是如果我们不懂德语就无法正确而深刻的认识和理解康德?如果我们回答说是,那么跨语际的理解如何可能?如果说不是,那我们如何判断一个人的研究是不是一种科学的研究,也就是说可以被理性所验证的研究?

二、为何读经典和如何读经典

当下中国法学教育被人诟病之处是其专业化和技术化的取向,忽视了法科生人文素质的养成。事实上,这种以实践为取向的法学教育不仅不能放弃还应该继续加强,像案例教学、模拟法庭之类的法学教育方式仍要继续推广,以确保法科生“不要只是从书本了解法律,只知道抠字眼和法条主义,而要走进法律实践,了解真实世界,比普通人更精细更敏感地了解可能的社会后果,并在这种种可能的选项中来仔细选择和界定法条和关键词的实践边界”。⑤ 法科生人文素养的提升与重视专业实践的法学教育方式并非相悖的。重视法律专业技能的培养也不代表让学生与经

---

⑤ 苏力:《法律人思维?》,载《北大法律评论》2013年第2辑。

典对立或隔绝。有学者指出，在法学研究方面，经典阅读因为研究进路的差异而有所不同。在社科法学和教义法学的研究中，经典阅读的意义和重要性相对有限；与之不同，价值法学的研究特别强调经典阅读。这是因为，社科法学只能对社会事实间的真实关系及其运作机制加以合理的揭示和解释，给出因果分析，却无法对事实或现象本身的好坏、正当与否给出价值上的评判。价值法学试图解决的正是法教义学和社科法学所存在的价值真空问题，它直面价值本身，从哲学的视角出发对现实世界加以价值评判，并勾勒出一幅可欲的政治生活图景，来保证人类社会不至于在价值多元的纷争中无所适从。⑥ 因此，对为何读经典的回答也要考虑到不同的研究进路。

当下中国，一个我们不愿承认的事实是，只有法学理论在中国，却没有中国的法学理论。我们并未贡献出自己独特的法理学理论，只是亦步亦趋地引介、传播和膜拜西方的法律思想，缺乏对于中国现实的认真反思和对于中国可能蕴含的真问题的发现、认识和加工。不客气地说，在当下中国，法学理论已丧失了问题意识以及提出问题的能力。⑦ 所以才有了中国法理学的“死亡”一说。⑧ 在比较法领域这种现象尤为突出。一般的套路是：现在西方有的，我们要论证我们现在也有甚至早在古代中国就已经有了；域外经验介绍后一般得出结论就是可以引入中国，去其糟粕、取其精华地为我所用，至于精华和糟粕的界定与分离则在所不问。而简单的比照和移植的结果，要么是南橘北枳，水土不服，要么是关公战秦琼，挨不上。某种意义上，这与我们一味提倡阅读经典而忽视了问题本身相关。读经典并非因为它是经典才读，而是因为要认识和理解某一问题就必须要读它、绕不开它，这才是经典。换句话说，真正触发我们自觉阅读古今中外经典作品的并非因为它们经典的标签，而应当是因为它们所面临的问题以及所提供的解决方案对于我们此时此景尤其相似，为我们的思考

---

⑥ 参见丁轶：《经典阅读的限度及其可能性》，载《第二届自然法青年学术论坛论文集》，2017 年 5 月，第 16 页。

⑦ 参见季卫东等：《中国需要什么样的法理学》，载《中国法律评论》2016 年第 3 期。

⑧ 参见徐爱国：《论中国法理学的“死亡”》，载《中国法律评论》2016 年第 2 期。

和实践提供了有价值的指引,我们思考和回答当下中国的某个问题不得不读它。举例来说,萨维尼的著作《当代罗马法体系》《论立法和法学的当代使命》作为经典在当下中国应无异议。萨维尼生活的时代,变革与传统、本土与外来之类的纷争一度使德意志法律人处在两难选择中。17世纪"潘得克吞现代运用"运动和18世纪自然法学思潮,使萨维尼时代的德国罗马法不再纯正,对个人的理性与创造力的盲目自信妄图以根源于自然法的任意与专断的学理体系取代传统罗马法。为了挽救罗马法,保持法学的科学性、纯粹性,萨维尼主张要用科学的方法,从历史传统中寻找真理。这种科学的方法主要是体系化方法,它使德意志人所接触到的罗马法不是历史碎片的简单汇集,而是具备精神内核的统一体,并推动德国法学不断走向成熟。这是萨维尼为德国法学所指明的发展道路。反观中国,自清末修律以来,一个显见的事实是,法律移植的活动一直从未停息,移植而来的法律已构成国人法律认识和法治实践的一部分。但是,法律条文的照搬照抄倒是容易,条文背后所蕴含的历史精神以及特定问题意识却并非一目了然。如果只是将目光停留在条文本身,那么条文也不过是脱离了历史语境和体系的制度碎片。虽然萨维尼生活的时空环境与我们相隔遥远,但我们的此时此景却与萨维尼当时所处的历史遭遇多有相似。因此,萨维尼著作所开示出的"历史—体系"方法无疑对我们今天依然具有一定的借鉴意义,通过这种方法可以锻造具有精神内核和自我再生产能力的法律体系,并培育我们自己的法学理论体系和法律文化。⑨ 在笔者看来,这样的比较研究以及对于经典的阅读运用才值得称道。

可以说,经典阅读为我们当下中国法律认识和法治实践提供了思想资源和经验参照。正如有学者所指出的,当我们回过头来审视法学知识传统,会发现它在很大程度上是由经典著作确立的。既有思想史的写作大多也是经典著作的勾连,思想史归根结底是经典著作的历史。人类知

---

⑨ 参见杨代雄:《萨维尼早期法学方法论中的三条基本原则——以萨维尼的法学方法论讲义为考察对象》,载张双根、田士永、王洪亮主编:《中德私法研究》(总第5卷),北京大学出版社2009年版,第105~106页。

识发展史上的核心概念和命题,没有一种不是出自经典。[10] 经典构成并夯实了人类知识文明的基础。遗憾的是,我们时代的法学是一种无视理性和实践之间距离的法学,是一种急匆匆地想要为现实生活世界提供指南的法学。一旦离开了反思的、保持与现实距离的理论生活,实际上已经不再是理论生活,这样的法学成为了一种政策,法学家成为了技术专家和现实法律机器的一个部分,无力描述共同体法律生活的蓝图。理论应该保持与现实的距离,这种距离形成了一种张力,使理论为现实保持一份清醒和一种反思的可能。阅读经典就是为了保持与现实生活距离的努力。阅读经典扩展了我们的视野,让我们自觉地质疑那些自诩为主流的思维方式,向我们揭示了现实的丰富性,为人的独立性创造提供动力。[11] 如果不能将既有的经典阅读好,想要生产真正的经典实为不能。

三、我们需要什么样的法学教育和法学研究

法学作为一门独立的学科,应该具有可识别性,能与其他学科区分开来。在研究对象和方法上应该有其特点。一味地增加法学的定语,不断扩充法学的内涵,可能会使法学不再成为法学,法学因负担过多的功能和要求而不能承受其重。也许有人会说,现在哪还有学科的界限,各学科的研究对象和方法都是可以共享的。的确,很少有哪门学科敢说独享哪种方法,但是不同学科对于各种方法往往有所偏重,法学偏重的是规范分析的方法。如果我们舍弃了这一规范分析的方法或者说看不上/不重视这一方法,觉得这个方法不够高深,也就相当于主动与法学切割开来,从法学逸脱到其他学科。现在的一些法学教育者,习惯于以立法者的视角批评既有的法律文本,而不是以应有的法律适用者的视角仰视法律。学生

---

⑩ 参见黄涛:《阅读经典与开放的理论生活》,载《第二届自然法青年学术论坛论文集》,2017 年 5 月,第 19 页。

⑪ 参见黄涛:《阅读经典与开放的理论生活》,载《第二届自然法青年学术论坛论文集》,2017 年 5 月,第 22 ~ 23 页。

受其影响也容易对法律抱持怀疑和批判态度,认为法律制定得太差,而这其实是缺少对于法律的深刻理解。因为人的理性的有限性,世上没有一部法律是完美无缺的。但是在法治正当性得以确立的现代社会,法律构成了法治的前提,法律的不完善也比没有法律强,这早已在霍布斯的《利维坦》中给出了论证,而法律的不完善也可以通过我们的法律方法尤其是法律解释得以弥补。也就是说,法治现在作为一种全球共享的价值符号,其根基在于法律的确定性,而如果我们对法律多持怀疑和批判态度,非常不利于法律确定性的实现。如果法律没有确定性就等于摧毁了法治的根基,没有确定性何谈法治,没有法治,法律人的饭碗还会在吗?不是说现代社会不允许大家批评或评价法律,而是说你的批评不应该是为批评而批评,而是在批评之后也要提供建设性方案。

法学应该是连接过去与未来的,更是指向现在的。我们知道历史对于法学来说很有意义,通过对历史上事件和思想的回顾,可以为我们处理当下问题开示出解决思路。但是法学更关心当下,这与法学的特性相关。那么,经典可否为当下问题提供解决方案?作为一名当事人,你去找律师咨询,如果律师告诉你这个问题古希腊是怎么处理的,你觉得当事人还会再找你吗?作为法律教育者一定要清楚,并非所有的学生以后都是研究者,做学术的毕竟是少数人,还要考虑社会市场的需求以及法科生的就业。市场上需要的是能够提供法律服务和法律产品的专业人才,法科生的毕业去向也多是法律实务部门。同时,法学的这种实践品质,意味着学生应该是在司法个案中养成规则思维、立体思维、综合思维、论辩思维,这些技能的养成有助于学生进入市场后能谋得一个"饭碗"。而当前关于中国法学教育的诸多批评主要归纳为"高不成低不就",即法学教育规模与日俱增,但却培育不出高端法律人才站到国际法律舞台,其产品多囤积于中下档,而能走向基层提供法律服务的也很匮乏,偏远落后地区依然在闹律师荒。一个有说服力的原因就是长期以来法学教育与法律职业教育的割裂。法学院以理论教学为主,对学生法律技能和素质的法律实践关注不够,培养出的法科毕业生不具备职业技能和职业伦理,法律专业人才依然匮乏。多数法科毕业生不能胜任法律职业。⑫ 在这种情况下,有学者指出,法学院应大力加强专业教育,以培育律师为己任。⑬ 如果说法学院的任务只是教授法律和培养律师,这一描述不够充分,只算得上是一种底限要求。霍姆斯认为,法学院的任务是要用一种伟大的方式传授法律,并要培养伟大的律师。⑭ 当然,对于法律规范和法律技能的关注也不能忘记对于职业伦理的训练。如同有学者所担忧的,法律本身对一种行为的违法性已事先在原则上作出了规定,这使依法律裁判的法官不需要对他人的行为从个人权威角度进行评判,让有道德感的法官减轻了其职务所附带的道德压力。但是这也可能使某些不认真的法官沦为不假思索的执法机器。在他们眼中,法律就是法律,法律变成了教条,纳粹极权的司法就是生动的例证。⑮

很长一段时间,关于通识教育和专业教育的争论不断。通识教育与经典阅读紧密相关。在当下中国大学,主张通识教育具有重要意义,因为高中时期死记硬背式的教育需要借助大学通识教育来扭转。同时,法律职业也反向要求从业者有广博的知识,对政治、经济、社会等都要有理解力和洞察力。但是,通识教育是法学教育与大学中其他专业教育的共同点,并非法学教育的特点。因此,就法学学科而言,重点是要对专业教育部分的目标定位清晰。法学教育要面向法律实务,其目标依旧主要考虑毕业生将来的人生和职业需要,与这一需要相联系的是法官能力(法教义学上的知识和能力)的培养,其中最核心的是法律解释的能力。法律人应敏锐地认识到法律解释中的价值判断问题,妥善运用各种方法来解决,包括基于对当代社会问题的深入理解和分析。法学教育的核心仍然是法律适用,在法律的范围内寻找更有效的法律解释。这也就意味着,法学教育

⑫ 参见王晨光:《法学教育改革现状与宏观制度设计——日韩经验教训反思与中国改革刍议》,载《法学》2016 年第 8 期。

⑬ 参见何美欢:《理想的专业法学教育》,载《清华法学》2006 年第 3 期。

⑭ 参见[美]小奥利弗·温德尔·霍姆斯:《霍姆斯读本——论文与公共演讲选集》,刘思达译,上海三联书店 2009 年版,第 127 页。

⑮ 参见[德]莱因荷德·齐柏里乌斯:《法学导论》,金振豹译,中国政法大学出版社 2007 年版,第 192 页。

目标的设定不能面面俱到,要求既有广博的知识又有专精的技能,对法科生而言有些强人所难。[16] 如同霍姆斯所言,如果一个人是专家,我们希望他也有修养,知识广博又通情达理,但是在现实社会中,相较于需要有修养的人来说,我们更需要专家,一个只有修养而没有专业技能的人在现代社会难以立足。[17] 更何况,这样的高要求就是放在优秀的法官律师身上也难以落实。反过来问,法学教育者能达到这种要求的能有几人?法学教育是法律训练的一个环节,法律职业是需要终身学习的职业,不要让法学教育承担太多的重负。教育目标过多过高容易导致哪一个目标都无法实现。

一般来看,法学研究有动态研究和静态研究之分。"前者以法律思潮为宗,后者以成文法典为本。所谓法律思潮的研究,旨在考察一代支配法律内容全体的原理,阐明原理在时间之上变迁与发达,及其在当时与后世法制上所产生的影响,预期法律将来之兴废与进化。"[18]就法学研究而言,阅读古往今来的经典是我们更好认识法律的路径之一。这个时代需要经典,经典有着强大的解释力和穿透力,对现实世界保持着反思和警觉。但是也不要矫枉过正,不要把调子定得太高,把经典安置于神坛,让人感到不敢触碰而选择放弃。落脚到法学研究,其要服务于法学教育。首先需要直面法律问题,而不是与问题擦肩而过。我们面对这么多经典,被经典包围,陷入进去,容易把关于这一问题的文献当作问题本身,误以为文献就是问题。经典的阅读为我们提供了思考的多维面相的同时,也可能会限制我们思考的范围。因此,在经典中能进能出,想清楚当下中国争议的法学问题到底是什么,尤为重要。法学研究中要反复告诉自己不能忘却了法学的实践品质,而经典只是手段、阶梯,并非目标和问题本身,不能只见经典而忘了问题。

---

⑯ 参见葛云松:《法学教育的理想》,载《中外法学》2014年第2期。

⑰ 参见[美]小奥利弗·温德尔·霍姆斯:《霍姆斯读本——论文与公共演讲选集》,刘思达译,上海三联书店2009年版,第136页。

⑱ 参见刘清波:《现代法学思潮》,黎明文化事业公司1986年版,自序第1页。

四、自然法与经典是种什么关系

在这里之所以重点谈自然法与经典的关系，是因为当下中国法学界对自然法的研究多集中在对西方经典（更确切地说是古典）的解读与分析上，尤其是思想史方面的经典。直观地看，在法学领域，似乎经典的都是有关自然法的。自然法对于经典有着天然的亲和性，重视经典中的知识，以开掘和解释经典作品中的思想为己任。但这里要问的是，这些经典可否由自然法独享？还有，实证主义法学既然已在很大程度上吸纳和借鉴了自然法学的知识资源，那么自然法是否还有独立的清晰可辨的学术传统？自然法要如何捍卫自己作为一门独立学术传统的地位？如果我们回应不了这些问题，说自然法能够支撑起一门独立的学科则相当困难。考夫曼就此批评道，有一个基本的事实，即没有任何“超实证的法”，正如同在我们的世界中，极少遇见任何一种“超实证的”实在性。将这些超实证（“最高的”）的法律原理称为“自然法”，这种做法至少是使人误导的；因为这个名称造成了一种假象，好像有两种法律秩序相互并存，即实证法与自然法。然而，对真实的生活事实而言，永远只有一种法，且这种法是实证的：它是具体的，而且有历史性的。[19] 还要指出的一点是，自然法虽然推崇经典，但这些经典对制度史的关注往往相对不足。

还有，当下国内自然法关注的经典为何大多是西方的经典？中国的经典为何没有得到应有的重视。法学一直作为一种西学，天然地亲近西方经典本无可厚非，但是西方的经典如何能解决当下中国问题？尤其在清末变法改制百余年来，国人的法律认识和法治实践也进行了这么长时间，法学发展已经不能再囿于对西方单向的推崇。我们还要根据这些年来的理论研究和法治实践，反过来检讨西方社会开示出的治理方案，并在

---

⑲ 参见［德］亚图·考夫曼：《类推与“事物本质”：兼论类型理论》，吴从周译，台北，学林文化事业有限公司1999年版，第23页。

历史的角度下反思性借鉴中国传统的治理元素。

客观地说,当下中国法学界如果有学派之争的话,我们首先会想到教义法学与社科法学。教义法学作为传统主流的法学,有着百年以上的历史,其地位一直无法撼动。社科法学承接 20 世纪中叶美国的"法律与……"运动,在国内兴起十多年来在知识积累和方法的锻造上都显示出强劲的实力,成为当下中国法学研究中不可忽视的一支力量。国内自然法的研究也有很长的历史,尤其是这几年风生水起,对于经典文本的引入和解读一直都有,知识累积方面取得了很大的成就。但是如果自然法学想要成长为与教义法学和社科法学平起平坐的地位的话,那么我们可能在对于知识的转化方面、研究团队的凝聚方面和研究方法的提炼方面都需要进行突破。自然法学不能对当下中国问题不管不问,置身事外,而是要贴近和围绕问题在法律和理论之间目光流转。既不能跳脱法律,也不能无视现实,但这样的自然法是否还是传统意义上所说的自然法则,又构成另外一个问题。

五、有限的人生和无限的经典

在这个娱乐至死的时代,能够潜心阅读经典本身就是一件有意义的事情。但是我们对于这种显而易见的事情也要保留一分反思。阅读经典一般意义上讲肯定是有意义的,不论多少,但是在法学教育和研究中到底有着什么样的意义则可以讨论。

从功利性角度来看,法学的实践品质引导着学术刊物关注当下具体实际问题。如果只是沉浸在经典之中,而不能关照现实问题,远的不说,至少文章的发表都会成为困难,这在当下中国法学院职称评定、指标考核等方面再现实不过。但如果文字不能在法学主流刊物发表,会使自然法学研究团体的发声和影响受到限制,不利于自然法学的地位提升。"我们要判断一个问题是否重要,一个方法是去看学术刊物发表的相关论文。”[20]如果不发表,问题重要与否,研究水平如何,就无法判断,也就是说“不发表,就出局”。还有,我们对于单个人物的研究要谨慎一些,因为单个人物所能提供的研究是有限的,单个人毕竟具有局限。同时要警惕研究某个人物就以为成了某个人物,在理论认识上要避免过于封闭与自信。在阅读经典时很有可能只是抓住了某个人物的只言片语,难以全面展示该人物的理论思想。职是之故,将对单个人物的研究转向由众多人物思想所支撑的问题的研究值得考虑。阅读经典不能陷入经典的泥潭,而是要反复对比经典写作的年代与当下中国所处的现实环境,提炼出共同项与差异项,看看是否有值得借鉴的地方。我们在有限的人生中广泛阅读经典,绝非只是为了阅读而阅读,尤其应考虑到法学的实践品质,以期为当下中国问题提供解决方案,但悖论在于,对于外国经典的研究,其最后的结果往往是证明了外国那一套在中国行不通;自认为研究对当下有意义,其实最后的结论是二者之间没有关系,至少以前一些外国法的研究方式对中国没有多大意义。因此,我们要坚持经典阅读,但是也要通过独立思考养成进出经典的能力。不要因为它是经典而去阅读,而是因为这本经典对于我所关注的问题很有价值,所以我才去阅读。或许这样才能从单纯的自娱自乐走向一种有意识的自觉阅读,才能实现文本与实践的对接,使经典重新获取新的力量。

一句话,认真阅读和对待经典,但不要迷信经典,也不要让经典背负太多的功能。无限的经典对有限的人生而言,过于沉重,要能进能出;有限的人生对无限的经典而言,过于轻渺,首先要活好当下。

---

[20] 李连江:《不发表,就出局》,中国政法大学出版社2016年版,第47页。

The Significance of Classics Reading in Law Education and Law Research

Yu Hao

Abstract: Law education and law research cannot be separated from classics, and classics are generally the deep thinking and focused expression of major problems in a particular time. Reading classics can broaden our horizon to understand the world and deepen our understanding of social reality. But law research is not concerned with classics in the general sense, and the practical quality of law points to the answer of specific legal questions, and the law emphasizes the method of normative analysis means that reading classics should be selective. The goal of law education is to cultivate legal professionals with professional skills and professional ethics, and that means reading classics is very useful for cultivating legal professionals. It is advisable to take classics seriously, but should not be superstitious.

Key Words: classics reading, law education, law research

经典理论阅读与中国当下的法学教育

——以作为德性法制的现代法治为主题展开

杨知文

摘　要:讨论经典阅读对法学教育的意义可聚焦于以法治为主题而展开相关的话语与商谈建构。在当代法学视域中,诸如自然法学的经典理论为现代法治意识、法治理念和原则的巩固与传播积淀了诸多值得宣扬的叙述。从中国当下现实来看,德性法制的发展和现代法治的构建确需包括自然法理论在内的经典理论对当下法律实践和法学教育的持续性支持与浸润。中国法学教育要综合地揭示和传授有关法律或法治的全部图景。经典理论的研读无疑可以给法科学生带来不同理论范式和语境脉络下的有关法律秩序的认知。

关键词:经典理论阅读　法学教育　现代法治　法律职业

一、引言:问题的提出

法学是专门以法律现象及其规律为研究对象的学问。在整体和抽象的意义上看,法学就是在一般层面和具体场合关注和思考“什么是法律”的问题:法学的一般理论从普遍性原理的层面回答法律是怎样的,而部门法学理论则在许多具体场合回答法律是怎样的。同时,作为对法学关于“什么是法律”这个问题的探究的概括性归结,法学可以说又是为了回答“法治是怎样的”问题。对何为法律的探寻和如何法治的追求,应该是法律学人生活中的永恒主题。能够看到的是,对于法治的探寻与追求是古今中外法学理论和法律实践最有共同性的基本内容。就此而言,法治作为一种治国方略和社会治理方式,一直伴随着人类法律发展的历史进程,古今中外的思想家对法治曾有过连绵不绝的阐释和论述,不同时空下的法律实践也一直对法治问题贡献着相应的答案。

基于这种认识,笔者认为,我们今天讨论法学研究与教育自身的使命,以及经典阅读对法学研究与法学教育的价值和意义等议题,在很大程度上也需要聚焦于以法治为主题而展开相关的话语思考与商谈建构。中国法学教育的发展和改革与法治发展息息相关,在法治随着全面推进和深化改革要进入所有主要的社会领域之际,中国法学教育至今仍然在根本宗旨、理念、内容、方法和形式等诸多方面存在各种争执和探讨。[①]

本文拟从现代法治与德性法制的关系原理出发,以自然法学经典理论为例讨论其对现代法治的塑造和浸润,并据此说明经典理论研读对中国当下法学教育的意义。从中国目前法学教育发展已然呈现出的一系列问题来看,这种思考进路在很大程度上具有可取性,这样做的初衷是希望能够以此反思我们眼下法学研究和教育过度技术化、智库化的趋势,引发人们对经典理论之于我国法学教育的需求性的关注。

二、现代法治与经典理论的价值

一般来说,选择法律作为主要的控制手段,用法律来规范和调整国

① 参见王晨光:《法学教育改革现状与宏观制度设计》,载《法学》2016年第8期。

家和社会生活关系,通过强调法律的权威性以形成国家和社会的良好秩序,是所有法治观念与实践的共同追求。然而,在法治跟随人类历史不断跃进和发展的过程中,不同时期的法治观念和实践呈现出不同的逻辑形态。由此而论,现代法治在强调“法的统治”之基础上更致力于寻求实质意义上的“良法之治”,这无疑是一种最为高级的法治形态。其一,注重法律的权威性,以法律作为治理国家和社会的重要手段,是现代法治所沿承的有关人类法治从古至今的基本含义和脉络。人们用“法律的统治”或“通过法律的统治”等说法所表述的最低限度的内容就是作为法秩序的法治。这是现代法治乃至人类所有的法治形态都具有的一致性。其二,现代法治的确立内在地生发于人类法治文明自身从传统到现代的演进逻辑,特别是随着当今世界现代价值的不断传播,法治在现代社会语境下逐渐走向一种更具融合观念的治国原则和社会生活方式。虽然受制于历史、民族、文化、经济乃至利益立场等不同的社会生活条件,但是现代各国已然开启了以“良法善治”为目标的法治化治理道路。

因此,现代法治不仅是一种法制完备的状态,也是一种依法办事的原则,同时还是一种包含对作为“法的统治”前提的法律之品质要求的治国理政方式。可以说,现代法治是德性法制,就是法律制度及其运行具备更多德性之后的层次。此处“德性”强调的是法律制度自身所应具有的品质与运作理念和原则,它诉求的是国家和社会秩序建构中法律自身合法性与正当性的统一。这种具有系统性的治国方略和社会秩序模式,蕴含着对法律制度及其运作过程自身品质的建设和维护,更注重“法的统治”所应具有的德性、理念和原则,也正是这些理念和原则使法治在其内在意义上区别于人治等国家治理模式。在一定意义上也可以认为,现代法治强调法制的德性,不仅要求国家和社会生活应当由法律来统治,更要求法律在实质上必须具有德性,符合正义等价值。它不满足于法律只是形式上的良好以及法律实施上的一致性等要求,更强调法律及其实施过程与实质正义之间的有机联系,主张要用国家实在法之外的标准来检验和评价法律自身的品质。[2] 这些标准包括道德权利、伦理原则、自然正义、社会需求与利益等,是法律具有正当性的终极源泉。

就法学教育和研究而言,我们倡导的应该是,法学对法律现象的把握既要进行“形而上”的哲理思辨,又要进行“形而中”的规范关注,同时还要适时偏爱“形而下”的经验实用,因为现实生活中的价值、规范和事实等不是截然分离的。[3] 尽管如此,关于法律制度德性的追寻与思考却从来不是所有法学流派都想承担的具有共识性的任务。例如,19世纪的法律思想史已经向我们表明,实证主义哲学的强大影响就曾让以法律的德性和价值为偏重的法学理论几乎销声匿迹,“恶法亦法”的法律观和注重形式主义的法治模式盛极一时。法律实证主义者们认为,对道德、政治与各种社会现实因素的关注,不应该是法律人的任务,通过法律之外的其他要素对法律进行理解和阐释都是无意义的。在这其中,作为代表国家制定法律的立法者的意志被赋予至高无上的地位;法治被概括为一系列有关法律的形式性要求;公民对立法者所颁布的任何法律,无论良善与否都应当严格服从;执法者要公正和统一地执行法律,而不管法律的实质内容如何。

我们知道,两次世界大战给人类带来了巨大灾难,这其中也昭示着不强调自身良善德性的法律显然不是人类文明所需要的法律,没有良法作为前提的“法律的统治”何谈成为真正的法治。在“二战”后,通过经历新的论辩,注重法律与道德密不可分的联系和实在法之外的人性基础与正义准则的自然法学得以复兴,法治理论也在现代语境下重新确立了以强调法律德性为要义的讨论题域。例如,战后新自然法学的代表人物富勒就曾提出法律的道德性问题,其关于法律道德性之两个方面的主张业已被奉为现代法治的基本原则。富勒认为,法律作为一种“有目的的事业”有其道德性,而这种道德性有两个方面,即“内在道德”和“外在道德”。

---

② 参见高鸿钧等:《法治:理念与制度》,中国政法大学出版社2002年版,第765~766页。

③ 参见杨知文:《法理学的知识体系及其教科书编排》,载王翰主编:《法学教育研究》(第九卷),法律出版社2013年版,第241页。

其中,法律的“内在道德”即“程序自然法”,是有关法律的制定、解释和适用等程序上的原则,是法律能够成为法律所必需的前提条件。它包括八个要素:(1)一般性,既普遍性;(2)公布;(3)非溯及既往;(4)明确;(5)不矛盾;(6)可为人遵守,即法律不应当要求人们从事不可能实现的事情;(7)稳定性;(8)官方行为与法律的一致性。④ 法律的“外在道德”即“实体自然法”,是法律的实质目的或理想,包括人类交往和合作应当遵循的基本原则,以及由“正义”等原则组成的道德。

又如,自然法学者德沃金把权利论作为其法律思想的核心,主张权利在法治中的价值,认为真正的法治概念是“权利”的概念。在德沃金看来,权利并非仅仅存在于法律规则之中,也存在于历史和传统之中,是要求保护的“道德主张”。正是通过强调关怀和尊重的平等权利和公民反对政府的权利,德沃金把法律的实施和法治的运行牢牢地聚焦在要求政府“认真地对待权利”的基础上。⑤ 即便是德国的拉德布鲁赫也对他原来的实证主义的形式法治观作了修正,指出:“法的安定性不是法必须实现的唯一的价值,也不是决定性的价值,除此之外,法还拥有另外两项价值:合目的性与正义。……凡正义根本不被追求的地方,凡构成正义之核心的平等在实在法制定过程中有意地不被承认的地方,法律不仅仅是‘非正当法’,它甚至根本上就缺乏法的性质。”⑥

现代法治是德性法制,这种认识从价值的实质层面弥补了形式主义法治的缺陷,积极防止恶法,追求法律制度自身的良好品质对真正法治的实现作用。从自然法学的经典理论来看,法律的德性问题一直贯穿着自然法学思想演进的基本脉络。它就是要回答在依法而治的体制下,法治对作为其前提的法律之品质的要求。众所周知,在人类法治思想产生之初,古希腊的亚里士多德关于法治阐述道,“大家所服从的法律应该是本

---

④ 参见[美]朗·富勒:《法律的道德性》,郑戈译,商务印书馆2014年版,第41页。

⑤ 参见[美]罗纳德·德沃金:《认真对待权利》,信春鹰、吴玉章译,中国大百科全书出版社1998年版,第243页及以下。

⑥ [德]古斯塔夫·拉德布鲁赫:《法律的不法与超法律的法(1946)》。转引自柯岚:《拉德布鲁赫公式的意义及其在二战后德国司法中的运用》,载《华东政法大学学报》2009年第4期。

身制定得良好的法律”就是对“法律的德性如何”问题的回答。[⑦] 从那时开始，“良法”是法治的前提，而法律怎样才称得上为良好，这个问题历经自然法思想家们数千年的回答，逐渐形成了关于良好法律的实质意义上的一系列界定，对人类法治的不断丰富和成长产生了积极影响。在现代背景下，有关德性法制的自然法学思想对法律体系持开放性的态度，认为有法律并得到了遵守和执行也并不等于有法治，法律必须要具备某些必要的德性，才能使“法律的统治”有资格被合理地称为“法治”。结合本文主题来说，包括自然法理论在内的经典理论的价值就在于，它们为现代法治的生成和积淀储备了知识、价值和解释要素，并从德性和情感上为人们考量法治的形态提供了可予以利用的不可或缺资源。

三、经典理论阅读对中国法学教育的意义

从以上论述就可以看出，在当代法学视域中，诸如自然法学的经典理论中关于法律价值和德性法制等问题的论证和解读，为现代法治意识、法治理念和原则的巩固与传播积淀了诸多值得宣扬的叙述。这些对现代法治的成长和确定以及法学研究与教育的真正发展产生了无与伦比的影响。人们对法学教育和法治原理的探索告诉我们，经典理论对法治建设和法学教育的意义甚至可以从法治理念和法治原则自身的哲理中得到说明。法治理念是对法治的精神实质和价值诉求的理性认识，是关于法治的理性化观念，而法治原则是指法治的基础性准则，是更为具象的有关法治的一系列要求。

法治理念和法治原则都立足于法治本身，从规律层面上刻画了法治的内在状貌及其制度的价值和意义，它们都是从理论上讨论“法治应当是什么”所必需的理论范畴。法治理念和法治原则都是人们在法治性质、

---

⑦ 亚里士多德在其名著《政治学》中曾从两个方面论述法治原则，即“法治应当包含两重意义：已成立的法律获得普遍的服从，而大家所服从的法律又应该是本身是制定得良好的法律”。[古希腊]亚里士多德：《政治学》，吴寿彭译，商务印书馆 1996 年版，第 199 页。

功能、制度设计、组织机构、实践运作等方面所形成的理想认识和应然判断。法治理念可谓一定时期或一定社会的人们对法治的总体看法，是人们在法治问题上的思想观念与价值判断的综合。法治原则作为法治理念的具体化，是更具有可操作性的法治要素。如果说法治是一种依靠法律治理的良好的制度，那么，法治理念和法治原则就同为这种制度构成的软件部分，都规定着法治的精神内含和价值诉求。从法治变迁历程来看，人们的法治理念和原则及其在国家现实制度和秩序中的设定，都需要从理想层面上的经典理论叙事中不断获得启蒙、论证、传播、积淀和转化。

就中国当下的情况而言，随着较为完善的社会主义法律体系的基本建成，法治国家建设的基本任务也正发生着重要转变。法律体系的形成作为法律完备的形式要求，一直沿承了实现有法可依的逻辑思路，使中国已然具备了建设现代法治国家的法律制度基础，而接下来以贯彻法律的德性和运作原则为要求的法律实施显然就成为中国法治建构的重要内容。现代法治是具有德性的法制，法制具有德性即成为法治的理念和原则。就此来说，中国建设法治国家对法制运行自身的德性或法治原则有更为可期的要求，重视法制自身的良好品质和对现代法治理念的贯穿应当是中国当下法治国家建设的关键所在。中国目前也提出了建设社会主义法治体系的目标，而这一目标的实现，在一定程度上也取决于要真正充分理解和践行表现为法治理念和原则的法律制度德性。总谱仰仗演奏，蓝图有赖施工。如果说一个完备的法律体系构成了一国法治工程的硬件部分，那么对法制及其运作之德性的遵循就彰显着该国法治体系的软实力。

不仅如此，现代法治社会赖以确立和发展的基础是法律职业的兴起与昌盛。在社会分工体系中，法律工作不仅应当形成一种专门化的职业，而且应当具有特殊的职业要求。现代社会的法律职业是由受过专门的法律职业训练，精通法律专门知识并具有娴熟的法律技能与法律伦理的人所组成的法律工作者共同体。按照法学家庞德的观点，所谓法律职业，是指“一群人从事一种有学问修养的艺术，共同发挥公共服务的精神，虽然附带地以它谋生,但不失其公共服务的宗旨"。⑧ 韦伯指出,对于职业性法律训练以及在这种训练中的特殊法律思想类型而言,有两种不同的路线:第一种是将法律作为工艺的经验性训练路线,这是一种在法律实践中进行的师徒式教育的训练方式;第二种是在特殊的法律学校里教授法律,按照这种方式,重点是法律理论和"科学",即以理性和系统的方式分析法律现象。⑨ 在这两种方式中,大学里的现代法律教育代表了第二种纯粹的法律训练方式,而法律实践中的师徒式教育以及相应的考试是大学法律教育的补充。⑩

然而,由于很多方面的原因,中国当下法学教育的发展存在许多令人不安的状况,例如过多地强调按照教学大纲传授法律知识,过多地注重法律职业技能中的方法、技术或技巧,过多地把学生导向司法职业考试的训练等,这都使中国法学教育的功利性和实用主义倾向越发明显。鉴于以上这种形势,我们不难判断,中国法学教育的这种发展趋势虽然有利于规训和开发学生的法律专业能力,但是这种法律专业能力如果没有理念原则和德性信仰上的滋润就很容易成为他们将来经营利益和操控法律的工具,毕竟只注重专业化的法律知识传授和法律应用培训的法学教育并不能使法科学生具有法律人所应有的人格能力和法治能力,也很难帮助学生锻造出法律职业人所应具备的规则意识和责任自觉等品格。

所以,中国当下的法学教育发展所呈现的一系列特点让我们有必要从经典理论阅读的议题中去追问其对法学教育的价值和意义,也正是当下法学教育发展的这些特点让我们有意识地想起了必须去探寻经典理论阅读对法学教育和研究的可能作用和功能。更重要的是,由于理论对于实践具有认识、赋予意义的效果以及提供实践难题的基本解决方案等多

---

⑧ 王利明:《司法改革研究》,法律出版社2000年版,第396页。

⑨ 参见[德]马克斯·韦伯:《论经济与社会中的法律》,张乃根译,中国大百科全书出版社1998年版,第198页。

⑩ 参见[德]马克斯·韦伯:《论经济与社会中的法律》,张乃根译,中国大百科全书出版社1998年版,第201页。

项功能,[11]法学教育不只是具备职业教育的属性就可以完成法律职业人培养的任务。在法学主要还是一门学问性的学科的语境下,没有经典理论支持和沐浴的法律教育可能与职业教育的属性都相去甚远。因此,从中国目前的现实看,中国德性法制的发展和现代法治的构建确需包括自然法理论在内的经典理论对当下法律实践和法学教育的持续性支持与浸润。

就此而言,以自然法学的经典理论为例来看,自然法理论具有对法律德性问题进行探讨的传统,其始终自觉地考察包括法律秩序在内的人类生活秩序的恒久品质,致力于对人们法律活动和社会生活走向“良善”资质的引领;自然法理论研究对现实的法律制度及其运行保持着具有超越性的根本性价值思考,以审视和检验实在法律及其运作的正义品格为基本思维模式,为人类法律活动及其主张提供来自实质理性的判断标准。经典自然法理论的研读可以使法学教育在单纯的法律技术和知识教育之外实现法律伦理教育的功能。这有助于帮助学生深刻体会法条背后的伦理价值理念,引导学生全面反思和批判现行的法律制度,把握法制发展的伦理方向,从而促进法律制度的伦理性完善。[12]

在当前中国法学研究空前繁荣而自然法理论研究相对被冷落的背景下,推动自然法学理论研究的出场并使其成为法学理论和法学教育的重要组成部分,无疑有助于提升法学研究和教育创新的学术含量与价值水准,降解眼下由于法学教育和法律理论过度技术化、智库化而可能给中国法治建设带来的不利影响。职是之故,法学教育要综合地揭示和传授有关法律或法治的全部图景,而经典理论的研读无疑可以给法科学生带来不同理论范式和语境脉络下的有关法律秩序的认知。这或许正是包括自然法理论在内的纯粹理论研究对中国当下的可能意义,也是经典理论阅读在中国时空下能够使法学教育获得真正兴旺发展的现实缘由。

---

⑪ 参见陈景辉:《法理论为什么是重要的——法学的知识框架及法理学在其中的位置》,载《法学》2014年第3期。

⑫ 参见胡之芳:《论法学教育中的伦理之维》,载《高等教育研究学报》2017年第1期。

四、结语

当然,就经典理论研读对法学教育的价值和意义这个话题而言,可供讨论选择的主题和视角很多。本文之所以选择以现代法治和德性法制的关系为轴线展开论述,主要是考虑到法治问题在法学教育培养法律人的目标方面具有一定意义上的概括性和根本性,而怎样建设良好的法治是法律人应有的基本立场和价值情怀。基于现代法治是德性法制的这种认识,在中国当下法治国家建设的语境中,重视法制运行自身的德性或法治原则的要求,是中国打造现代法治的关键所在,而这确需包括自然法理论在内的经典理论对当下法律实践和法学教育给予持续性的滋养和支撑。

与此同时,从中国当下法学教育的自身发展来看,我们有必要从经典理论阅读的议题中去追问其对法学教育的价值和意义。虽然法学教育要以培养擅长法律知识和专业技能的法律职业人为现实性追求,但这也不是只要法学教育具备职业教育的属性就能够成就的事情;相反,没有经典理论研读和传授的法学教育可能都不能与职业教育相提并论。此外,需要指出的是,经典理论作为一个领域重要的理论性作品,其应当包括很多思想领域的理论;就法学教育而言,能够被作为经典理论研读和传授的作品当然也不能仅限于符合某种权威性的标准。本文选择以自然法经典理论为例来说明经典理论对法学教育的意义,也是考虑到自然法理论及其研究在中国当下法学研究与教学格局中处于相对弱势的局面,而就其探讨经典理论研读对法学教育的意义就显得更具积极性和代表性。

On the Classics Reading and the Status Quo of Legal Education in China

—Taking Modern Rule of Law and Virtuous Legal System as the Theme

Yang Zhiwen

Abstract: The discussion of the significance of classics reading to legal education may focus on the theme of rule of law and its related discourse and conversation. In the field of contemporary jurisprudence, classical theories, such as natural law, have consolidated and propagated modern sense of rule of law, the concept and principles of rule of law, so that they are worthy of publicity with a number of meaningful legal stories. From the perspective of China's current situation, the development of virtuous legal system and the construction of modern rule of law substantively require continuous support from the classical theory and infiltration of the classical theory, including natural law theory, to contemporary legal practice and legal education. China's legal education should comprehensively reveal the full picture of rule of law and relevant laws. The study of the classical theory will no doubt provide law students with different theoretical paradigms and contextual cognition of legal order.

Key Words: classics reading, legal education, modern rule of law, legal profession

在变迁的时代读经典

朱明哲

摘　要：我们当下法理学教学中的一个难点是在这个对变化较为敏感的时代，说服学生接受阅读历史文本的现实意义。其实，阅读经典文本对于法学是有用，因为经典文本可以帮助我们理解现在的制度与学说在建立过程中制度化的前见与价值，从而帮助人们决定是否在法律解释时坚持这些前见与价值。不过，要实现这一目的，必须把经典文本置回于它所产生的时代，并与其他的文本对比阅读。利用历史语境还原法阅读经典文本首先有助于我们相对化，从而反思我们现在的制度，其次有助于我们学习如何面对时代发展对制度的挑战，最后也有助于我们在具体个案中决定可能的法律解释。围绕着《中华人民共和国民法总则》（以下简称《民法总则》）第9条的争论可以佐证。

关键词：经典文本　历史语境　民法典　制度变迁

一、导言

我在教学中经常向同学们提问："请问各位读了

为师布置的阅读材料了吗?"回答往往令人失望。我在教学交流中也经常向同人提问:"请问各位有解决学生不读书问题的良方吗?"回答往往同样令人失望。面对这种双重失望,一个仅对自己的课堂有部分掌握权的教师应当如何应对?吾人心里清楚,诸如"课前交读书报告""课上提问计算课堂成绩"之类的方法仅能让学生出于对成绩的考虑而应付,却无法令人信服阅读我们布置之阅读材料的意义。具体到本次笔谈的主题"经典",事情或许更加复杂一些。毕竟所谓经典者,至少需要经过一定时间的筛选方能确立其地位。那么到底为何要阅读这些看上去无关于我们所面对时代问题的文本就成为一个不得不在教学中再三思考的问题。毕竟"传承人类光辉文化"或"无用之用方为大用"的空洞说法,连我们自己都说服不了。曾有前辈主张,一种教学实践要想吸引学生,要么证明自身有用,要么证明自身有趣。对于吾等以法哲学为业者,作为一种教学实践的经典阅读之所以有吸引力,既因为有趣(否则当初便不会抛弃其他更具经济前景的职业而投身其中),又因为有用(毕竟是完成考核、晋升等一系列任务之必要)。但对于未窥门径者,经典阅读的有趣性和有用性皆非不言而喻。而其中趣味,在开卷之前根本无从谈起。所以要说明我们在当下这个瞬息万变的时代仍有必要读经典,非证明这一实践的有用性不可。

为了说明在今天这个瞬息万变的世界里仍然有阅读经典作品的重要性,本文将首先概念化这一论题,然后转向一种语境还原的经典阅读方法,最后以围绕我国《民法总则》第9条展开的争议作为例子,说明以语境还原的方法阅读经典确实有助于我们解决现代面临的问题。

二、经典及其"用"

我们有必要先理论化我们的议题。当我们在讨论"读经典是否有用"的时候,到底"经典"指的是什么,"用"指的又是什么。我们一个简单的回答是:经典就是一个时代最重要的理论性作品。阅读这些作品对我们的法律实践是有用的。

需要说明的是,人类文化可以分成两种不同的传统:文本传统和非文本传统。文本传统用文本来记录和传播信息,而非文本传统用口述、音乐、绘画等形式来记录和传播信息。这样说当然并不意味着文本传统不存在口述、音乐、绘画等信息记录与传播形式。只是在文本传统中,人们倾向于把所有的非文本的形式作为“文本”来理解和阐释;而在非文本传统中,非文本载体所记录的信息不会先转译成文本再来理解。一个著名的例子是作为文本传统之一的希伯来法律传统中所存在的“口头法”和西非一些非文本法律传统中的“口头法”虽然有形态上的一致性,但是在解释和适用之方法上相去甚远。①

本文要讨论的主要是在文本传统中,以文本形式存在的经典。

所以,“什么是经典”这个问题变成了“我们把哪些文本认作经典”。这个问题既有普遍性,又有一定的学科局限性。但似乎除了承认人们约定俗成认为是经典的那些文本之外,并没有更好的策略可从概念上定义“经典”。所以,我们只能描述性地说明本文所讨论的经典是什么。一方面,我们认为有一些文本对于全人类都有重要的意义。柏拉图的《理想国》、亚里士多德的《政治学》、马基雅维利的《君主论》、霍布斯的《利维坦》和托克维尔的《旧制度与大革命》可谓都属于这一种重要文本。另一方面主要属于法学内部的经典文本。盖尤斯的《法学阶梯》、布莱克斯通的《英国法释义》、萨维尼的《当代罗马法体系》、惹尼的《实证私法的法律渊源与解释方法》和奥斯丁的《法理学范围的界定》都属于这一类重要文本。既然我们针对的是法学教育,那么讨论中应当认为经典包括了这两种经典。

接着要回答的是此处所说的“有用性”到底是理论的有用性还是实践的有用性。阅读理论总归是有理论意义的,因为学习推理、论证、辩难的技巧对写作新理论总是有帮助。只有认为此处讨论的是经典的实践意义,该问题才有挑战性。然后,要考虑我们的时代是否本质上不同于此前的时代(目前毕竟无法读到未来的经典)。如果我们接受一种循环的乃至

① *Cf.* Stefan Goltzberg, *Les sources du droit*, Paris, PUF, 2016, p. 50.

固定的时间观,认为所有的时代本质上都是一样的,那么阅读经典之有用性显然不是一个困难的问题,因为读它们就相当于在读我们这个时代重要的理论作品。而挑战在于,如果我们认为接受线性的时间观乃至进步的时间观,认为现在和过去在某些重要方面已经不同,甚至这些不同让现在和以前相比是一个更好的时代,那么问题就会变得复杂。但如此还有可能存在解读上的分歧:本质上不同的时代是否可能面对同样的问题?如果我们虽然经历了若干世代,但面对的是完全一样的问题,那么读经典的意义仍是很明显的;在我们认为人们所需要依靠理论来解决的问题已经完全不同的时候,经典的实践意义才会变得模糊。

综上,我们讨论的是一个本质不同于我们的时代所产生的、针对不同于我们所面临的问题而给出答案的理论作品,在当今是否还具有实践意义的问题。本文的立场是,阅读经典对于法学是有用的,而法学知识是实践性知识,所以阅读经典对于法律实践是有用的。考虑到法学包括不同的研究范式,本文进一步把讨论的范围限制在经典对法教义学的有用性。我国学界普遍接受拉伦茨的观念,把法教义学理解为"以某个特定的、在历史中逐渐形成的法秩序为基础及界限,借以探求法律问题之答案的学问"。[②] 古维奇(Georges Gurvitch)说得更为直白:法教义学的核心工作是帮助法院裁判。[③] 一个依法(不管如何理解"法")作出的裁判不可避免地要求法官在具体个案事实已经给定的情况下确定可能适用的规范的含义。在解释过程中,又会同时涉及从具体的某个法律上的概念,到一个规范的语义结构、一个部门法体系,乃至整个法秩序的解释问题。[④] 所以,我们要说明的是"阅读经典对于法学是有用的",而其有用性体现在可以帮助法学研究应该如何解释规范。

但是,并非每一种阅读经典的方式都有益。限于篇幅,我们不会讨论哪些方法对于司法裁判没有用处。我们在下一个部分要讨论的是,还原

---

② [德]卡尔·拉伦茨:《法学方法论》,陈爱娥译,商务印书馆2003年版,第19页。

③ *Cf.* Georges Gurvitch, *Eléments de sociologie juridique* (*Réimpression de l'édition de 1940*), Paris, Dalloz, 2012, p. 3.

④ 参见雷磊:《适于法治的法律体系模式》,载《法学研究》2015年第5期。

经典文本产生的具体历史语境并在语境中理解经典文本是对司法裁判有用的。

三、如何在语境中阅读经典

在日常的司法过程中,为了保证法秩序的确定性,往往会沿用法律共同体内部形成的通说进行裁判。⑤ 诚如拉伦茨所言,一个法秩序是在历史中"逐渐形成的"。无论我们认为通说是给定法秩序的一部分,⑥还是认为通说是对法秩序的外部陈述,应当不难理解通说本身也是在历史中逐渐形成、且不断自我形成的。前文指出,我们采用了一种进步主义的时间观,认为世界不但在不断变化,而且相比于回到古典时代,我们更希望在我们现在生活的世界之基础之上解决人们所面对的问题。既然如此,为何还要把经典置回于它所产生的具体历史语境之中,而非径自从其文句之中发现对我们的问题的解答呢?

经典是文本。文本是作者话语行动的载体。话语行动是作者以话语的方式进行的实践。作者通过文本而为话语行动,与其他正在为话语行动的作者互动,他们的互动因此构成了历史的事件,理论也由此产生。话语行动有一种重要的限制:它必须通过语言进行。"能够用一种语言说什么,取决于这种语言本身。经由它表达的事物,也会反过来修正语言。言语(parole)和语言(langue)的互动,因此有了自己的历史。"⑦于是,我们看到了在具体历史语境中研究经典的第一个理由:如果不先了解一个作者和他的同时代人所使用的制度化语言,那么我们就无法理解他们通过文本实现的话语行动,更无法理解不同作者以他们话语行动进行互动所

---

⑤ *Cf.* Philippe Jestaz, Christophe Jamin, "The entity of French doctrine: some thoughts on the community of French legal writers", *Legal Studies*, Vol. 18, n° 4, 1998, pp. 415 - 437.

⑥ Pierre Bourdieu, "La force du droit. Éléments pour une sociologie du champ juridique", *Actes de la recherche en sciences sociales*, Vol. 64, n° 1, 1986, pp. 3 - 19.

⑦ John Pocock, *Political Thought and History: Essays on Theory and Method*, Cambridge, Cambridge University Press, 2009, pp. 87 - 88.

实现的事件。而一旦我们从“行动”的角度观察文本,马上会去想:作者希望通过文本做什么事?经典文本的作者很可能比我们伟大得多,但他们仍然不可能生活在仅仅由伟大作者栖居的天国中、讨论着千古不变之重大问题。相反,他们和我们每个人一样,即受困于财政、职称、小圈子政治等琐事,又观察他们所处的时代在政治、社会、经济等各个领域提出的紧迫问题,并试图在参与关于这些问题的讨论时作出话语行动,由此参与改造其时代。

话语行动是一种独特的实践,因为它不仅涉及施为者的意图和实践的形式,还涉及实践的内容,即用话语传递的信息。现在,我们称这些信息为“理论”。所以我们说博丹在《国家六书》中提出了一种国家的理论、洛克在《政府论》中提出了一种劳动所有权的理论、欧洲19世纪的国际法学家又提出了一种文明等级的理论。“我们无法在缺乏国家理论的情况下思考国家。”⑧这些理论的诞生并不仅仅发展了我们的认识,更让我们可以跟着它们去想象此前并不存在的秩序:绝对且排他的主权、私人不受干预的所有权和根据民族文明程度决定的国际社会之主体资格。我们通过对国家的想象,构建了包括领土、人口、有效统治、主权等一系列特点的现代国家。我们通过对所有权的想象,把私人所有权作为绝对而神圣的自然法下的权利保护起来。我们也通过对等级化国际社会的想象,把一些国家排除在国际法的保护范围之外,从而可使其成为殖民的对象。⑨ 经典文本提出的理论确实让人们在历史上创造出了制度或器物,改变了实践。

不仅如此,理论、观念、概念、原则也是对实践中所面对问题的回答。人们把实践中存在的事实翻译为思维(本身也是一种事实)中存在的概念。在物理的世界里,我可以在家里留有一个奴隶,让他为我工作,把他的工作成果作为“物的孳息”保留在自己控制之下,还可以把他卖给别人。但在观念的世界,罗马法先区分了“人”和“物”,然后把奴隶归入“物”的

---

⑧ Pierre Bourdieu, *Sur l'État. Cours au Collège de France*, Paris, Le Seuil, 2012, p. 184.

⑨ *Cf.* James Lorimer, "La doctrine de la reconnaissance, fondement du droit international", *Revue de droit international et de législation comparée*, Vol. 16, 1884, p. 335.

范畴,进而使我对这个奴隶所做之事成为对物的占有、使用、收益、处分,所有这些因素又集合成“所有权”的概念,并因为人类社会组织特有的主体间性的运作获得了绝对性。⑩ 然而无论是人与物的二分,还是人对物的所有权概念,一开始无非要解决的是生产和经济生活如何组织的实践问题而已。但随着时间的流逝,我们忘记了实践提出的问题,而记住了理论。理论也就因此成了教条。而且每当人们遇到新问题,首先想到的是过去的理论是否能提供现成的答案。在有必要的情况下,理论有时会得到修正甚至被推翻,新的理论得以产生,而产生新理论的那些作品又成为经典。换言之,阅读经典是阅读一个本质上不同于我们的时代的人们对于那些我们所不面对的问题的解答。

如此,我们不难看出,就算认为我们面对的是前所未有的问题,经典文本也至少有两种不同类型的用处。

其一,阅读经典可以帮我们了解前人解决他们的时代问题的手段、方式、过程(毕竟无法预测未来人们如何行事),从而考虑我们在解决当前面临问题时是否可以使用同样的手段、方式、过程。这样,我们就进入了史学的范畴。如果希望经典在这方面帮助解决现代的问题,那么就不得不既关心那些与“经典”产生于同一时代的理论作品,又关心那些和“经典”大抵分享同样理论关切的作品。作者通过写作进入历时性和共时性的对话。他在解答实践问题的同时,也在支持或驳斥着其他试图解决相似问题的作者。我们今天带着后见之明去看过去,往往会产生“经典作品本身大大优于平庸之作”的念头。但历史的美妙就在于,日后看来再明显不过的趋势,在事情发生的当时谁也无法确凿地预言。正如19世纪末不少人认为对所有权的限制只能来源于基督徒的慈悲,另一些人则认为来源于正义的要求。明智如教皇利奥十三世也无法料到如今人们普遍认为是正义所创造的社会权限制了所有权。⑪ 所以,在对照与经典作品构成对话的那些文本的前提下阅读经典作品,既有助于我们了解“经典文本到底在讨

⑩ *Cf.* Yan Thomas, “L' ‘usage’ et les ‘fruits’ de l'esclave”, *Enquête. Archives de la revue Enquête*, 1 novembre 1999, n° 7, pp. 203 – 230.

⑪ *Rerum novarum* (1891).

论何种问题”,也有助于我们了解“到底何种因素让它们最终成为经典”,并因此促使我们考虑“我们是否也可以从他们解决当时的实践问题的方法中学到什么”。

其二,阅读经典可以帮我们了解我们今天习以为常的观念(无论是所有权绝对还是相对)究竟在历史中是如何形成的,从而反思这些观念本身的相对性。这样,我们就进入了发生学/系谱学的范畴。在发生学的视角下,我们得以审视今人奉若圭臬的信条在产生时是多么偶然,从而相对化这些教条。只有这样我们才能真正做一个线性时间观的接收者、一个进步主义者,接受一切如今所是,本可以呈现另一副模样。1847 年基尔希曼(Julius Kirchmann)说的“立法者三个词的改动,整个法学图书馆立刻化作废纸堆”实际上说的是这个道理。[12] 所以阅读经典的重要性并不在于了解经典之内容本身,而在于借理解经典背后的前见和偏见:(1)分析今天认为这些文本是“经典”的我们到底在多大程度上潜移默化地接受了这些前见和偏见,并质问我们是否仍然需要继续抱有它们;(2)判断我们今天这建立在经典所确立之哲学上的制度是否因那些成见的存在而本质上是不正义的。在此意义上,阅读经典不但是一项解构性的工作,也是解放性的工作。它结构了经典的权威,却让人们得以从既有的叙事中解脱。如果我们不阅读经典,我们仍是成见的囚徒,甚至不知道身上的枷锁来源于何方。

于是回到我们在上一部分理论化后的问题:“阅读经典文本为何有益于司法裁判。”答案是:至少以语境还原的方式读那些奠定了我们目前制度以及对制度之解释的文本,有助于我们发现目前解释概念、理论、规范的“通说”背后的前见,然后决定这些前见是否有可能在我们的实践中仍能得到普遍的接受。如果能,那么不妨继续接受通说的解释;如果不能,那么不妨考虑修正通说,对制度提出一个新的解释。下面的部分将会以关于民法典的“颜色”的讨论入手,检讨 19 世纪、20 世纪、21 世纪三个时代对不同之民法典构想背后的思想变迁。

---

⑫ 参见[德]J. H. 冯·基尔希曼:《作为科学的法学的无价值性——在柏林法学会的演讲》,赵阳译,载《比较法研究》2004 年第 1 期。

四、从“白色民法典”到“绿色民法典”

2017年3月15日第十二届全国人民代表大会第五次会议通过了《民法总则》,引发了学界一系列讨论。其中第9条(“民事主体从事民事活动,应当有利于节约资源、保护生态环境”)既获得了很多赞誉,也招致了不少批评。支持者认为,在资源、公平、诚信和公序良俗之后列举第9条所表达的“环保原则”体现了人类环境意识觉醒的时代所应有的进步;反对者则认为此条不见容于经典民法学,是让民法典负担了其所无力负担的任务。在批评者中,兼通公法与私法的苏永钦教授曾经形象地表达,各国民法典的经验说明,一部优秀的民法典应该是“纯净的民法典”或“白色民法典”,而不应该是强调社会主义的“红色民法典”或强调生态主义的“绿色民法典”。⑬ 他进一步把这一主张概括为民法典编纂时应当遵守的“中立原则”,排除对民法典的政治性干预,俾“让政策的调整可以集中在针对目标事物、团体而定的特别法上,由政治部门集中就劳动契约、环境保护、城市租屋、无店户交易等特别问题去辩论审议,而由民法典处理所有无特别法规范时的私法关系,充分发挥其稳定功能”。⑭ 所以,民法典要确立的是一套技术性的规范,不带有任何政治倾向性,把意识形态决策留给特别法或其他部门法。

苏永钦教授的方案是一个相当具有吸引力的方案,但却无法得到历史经验的支持。如果我们把讨论的范围局限在19世纪——民法典的时代,如果我们在语境中理解那些关于奠定了我们今天所知之法理论的经典文本,我们会发现无论是伟大民法典的起草者还是解释者,其实并不认为民法典是无关政治价值选择的规范集合。难道《法国民法典》不是大革

---

⑬ 苏永钦:《中国需要什么样的民法典》,载中国民商法律网:http://old.civillaw.com.cn/article/default.asp? id =45102,最后访问日期:2017年5月30日。

⑭ 苏永钦:《现代民法典的体系定位与建构规则》,载李卫东主编:《交大法学》(第1卷),上海交通大学出版社2011年版,第59~93页。

命的政治遗产？难道历史法学派没有肩负德意志民族独立与光荣之政治任务？正是在波塔利斯(Jean-Etienne-Marie Portalis)那篇脍炙人口关于《法国民法典草案》说明中,法典的起草者强调在革命的热情消退后之所以需要一部《民法典》恰恰是因为要重建父权、夫权,同时还出于对财产所有权的尊重。⑮ 民法上看起来“无色无味”的抽象“人”实际上是居住在法国乡村的已婚男性有产者。这也是为什么后世学者强调《法国民法典》实际上是资产阶级社会秩序结构的表现,是农村已婚有产男性对其他人的统治。⑯ 而且波塔利斯并不会否认这一点,反而会认为这种秩序是天经地义的,因为只有他们才是有足够能力运用自己理性开展民事生活的人。⑰ 随着时间的推移,直到19世纪中叶,个人主义和自由主义的民法学家才把这种具体的人抽象化,成为不附加条件的“人”,也就是平等的人,并由此用工业资本主义的价值取代了法典起草者用法典文本确定的保守主义价值。⑱

到了19世纪末,法学家又开始质疑抽象人的观念。贫富差距扩大、城市化、工业化等一系列发展令人意识到世界上除了农村的已婚有产男性以外,还有大量的城镇之中一贫如洗的未婚母亲。抽象的理性人形象下,所有权神圣,契约绝对自由,过失责任等一系列民法基本原则并不足以满足因为邻居排污而受侵害的农人、面对工厂主时缺少谈判能力的产

---

⑮ *Cf.* Jean-Etienne-Marie Portalis, “Discours préliminaire prononcé par Portalis, le 24 thermidor an VIII, lors de la présentation du projet arrêté par la commission du gouvernement”, *in Recueil complet des travaux préparatoires du Code civil*, Paris, Videcoq, Vol. I, 1836, pp. 463 - 524.

⑯ *Cf.* André-Jean Arnaud, “La tradition française dans la théorie du droit des civilistes in La philosophie du droit aujourd'hui.”, *Archives de Philosophie du Droit*, Vol. 33, 1988, pp. 261 - 281.

⑰ *Cf.* Jean-Etienne-Marie Portalis, “Exposé des motifs, par le conseiller d'état Portalis”, *in Recueil complet des travaux préparatoires du Code civil*, Paris, Videcoq, Vol. IX, 1836, pp. 138 - 181.

⑱ *Cf.* Christophe Jamin, “Plaidoyer pour le solidarisme contractuel”, *in Le contrat au début du XXIème siècle*, Paris, LGDJ, 2001, pp. 441 - 472; Christophe Jamin, “L'Oubli et la science: regard partiel sur l'évolution de la doctrine privatiste à la charnière des XIXème et XXème siècles”, *Revue trimestrielle de droit civil*, 1994, pp. 815 - 827.

业工人、工业事故的受害者。⑲ 于是,关于权利滥用的理论产生,为所有权施加了种种限制;⑳关于产业工人集体缔约权的特别规定也出现了;㉑工业事故中不再适用一般侵权行为法的过失责任。㉒ 家庭制度也开始变革:1884年的法律重新引入了离婚;后续的发展则越发承认妻独立处分财产的自由;对非婚生子女的保护也得到改善。一言以蔽之,法律开始社会化了。㉓ 而且这社会化发生在现在看来属于劳动法或更大范围的社会法领域,当时却切切实实是通过重新解释民法典之规范来实现的。不仅如此,法哲学也意识到用"社会人"取代抽象理性之自利人的必要性,法律上人的形象于是再次一变为生活于工业社会之中、面对具体而切实之经济情势、需要国家对实质不公正予以补正的人。㉔ 由此可见,所谓"纯净的民法典"就算曾作为一种理想在民法发展中起过一定作用,其产生和存在也都是非常偶然和短暂的,远非"客观、科学的规则"。㉕ 更重要的是民法典并非一开始就是一张白纸、一块画布。相反,法典化总是伴随着把一定价值追求固定于法典之中的努力。㉖ 只是随后的法学家把规范与规范背后的价值分开,再把去除了价值的规范当作技术,去实现他们新的价值追求

---

⑲ *Cf.* Georges Plastara, "Nouvelles tendances dans le droit: libertés et patrimoines", *Revue trimestrielle de droit civil*, Vol. 11, 1912, pp. 887 – 906.

⑳ *Cf.* Joseph Charmont, "L'abus du droit", *Revue trimestrielle de droit civil*, Vol. 1, 1902, pp. 8 – 125. 参见刘作翔:《权利相对性理论及其争论——以法国若斯兰的"权利滥用"理论为引据》,载《清华法学》2013年第6期。

㉑ *Cf.* François Gény, "Une théorie nouvelle sur les rapports juridiques issus du contrat de travail", *Revue trimestrielle de droit civil*, Vol. 1, n° 2, 1902, pp. 333 – 343.

㉒ *Cf.* Raymond Saleilles, *Les accidents de travail et la responsabilité civile: essai d'une théorie objective de la responsabilité délictuelle*, A. Rousseau, 1897. 参见石佳友:《〈法国民法典〉过错责任一般条款的历史演变》,载《比较法研究》2014年第6期。

㉓ *Cf.* Joseph Charmont, "La socialisation du droit", *Revue de métaphysique et de morale*, Vol. 11, n° 3, 1903, pp. 380 – 405.

㉔ *Cf.* Gustav Radbruch, "Du droit individualiste au droit social", *Archives de philosophie du droit et de la sociologie juridique*, I, n° 2, 1931, pp. 387 – 398.

㉕ 苏永钦:《现代民法典的体系定位与建构规则》,载季卫东主编:《交大法学》(第1卷),上海交通大学出版社2011年版,第59~93页。

㉖ 参见谢鸿飞:《中国民法典的生活世界、价值体系与立法表达》,载《清华法学》2014年第6期。

而已。所以,白色并非无色,"白色民法典"也其实和"红色民法典""绿色民法典"一样,有着确定而具体的价值目的。

通过在语境中把握那些奠定我们现在所知之民法的制度和学说,我们终于了解,无论是民法理论还是民法规范,其实都是经过了数次变革后的产物。每次变革都并未把此前的痕迹完全抹去,而是在原有的画布上增加新的笔触。如今,画笔交到了我们的手里。从关于此前民法发展的知识中到底能够得到哪些启发,此处提出三点,供方家指正。(1)如果我们决定要一部生态主义的民法典,在理论和实践上都是可能的,但是无论理论还是实践都需要更严肃地处理这一问题。无论是19世纪中期的民法自由化还是19世纪晚期的社会化,都是在实务与理论之共同协力下完成的。在实务上,我们尚未见到从人与生态之关系的角度解释各民事法律具体规则的判例。在理论上,"生态人"的探讨也仅集中在生态马克思主义的论域。在这一点上,立法走在了判例与学说之前。(2)此前民法理念(而非理论)的变革最后都落实在对具体规则的解释上,日后不妨把讨论的重点集中在生态人理念的建构以及此前迎合抽象人和社会人的那些法律解释中哪些需要改变等具体问题。(3)民法理念的变革也会改变民法本身的版图。古典民法典确立了民法与公法的边界,法律社会化进程在催生社会法这一新领域的同时也让民法吸纳了社会法的内容。那么生态民法到底会如何改变民法的范畴、界限、法律渊源和解释方式,实在令人相当期待。

五、结语

"Sapere aude !"康德(Immanuel Kant)在《什么是启蒙?》(*Was ist Aufklärung*?)中借贺拉斯(Horace)的名言,要求每一个人在任何时候都敢于运用自己的理性。法学家在面对时代变迁时也要敢于运用我们的理性,挑战最艰难的问题。所有的声音都在强调,我们的时代已经和以往不同了。罗马法学家无法想象"知识产权",人文主义法学家也无法想象动物如果有心灵该如何是好的问题,但计算机技术的发展似乎正在让韦伯“自动裁判机”的想象变成现实。婚姻不再是异性恋的专利,新西兰的河流也具有了法律上的人格,各国的公司在加紧研制性爱机器人……如果每天读书看报,又怎么会无视巨变来临前的乌云?恰恰是在这样变迁的年代,经典阅读不可替代,因为没有人生活在虚空之中,我们借以沟通、互动、影响他人、形成新共识的那一套语言和词汇渐次形成于历史之中,所以我们在阅读经典时,我们的目光是向后的,心却是面向未来的。

Reading Classics in the Changing Age

Zhu Mingzhe

Abstract: We are experiencing a period of time marked by the changes which makes it challenging to persuade students the utility of reading classical texts. However, legal education can benefit from studying the classics, for they are capable of revealing the underlying pre-understandings and value judgements of our legal doctrine and system. Historical reconstruction of the interventions made by the classics is beneficial in three aspects. First, it enables us to review present institutions critically. Second, we can learn from it the method of encountering challenges of a new era. Third, with the knowledge of pre-understandings and values of the received institutions, we are provided the opportunity to decide whether a renewed interpretation shall be made. The debates centered on "General provisions of the civil Law" Clause Ninth can be the testimony.

Key Words: the classics, historical context, civil codes, transformations of institutions

法学的实践品格与经典阅读

王凌皞

摘　要:我国的法学实践和学术研究并不重视经典阅读,对经典的忽视很大程度上影响了法学研究的品质。法学既非标准的社会科学,也不是典型的人文学科,但法学研究者都同意法学是一门面向实践的学问。根据对法学实践品格中"实践"的不同理解,在概念上法学可以被进一步区分为"实用技艺之学"、"问题解决之学"和"价值反思之学"。实用技艺意义上的法学无关经典,问题解决意义上的法学无须经典,而价值反思意义上的法学则高度依赖经典。这三种"法学"相对独立但又彼此关联,共同构成了法学这门学科。而在三者之中,价值反思的法学最能够体现法学"实践"实践品格因此也最具有学科典范。当代中国法学要在理智上成熟,必须超越简单实用的比较法式制度借鉴去挖掘制度背后的根本理据。这就要求法学研究者在阅读古今经典时放弃旁征博引的"索引式阅读",转而面向事情本身进行理智投入的"反思性阅读"。

关键词:法学的实践品格　经典阅读　索引式阅读　反思性阅读

在我国的法学实践和学术研究中,"经典阅读"

并不占据特别重要的地位。那么,在法学教育或研究中经典阅读是否必要?如果必要的话,又该如何读?对这两个问题的回答,取决于我们如何理解法学作为一门学科的旨趣与定位。

法学难以被泾渭分明地归入“社会科学”或者“人文学科”。不同的法学流派对于“法学是什么”这个基本问题往往会产生巨大的意见分歧,①晚近的社科学法和法教义学之争正是这一争论的延续。但无论是论战中的哪一方,人们大致上都认同法学的研究对象是“法律”相关的活动,也正因此,法学具有鲜明的“实践性”特点:法学总是面对法律实践,直接或者间接地为立法和司法服务。问题的争点在于到底如何来理解法学的“实践性”特征?在这里,有必要先大致厘清法律“实践”的内涵。也只有在清晰厘清这个概念之后,才能谈论经典阅读的必要性及其意义。

一

当法学家或法律从业者说到法学中的“实践”,他们大致会在以下三种意义上理解“实践”的概念;相应地,我们也会有三种面向实践的法学观念。

其一,作为实用技艺之学的法学:法律实践是法律职业人群体、律师、法官们在日复一日的法律实务中所从事的日常工作,而这些日常工作需要的知识体系和技艺集合就是法学。

其二,作为问题解决之学的法学:法学也可以是为法律问题找到实用解决方案的对策性或学术性工作,比如法学家在立法咨询、法条解释、解决司法疑难案件时“问题取向”的研究。

其三,作为价值反思之学的法学:法学也可以指司法实践中不同解释方案或立法实践上不同制度选项背后价值的权衡、论辩和取舍。这里的

① 法学的性质既不是社会科学,也不是人文学科。具体的讨论可参见王凌皞:《走向认知科学的法学研究》,载《法学家》2015年第5期。

“实践”指的是制度安排的价值论省思。

法学中经典阅读的必要性及其意义取决于我们选择哪一种“法学”的观念。

“法学”可能是“实用技艺之学”，指称可以直接运用于法律实务的“实用的技艺(know-how)与知识体系(know-that)”。这种实用技艺知识之学包括面向实务的法律推理技艺、法律解释方法、基本法律概念体系以及实定法知识体系。对于律师而言，还可能包括法律谈判、客户关系维护、市场营销等各种技艺和能力。法学院本科课程设置总体上是按照这个法学观念来构建的。法科学子在法学院本科阶段的学习主要聚焦在部门法的实在法规定以及这些实在法规定的解释和适用。如此被理解的法学是一种职业教育(professional training)，既不能归入人文学科，也不能归入社会科学。

在如此被理解为以实务训练或职业教育为核心的法学观念中，经典阅读并不具备直接与当然的重要性。经典阅读或许能够提高法官或律师论证说理与修辞写作能力，从而间接地帮助法律职业者提高职业能力和知识素养。但这些能力的培养和如此被理解的“法学”并无概念上的必然联系。从事其他行业或者职业的人也需要这样的能力和素养。在某些共和主义的政治思想传统中，“经典阅读”是一般通识教育的必要构成部分，其根本目的在于培养合格的人或公民，从而有助于他们理性温和地参与到共同体的政治治理。然而这种必要性不是来自法学教育“内部”，而是一般化的对所有人或者全体公民的要求；在一些极端的情形下，经典教育所培养出来的健全公民人格会与职业操守和职业准则(professional code)相冲突，从而造成“好人是不是好律师”的悲剧性冲突。

“法学”也可以是“问题解决之学”，指和法律实践紧密相关的对策性或学术性研究。应当说这也是对“法学”最通常的理解。比起职业训练为主的“实务之学”，“问题解决之学”的法学具有更强的学术性。这也体现在现有的法学教育中，法学研究生教育较为强调这种“问题解决之学”的训练。部门法学中研究者对立法或现有司法实践的解释学研究，或立足于解决某些社会经济问题的立法对策研究，都可以归入“问题解决之学”。

这种法学的观念尽管并不直接面对法律实务,但仍然具有很强实用特征。中国法学者们所津津乐道的“中国问题意识”大致上就对应这一法学观念。

法律学者通常将其限定于直观经验层面的“解决问题”。解决问题的方案可以来自特定法治发达国家的制度经验(如德国、日本),也可以来自高度本土化的社会科学式经验研究。当下获得极大关注的“法律教义学”和“社科法学”研究进路,尽管二者方法论上存在较大分歧,但它们却共享着同一个“问题解决”式的法学观念②。无论是法教义学还是社科法学,都不否认它们要解决现实中遭遇的具体问题,只不过前者更侧重通过对实在法展开同情而谨慎的解释来解决问题,而后者更侧重理解现实的法律过程与社会实在约束来寻求问题的解决。

在这种问题取向的学术性法学观念中,经典阅读有其必要性:在法教义学领域中可能会有典范式的国内外法学家一版再版的法律评注集或体系书(Treaties),而在社科法学领域中可能有一些优秀的立足本土经验的社会科学作品。然而,法律评注集也好,本土社会科学作品也罢,这些作品多少不同于通常意义上的“经典”。人们一般所理解的经典往往包含不凡的政治或道德洞见,发明重要的社会观念,对固有社会实践提出全新的基础性构想。所谓经典是能够构成我们的政治、道德和社会活动观念根基的那些核心文本(cardinal texts)。然而,这样的经典毕竟太远,即便与切切实实解决某个具体法律实践问题有关,这个关系也是遥远而间接的。经典的认知成本太高,对“问题解决”也并无多少裨益,以经验直观的问题解决为目标的法学显然不会也不必重视这样的经典。我们可以设想,当代的法律经济学工作者在研究某个具体问题时并不需要阅读斯密的《国富论》;而探究某个法律诉求是否能够成立的民法学家也不必到康德的法权学说中去探寻权利的最基本原理。对于问题解决的法学而言,经典不

② 有学者批评过如此被理解的问题意识“离不开借助于相关学术理论的印照,不然往往便会沦为对社会现象的简单描述和展示(就像一些调查报告那样),而无法从‘问题’中提炼出具有学术意义的‘命题’”。参见尤陈俊:《作为问题的“问题意识”》,载《探索与争鸣》2017 年第 5 期。

那么"实用",问题的解决并不需要追溯到经典作家提出的原初观念。

"价值反思之学"的法学观念和"问题解决之学"的法学观念一样立足于实践,但前者对于"实践"概念的把握来得更为深切。人是一种具备事先理性规划能力的智慧生物,人们的个人选择与社会实践背后总是受到理念或理想的支撑和引导。在这种法学观念看来:实践不同于法律实务,也不能仅仅满足于实用层面的"解决问题"。这一实践观念要求我们富有深度地去理解法律制度背后的价值和观念基础。

许多时候,在处理法律实践中的问题时,人们先要反思的是问题背后的建构性观念:为什么这个问题应当被提出来?这个问题的提问方式本身是否妥当?何为解决问题?这一法学观对法律实践品格的理解诉诸法律实践者的自我反思能力和制度选择的能动性,而这种反思能力和能动性要求实践者超越于日常的经验直观,以富有理论深度的方式来深思熟虑地考察不同实践选项的价值蕴含和选择可能性,并在此基础上来展开实践。这么说或许太过抽象,但许多看似单纯的法解释学问题都蕴含着复杂的实践反思上的价值选择难题。

例如,侵权法上"赔礼道歉是否可以以及如何强制执行"乍一看去是个简单的"怎么办"问题,即侵权人拒不赔礼道歉,法院是否可以替代履行或者施加额外的赔偿责任?③ 但经过初步的实践反思,我们会发现问题没那么简单。这个"怎么办"取决于我们对赔礼道歉的道德意义和社会意义的认识,也取决于侵权责任的规范性基础。倘若赔礼道歉在我们的社会观念和道德文化中意味着被要求道歉者道德人格的自我贬低,那么赔礼道歉的实践就值得质疑;而假如我们把赔礼道歉理解为内在于权利要求的诉求,这一诉求是为了实现难以被赔偿所涵盖的道德资格平等的价值,那么赔礼道歉就具有正当性,并应当得到国家权力的背书从而获得强有力的执行。

类似的问题还有夫妻在婚姻存续期间对外承担责任的范围与界限。

---

③ 参见张红:《不表意自由与人格权保护——以赔礼道歉民事责任为中心》,载《中国社会科学》2013 年第 7 期。

许多法学家认为现有司法解释显然对配偶不公,[4]在债务款项并未用于家庭生活共同开支的情况下,配偶平白无故承担连带责任。因此,这里“有一个问题”,并且“需要解决”。然而,这一问题是否真的存在,进而需要解决?这取决于人们如何理解婚姻的本质和价值。假如婚姻被理解为具有独立个体的财产和人身契约关系,婚姻内部成员仍然保有这种独立性,则这种连带责任式的契约条款确实是高度不公;但如果我们把婚姻和家庭理解为某种命运的共同体,而不是个体基于自我利益最大化的契约,缔结婚姻的个人是把自己的命运与他人捆绑起来以便表达共同生活、互相关切(mutual caring)的情感,则这个问题的问法本身就可能是错误的。“自己责任”的观念只适用于独立的个体,但未必能适用于家庭的内部。

与此类似的问题在法学中并不少见,许多时候,“问题”在概念上是被“理论”所搭建起来的。在解决实践问题的过程中,研究者们最后不得不面对价值论辩层面上的理论难题。法解释学上广泛流行于部门法学界的法教义学“通说”往往忽略了法律实践中价值反思的必要性。[5] 另外,社科取向的法学研究则过度迷信经验事实的规范力量,认为现实的做法可以凭空取代价值的评判。就此而言,无论是法教义学还是社科法学,都没有把握到实践的真正内涵。真正的实践品格要求实践主体在彻底反思与深思熟虑的基础上作出选择。在法学中,这种选择当然受制于制度内的形式性约束(法教义学所擅长的主题),也受制于现实中的事实约束(社科法学所擅长的主题),但这些约束并非实践的根本要点。

有人可能会提出异议,主张上述第三种“法学”的理解是“挂羊头卖狗肉”,偷换了“法学”的概念。换句话说,是拿“法理学”的概念取代了部门“法学”的概念。这种异议在中文法学界现有通行的术语使用惯例来说当然言之有理,但却也仅仅限于言辞之争。在我国的语境中,法理学是一

---

④ 最高人民法院《关于适用〈中华人民共和国婚姻法〉若干问题的解释(二)》第24条规定:“债权人就婚姻关系存续期间夫妻一方以个人名义所负债务主张权利的,应当按夫妻共同债务处理。但夫妻一方能够证明债权人与债务人明确约定为个人债务,或者能够证明属于婚姻法第十九条第三款规定情形的除外。”

⑤ 参见黄卉:《论法学通说》(又名:法条主义者宣言),载《北大法律评论》2011年第2期。

个独立的学科门类。但"法理学"和"部门法"这种学科门类划分是否能够精确契合法学学术研究本身的规律值得我们深度反省。决定法理学这门学科自身定位并将其区分于部门法的因素,并非研究的主题与对象,而是理智探究的反思深度与一般程度。对部门法中那些富有理论性实践问题的探究本身也是"法学"难以分割的一部分,甚至是最具学术典范的部分。"法学"这门学科涵盖了实用技艺之学、问题解决之学和价值反思之学,构成了一个连续的整体,大致上法学本科、硕士研究生和博士研究生阶段的训练过程也契合这三种法学的观念。这三种法学的观念相对独立,但却难以精确区分。

作为例证,英语世界法学中的"法理学"(Jurisprudence)概念除了指称我们所熟悉的法哲学、法社学会或法经济学等一般的法学基础理论之外,也可以指"法学"本身。如"沃伦法院的宪法学"(Constitutional Jurisprudence of Warren Court)这种 Jurisprudence 的常见用法就表明,法理学很大程度上就是法学的一部分,只不过,这里的"法学"指的是那种需要理论建构来面对实践的法学。而在英语世界中,富有影响力的第一流法学家,⑥毫无疑问同时也是(我们语境中的)法律理论家。第一流的部门法学家,必须在部门法的根基处进行思考,才能构建起原创性的理论和学说来。对于他们来说并不存在一门独立的"法理学"学科,因为典范式的法学研究在本然的意义上就是一种富有高度理论性的智识工作。部门法学者在遭遇难题的时候必须承担其身为学者的智识责任,回应内在于实践中的理论需求。在成熟的法学评价标准中,也只有那些富有理论抱负的学者,能从学科最根基的理论问题到浅层的制度实操上下贯通,才能使自己被法学界尊重和接纳。

---

⑥ 第一流的标准可以是不同法律领域排名前十左右的法学者,可以参见 Brian Leiter 的全美 Law School Report 排名,载 http://www. leiterrankings. com/faculty/2014 _ scholarlyimpact. shtml,最后访问日期:2017 年 6 月 4 日。

二

如此理解的法学就和标准意义上的人文社会科学领域的“经典”产生了密切的联系。法学中最核心的观念发明和概念装置,那些使我们能够对象化地把握和思考法律实践问题的基本素材都来自人文与社科领域的一般经典。接下来的问题是,经典该如何阅读?

我们的法学教育并非不重视经典,但阅读经典的成效却非常可疑。那些被阅读过的经典许多时候只不过是以装饰的方式点缀在论文的脚注中,以显得作品旁征博引、作者博闻强识。在许多阅读者心目中,伯尔曼的《法律与宗教》被压缩为“法律必须被信仰,否则它形同虚设”这句法谚式的格言。至于伯尔曼的这个论断究竟是修辞式的表达还是严格的学术论断,是来自历史事实的考察归纳还是观念探究中的概念主张,是限于西欧经验的独特文化现象还是人类社会的普遍进程?阅读者们并未有过深入的思考与辨析,更不必说细细探究伯尔曼用来支持这个主张的细致论证和针对它的可能反驳。

上述这种“要点摘编”式的阅读方式曾经流行于法学界,我称之为旁征博引的“索引式阅读”。⑦ 阅读者大量浏览并索引经典文献,但他们并不有针对性地参与经典作家对问题的细致分析,也不在理智上投身不同主张和立场之间的博弈。阅读者始终是驻足场外,冷眼旁观,只有到格言式的结论部分,阅读者才开始划抄重点并努力记忆。这种阅读方法的长期结果就是法学学术作品并不擅长观念构造繁复、论证程序冗长的复杂论证,最终导致法学这门学科本身失去学术的尊严,未能得到人文社科其

---

⑦ 笔者相信这种阅读取向多少来自一套关于学问高低标准的社会心理学。近现代以来的所谓学术大师,通常都是精通数门外国语、熟读中西经典,对于种种典故文物信手拈来的饱学之士。人文社科学界的大师往往有着百科全书级别的知识索引,熟练掌握多门古典与现代外国语,能够随心所欲地引用各种古今中外的古典与现代作品。在这样的学问观之下,海量索引知识和旁征博引就成了人文社科学术工作者的终极追求。这一心理同样也潜移默化地影响了法学研究者和学习者。

他从业者的足够尊重。

从另一方面说，如此被理解的经典作品恐怕也无助于我们更好地在法学中进行实践反思。上述的索引式阅读致命之处在于两点：其一，它不鼓励读者投身(engage)经典作家论证或说理过程；其二，它往往直接截取结论和论断，而忽略了经典文本真正具有重要性的论证策略和说理方案。最终，法学者丧失了理论创新的能力，其典型表现就是当被问及一个理论问题的看法时，我们往往习惯于回答"萨维尼是这么看的""德沃金是这么认为的"；至于萨维尼的看法是否能够得到辩护，德沃金所持的主张能否成立，我们放弃了主体性的态度，也丧失了反思批判的能力。

为了矫正这两个致命错误，经典文本的妥当"打开方式"更应当强调论证和说理的明晰化，鼓励阅读者通过严格检验论证说理前提、有序地推演推理步骤来学会如何以第一人称"我"去直接面对问题。我们不妨将这种阅读方法称作理智投身式的"反思性阅读"。这一进路将更多的智力资源投入到对文本中蕴含论证思路的挖掘，而不是记忆式地索引现成的理论命题。它提倡"面对事情本身"的思考，而不拘泥于文本本身。[⑧]

三

经典文本之所以为经典，并非因为文本本身思路严谨致密或天衣无缝；相反，经典文本时而可能会有些模糊与混乱，甚至有纰漏与疏忽。经典作品真正的价值在于它提供了某种来自久远时代的"理论好奇"，这种好奇源于另外一套道德与政治生活方式或基本观念，使我们能够摆脱当下的文化性框架，"跳出来"看问题，以一种理论反思的或人类学同情的方式在根基处来重新认识自我与社会。就如罗尔斯所一贯主张的，当代读者在阅读政治、道德与法律领域经典作品时，也必须以最富同情心的方式去复原和重构他们的观念预设、论证方案、推理过程；也唯有此，通过亦步

---

⑧ 极端地说，这一阅读进路甚至可以出于整体论证明晰性的考虑在细节上修正原作者的说者意义(speaker's meaning)或客观的文本意义(textual meaning)。

亦趋的重构和模仿,方可建立起读者自身面对事情本身的论证能力与概念资源调动能力。

当然,上面这些对经典阅读方法论的讨论对“经典”本身的概念提出了一些不同于标准理解的扩大化修正:

其一,经典的概念恐怕并不限于西方。本国古代观念资源和制度资源同样具有高度的文明原创性和理论深度,理当获得一视同仁的对待。法律相关的社会实践及其观念具有历史延续性,那些构成了我们民族独特生活方式的传统观念与制度实践就因此具有了实践上的重要性。《墨子》《荀子》这一类古典作品,其理智运用的水准、论证的严格性,即便与当代作品相比也不遑多让。

其二,为了更好地建立法学研究者的实践反思能力,我们也得适当引入一些当代学者的经典作品,而不仅仅将经典限定于已逝的近现代作家或古代思想家。当代经典理论作品在阅读难度上远低于近代或古代经典。这些作品往往“所见即所得”,论证推理的步骤清晰而详尽地直接展现在文本的结构和内容中。在不损害理论深度的同时,这些当代经典的作品要友好得多。尤其值得重视的是近半个世纪以来在英语世界积累起来的分析风格法理学,因为其论证推理的形式化和明晰化程度较高,更便于当代研究者入门。

四、结语

法学的实践品格在根本上来自政治与道德共同体的自我实践反思,而我们需要发掘和深化自身所处时代的根本道德关切与社会想象。当代中国法学要在理智上成熟,必须超越简单实用的比较法式制度借鉴去挖掘制度背后的根本理据,发明富有深度的观念和理论。要实现这个智识抱负,承担这代法学者的历史责任,经典阅读毫无疑问是必由之路。

The Practical Character of Law and Classics Reading

Wang Linghao

Abstract: The ignorance of classics has crippled our legal scholarship. Legal scholarship is neither a standard social science nor typical humanity, but in general, lawyers agree that law is a practice-oriented discipline. According to three different conceptions of "practice" in law, the concept of law as a discipline can be further divided into "practical skill set of the legal practitioners", "problem-solving oriented research" and "reflections of practical values". The practical skill set of the legal practitioners has nothing to do with reading classics. Problem-solving oriented research does not need classics. And reflections of practical values in law are highly dependent on the classics. These three conceptions of law as a discipline are relatively independent but related with each other – together they constitute the subject of law. Among the three conceptions, however, legal study as reflections of practical values can best reflect law's practice character and therefore make the paradigmatic case of legal study. To be intellectually mature and sophisticated, Chinese legal scholarship must go beyond the simple model of comparative law and reflect upon underlying rationales behind particular legal institutions. It requires legal scholars to engage critically with the ancient and modern classics and abolish indexation method of reading, and tum to explone the facts and engage in reasonable "retrospective reading".

Key Words: the practical character of law, classics reading, reading as indexation, reading as critical engagement

法理学教学中的经典阅读：问题、意义与改革*

杨　建

摘　要：知识生产的不同方式对应着不同属性的理论类型。某种流行的知识生产方式往往容易产生对其他知识生产方式的压制乃至否定。在法理学教学中便表现为，老师与学生拒斥纯理论的研究，更喜好应用型、对策型的研究，反对乃至否定概念性、纯分析性的研究，在此潮流之中，经典阅读也就变得越来越不重要。这样的处理方式既不能得到证成，在认知和实践的维度也滋生了诸多的混淆与危害。经典阅读既关乎如何做一个好的理论研究，也关乎如何过一个好的生活。对于在法理学教学中倡导经典阅读来说，需注意经典阅读的范围、限度与方法。

关键词：法理学教学　经典阅读　意义　方法

一、问题

在法理学领域，我们大致可以在方法上将学问区

* 本文受江苏高校优势学科建设工程项目（PAPD）的资助，南京师范大学高等教育教学改革课题《法学课堂"博雅化"研究及应用》（项目编号：NSD 2015JG90557）的阶段性成果。

分为实证性的研究与规范性的研究。①

实证性的研究进路主张(客观)知识的产生和取得依赖于对经验事实的观察、收集、描述和解释;规范性的研究进路聚焦的则是对基本准则、原理、价值的探究,认为知识的取得可以不依赖于经验,能够通过理性(逻辑)的运用加以把握,并基于这个基本准则或价值展开对对象的定性、分析和评价。

这两种不同的学术进路似乎培育出不一样的学术品格与偏好。实证性的进路聚焦在"把握真实的世界"上,重点在于理解真实世界的复杂性或合理性,理解之后,虽然并不必然,却往往于实践中生发出接受这种复杂性或合理性的倾向。在这个"真实"的支撑和"接受"倾向的支配下,为现实进行辩护,或者为达到某个更好的结果所采取的必要手段进行辩护,或者在某种实践境况中抽身,对此类实践境况中的种种遭遇漠不关心或保持客观中立,就是一个很"自然"的学术选择。这样的学术品格与偏好在不同的语境中被贴上诸如实用主义、现实主义等标签,尽管存在概念指涉准确与否的争论,但总的来说这个进路的特征要么是实在的,要么是建设性的,要么强调的是稳固与安定。

与实证性进路的建设性相反,规范性进路的学术品格与偏好可以表达为证立性和批判性。规范性的进路聚焦在"理想的世界"上,重点在于对应然命题、价值命题进行证立/澄清,或者运用应然命题或价值命题对"真实的世界"展开分析和批判。但规范性进路强调的证立和批判,要么不能紧扣或直面现实世界中具有急迫性的议题,要么无力或无意解决现实世界中的急迫性议题,因此被指责为空谈或无用。在这个背景之下,法理学、政治哲学等领域中,纷纷掀起一股反对纯粹理论研究、质疑理想理论论述的潮流。② 学术界的理论分工和分布也流露出实证性的研究占据主流、规范性的研究逐渐式微的趋势。

---

① 实证性的研究在知识论上偏向于经验主义的立场;规范性的研究在认识论上大多偏重于理性主义的立场。尽管在不同的语境之下,它们各自可以有着不同的指涉。一个可作补充的介绍可参见阎小骏:《当代政治学十讲》,香港中文大学出版社2016年版,第13～15页。

② 参见杨建:《理想理论与非理想理论之争——以罗尔斯的规范理论为中心》,载《南京大学法律评论》2016年第2期。

如果说在法理学领域,实证性研究与规范性研究本来有着自然的理论生态分布,近年来这一理论生态分布遭遇到越来越多非自然的干预和介入,规范性的研究面临着比以往大得多的经济压力、理论压力乃至行政压力。这里主要讨论理论压力。理论压力的意思是说,规范性研究本身面临了正当性的质疑和挑战。譬如说,自2005年前后开始,英美学界集中了一批学者讨论规范理论的实践品性。其中很多学者认为,无法指导和解答现实政治生活中的实践困境的理论,根本不应该被称为政治理论;③没有行动规范性的规范理论毫无意义;④以及致力于论述应然命题的理想理论并不像其主张的那样能够具有什么实际的效用。⑤ 这批学者一致反对抽象的、理想的规范理论,主张要做能够指导实践、改变实践的政治、法律理论。由此产生的理论争议就是非常著名的规范理论或说理想理论之争。

当今世界还是有不少学者为规范理论研究的意义作出了精彩的辩护,⑥这里暂且按下不表。笔者想指出的是,之所以这个问题与我们的主题相关,是因为上述规范理论研究面临的挑战,事实上追问的是法理学研究的基本方法:我们致力于投身的究竟是一个描述性的事业(描述性法理学、实证性法理学),还是规范性的事业(规范法理学、理论法理学)?这种对法理学研究方法的追问必然会延续到在法理学教学中来:我们是灌输给学生法理学领域的基本概念和原理,传递给他们具体的"知识"、事实和答案就够了,还是要致力于培养他们分析问题的视角和办法,进而训练他们展开论证与批判的能力与习惯?法理学的教育是旨在塑造可以运用法律的工匠还是在法学思维的熏陶中能够恪守法律人共同体核心价值的自由而高贵的灵魂?这些有关法理学教育的基本命题的争论可以集中起来通过一个很好的切入点得到审视与检答。这个切入点即如何看待法理

---

③ See Charles W. Mills, "'Ideal Theory' as Ideology", *Hypatia* 20, No. 3, 2005.

④ See Geoffrey Brennan, Philip Pettit, "The Feasibility Issue", in Frank Jackson, Michael Smith (eds.), *The Oxford Handbook of Contemporary Philosophy*, New York, Oxford University Press, 2005, pp. 251 – 261.

⑤ See Amartya Sen, "What Do We Want from a Theory of Justice?", *Journal of Philosophy* 103, (2006).

⑥ See Zofia Stemplowska, Adam Swift, "*Ideal and Nonideal Theory*", in David Estlund (eds.), *The Oxford Handbook of Political Philosophy*, New York, Oxford University Press, 2012.

学教育中的经典阅读,以及要不要重视和开展经典阅读。如果应然命题和价值问题的研究因为没有直面具体问题,或者不能解决实践困境因此没有存在的必要,那么同样的逻辑之下,我们似乎也找不到花费大量的时间去投入几乎看不到产出的经典阅读的理由。在这个以成果和贡献称王的时代,为什么还要阅读经典?如果不阅读经典,我们与学生一样可以发表高质量的文章,甚至可以更快地推进我们的学习,那我们为什么要去做这件看似没有"好处"的事情?这个问题既有趣也重要,对它的回答不仅能增进对我们所投身的法理学教育这门事业的理解,还能提升我们成功攀登法理学高峰的可能。⑦

二、意义

与为什么要阅读经典相关的一个问题是:何为经典?⑧ 尽管对于经典的理解与认定存在着众多的标准与分歧,笔者认为,我们还是可以为经典找到一些共同的特征,并尝试为其下一个定义。

根据词义,经典共享了以下几个特征或说属性。(1)"经典"的书往往具有较高的知名度,为某一领域的学者乃至公众所熟识(尽管不一定读过),即经典的书一般来说是比较著名的著作。我们往往有这样的经验,在求学的过程中也许还没有读过《论自由》《法理学的范围》《法律的概念》等,但我们通常会知道它们是法学领域的经典。(2)经典著作之所以经典,在于经典著作仅仅只读一遍是不够的,它值得精读、句读、反复地阅读(尽管不一定需要复读时间上的连续性),也经得起反复地阅读,随着时

---

⑦ 牛津大学出版社在帕菲特(Derek Parfit)教授刚过世(2017年1月)不久,便出版了他的巨著《论重要之事》(*On What Matters*)的第三卷。这套丛书在出版之前,被帕菲特教授命名为《攀登山峰》(*Climbing the Mountain*),这座"山峰"其实就是真理的代名词。帕菲特教授有言,不同理论立场和进路的学者均致力于登顶,只不过"这些人是从不同的侧面攀登同一座山峰"而已。法理学的研究当然也志在攀登真理的高峰。本文想说明的是,在法理学的研究者们登顶的过程中,研读法理学的经典是法理学教育、研究中的"重要之事"。

⑧ 需要补充交代的是,本文所论述的经典主要指向的是法理学领域。

间的推移、经验的积累,在不同的实践情境之下复读经典还能带来新的感悟和体会。所以对于学习法理学的人来说,读过《论自由》是不够的,基于精读或句读,研习者对《论自由》掌握到什么程度才是更为紧要的。(3)经典著作,也意味着它与研究者当下的生活往往并不是直接相关的,甚至是"毫无关联"的。换言之,阅读经典并不能解决研究者们现实生活中的具体问题,没有办法成为我们的行动手册或应用指南。这些目标也不是我们(需要)阅读经典的理由。经验地看,在很多时候,不少研习者曾经抱持功利的心态和目标对待经典,最后招致的却往往是既没能进入经典、经典也没有进入生活的落空感。(4)经典著作之所以经典还在于,它具有时间上的延展性,几百年之前的人们就在阅读它们,现时代的人们仍然需要阅读它们,在我们之后几百年的人们还会继续阅读它们。也正因如此,纽约大学法学院将刚刚过世不久的德沃金教授(Ronald Dworkin)的许多著作——诸如《认真对待权利》(*Taking Rights Seriously*)、《法律帝国》(*Law's Empire*)等称作经典,因为在他们看来,两百年之后的人们依然需要阅读它们。⑨

倘若上述对经典特征的归纳是可以被接受的,与阅读经典的必要性相关的一个疑问便是,在法理学的教学中,如何向学生解释,为什么上一代人阅读过的著作我们还要继续读,特别是在上一代人极可能比我们读得更透彻的情况下?比如说,《论自由》是法哲学领域的经典著作,斯坦福大学的乔治·凯特卜教授(George Kateb)对密尔(John S. Mill)的《论自由》作出了权威的解读,我们为什么不可以直接阅读凯特卜的解读以作为对密尔这本书的认识?换言之,解读经典的著作为什么不能代替对经典的阅读?类似的问题还有:既然约翰·罗尔斯(John Rawls)已经写出了经典著作《正义论》,我们穷极一生也达不到他的水平的话,为什么还要继续探索正义的概念与原则?我们如何说服自己这样的"重复劳动"不是在浪费我们的生命,而是有意义的?

法理学研习者们很多时候都面临过这样的拷问,甚至经典阅读得越多这样的拷问就越频繁而直接。这些拷问也困扰过笔者很长时间,甚至

⑨ See "In Memoriam: Ronald Dworkin", http://www.law.nyu.edu/news/ronald_dworkin_memoriam, Accessed June 2, 2017.

不断地进行“意义消解”的追问，不过在我看来是很重要的。对于从事法理学教育的同道们以及有此疑问的学生们来说，这样的“重复劳动”的意义就在于，上一代人回答过的追问我们这代人仍然需要面对和回答。凯特卜通过阅读密尔的著作获得了他关于自由的理解和认识，这些阅读和反思构成了他的成长，可是，他的成长并不能够直接变成或替代我们自己的成长。生活在这个时代的我们仍然需要回答自由的追问，仍然需要通过阅读密尔，通过理解和反思他对于自由问题的经典论述来完成我们的成长。每一代人之所以还要重复上一代人已经做过的工作，部分原因在于，这一代人需要在新的时空背景之下面对那些仍然拷问着他们的问题，给出自己的答案。而经典的重要性就在于，它要么开创性地提出了这些问题，要么对这些永恒的追问给出了最具启示性的答案，要么提供了分析和解答这些追问的方法与基本框架。换言之，经典之所以不可替代，部分原因在于，它能够帮助这一代人理解某一个问题何以产生、如何产生、涉及哪些重要的方面、可以怎样加以分析和回应等一系列最基本的问题，并且为这些问题的理解提供了持续性的资源和营养。也正是基于经典的这些属性，不同代际、不同种族、不同阶层和立场的人们就基本议题的争论可以有一个共同的起点和约束。在这个意义上，我们甚至可以说，经典的阅读构成了当代人成长、理解和沟通的最具质量和生命力的途径。

在上述这个对经典阅读的必要性的说明之外，对于投身法理学教育的同仁们以及研习法理学、对法理学感兴趣的学生们来说，理解经典阅读何以是法理学研究中的“重要之事”还有整体性的意义。概括地说，这个整体的意义体现在，经典阅读不仅对于过一个好的生活来说是重要的，对于如何做一个好的理论研究来说也是重要的。这里先谈对于好的生活的意义。

经典阅读提升了我们过一个好的生活、成为一个更好的自己的可能性。我们在前面讲过，经典著作与我们当下的生活不是直接相关的，无法解决我们生活中的具体问题，不会成为我们日常生活中的行动指南。那何以经典阅读与一个好的生活相关？它在何种意义上提升了我们过一个好的生活的可能性？经验的观察不难发现，阅读经典并不会减少或降低生活所投射给我们的困难的规模和程度，甚至在阅读经典之后，本来不成其为问题的问题却成了我们的阿喀琉斯之踵。譬如说，精读《论自由》并不会降低我们买房的压力，却极有可能让我们开始在乎本来不太在意的表达自由，因而对现实生活中存在的对表达的诸多限制越发难以容忍。如果对阅读经典抱有以上的期待，或者因为阅读经典可能导致的“麻烦”而拒绝经典，我们就误解了经典阅读的性质和意义。

经典阅读与好的生活之间的联结不在于上述实用性的面向。经典阅读对于好的生活的价值在于以下五点。(1)它以对真理的追求和对一般价值的探索增进了我们对何为“一个好的生活”的理解。它提高了我们意识到“好的生活”是一个重要的伦理问题与道德问题的可能性，进而促进我们明白“好的生活”之好不只在于功利性的面向，或者说功利性的面向对于一个好的生活来说不是最重要的，至少不是“好的生活”的充分条件。(2)此外，经典还能够告诉法理学的研究者们，生活中困扰着我们的问题也曾经困扰着这些才华卓越的大家们。他们的挣扎和思索不仅可以给予我们慰藉，降低我们的孤独感、被排斥感，还能增进我们对人的一般境况的理解，从而帮助我们更好地面对人的生活的复杂性以及这种复杂性所对应的多种可能性。(3)经典作家面对类似困境的思考和回应还可能以一种（对我们来说是）新的方式来解答我们的困惑，增强我们面对这些问题的勇气，坚定我们在困难的时境中仍要坚持做“正确之事”的原则与立场，或为我们处理这些问题指出可能的方向或者确定一个可供着手的基础。(4)也是在阅读经典所产生的这种共鸣、警醒、振奋的过程中，经典作家阐述困境的方式、呈现和分析问题的视角、回应争议的方法以及对自我主张的论证等，无论是对于我们理解自己遭遇的问题，还是与议题的相关方就这些问题展开对话，又或者是寻求分歧的消弭、协作的增进等，均树立了或正或反的榜样，促使我们发现并理解，日常生活中弥漫的那些先入为主的观念、非此即彼的二元化思维、以道德判断/价值偏好代替事实观察的冲动、以己度人的习惯等都是需要革除的陋习。(5)进而，在可能由经典阅读所展开的我们与经典作者的对话中，我们经由与作者基于阅读体验所产生的联结重新理解、定义和塑造着我们自己——一个更好的自己。

再说对于理论研究的意义。就理论研究而言,经典阅读的重要性可以通过模板、方法、空间、实践反思四个维度来加以把握。

(1)对于以法理学研究作为志业的同人们和学生们来说,无论是新进还是先进,在知识研习、反思与再创造的过程中,一个首要的疑问通常围绕着"何为好的理论"展开。就"何为好的法学理论"来说,经典往往作出了最佳的诠释。它们是好的理论的model,通过经典我们得以了解理论最佳化的样态,进而它们也成为我们这些科研工作者们的ideal,凡致力于追求真相和真知的人,莫不以自己的论述成为新的经典为理想和目标。所以,如果我们想要了解一个好的法学理论是怎样的,我们可以翻阅《论自由》、翻阅《法理学的范围》。在这个层面上,这些经典提供给我们第一流的学问和第一流的著作的样板。

(2)就如何具体做一个好的理论研究而言,经典也具有重要的作用。熟悉法哲学的读者大多都会同意,20世纪法哲学领域公认的最重要的经典著作之一是英国法哲学家哈特(H. L. A. Hart)撰写的《法律的概念》(*The Concept of Law*)。研读《法律的概念》的意义之一是它可以帮助我们很好地掌握如何做一个好的理论的方法。就法学理论的建构来说,哈特的理论建立在奥斯丁(John Austin)理论的基础之上。他是如何面对他之前的同样作为经典的奥斯丁理论的?他是怎样在以往学界对奥斯丁理论研究所形成的语境和脉络中重新开发出新的问题的?他又是以怎样的方式分析这个问题进而论证自己的主张的?阅读《法律的概念》,哈特极为详尽地展现了他理论建构的方法论。哈特对奥斯丁法律命令理论的重述、分析和批判以及在此基础上展开的对法律性质的论证向我们展示了他对议题的问题化、陌生化,也呈现了他分析论证的框架和路径。[10] 同样,哈特的后来者与继承人德沃金也是如此。德沃金的理论也是建立在经典著作的基础之上,他对哈特理论的批判和自我的理论建构同样展示了一整套极好地如何发展法律理论的方法。这些经典的存在,使我们能够理解什么是一个好的理论,以及如何做一个好的理论。

---

⑩ 参见[英]H. L. A. 哈特:《法律的概念》,许家馨、李冠宜译,法律出版社2006年版。

(3)经典对于法理学的意义还体现在空间的维度。说空间的维度的意思是指,经典向我们展示了法学理论创新的空间与可能性。在法理学研究的任何领域,经典不仅没有穷尽创新的可能,相反它本身即这种可能性的表征。还是以密尔的《论自由》为例,被《泰晤士报》称为20世纪最重要的哲学家的威廉姆斯(Bernard Williams)在他的名著《真理与真诚》(*Truth and Truthfulness*)中发展了对《论自由》的一个著名的批判。密尔捍卫言论自由的重要性的理由之一是认为,对于言论自由的坚决捍卫将有利于我们实现对真理的追求。但在威廉姆斯看来,这种对于言论自由与真理之间关系的理解是错误的,密尔过于乐观地建立了两者之间的正向联系,事实上言论的自由并不必然有利于真理的实现。[11] 威廉姆斯的这一批判有力又不乏见地,甚至还能得到历史与经验的佐证。但即使如此,如果我们了解到英国伦敦大学学院罗森(Frederick Rosen)教授后续的理论发展,我们便能对言论自由与真理之间的关系保有更为充分的认识。罗森通过重新梳理和阐述密尔的理论指出,密尔同时强调了真理、言论自由与逻辑的重要性。事实上,在密尔的理论体系中,担保着真理的追求和实现的是逻辑的力量;言论自由并不能确保一定实现真理,其对于真理的重要性在于,有了言论自由,真理的实现便是可能的。用他的原话来说即Liberty keeps truth alive。[12] 所以,在罗森看来,威廉姆斯对密尔的理论发展与批判是不成立的。对于法理研习者们来说,究竟是更认同威廉姆斯的批判还是罗森的辩护并不是最重要的;重要的是,对经典的多元解读告诉我们,经典开放出了理论创新的空间,并期待着我们自己的理论反思与发展。

(4)经典阅读对于法理学的重要性还在于,它凸显了法理学教育在认识论上和反思批判性上的意义。可以这样说,经典阅读构成了法理学教育的一个重要组成部分。前已述及,经典阅读不具有现实主义维度上的实践意义:无法直接改变世界,也不能成为具体的行动指南,但经典在法

---

[11] See Bernard Williams, *Truth and Truthfulness: An Essay in Genealogy*, Princeton, Princeton University Press, 2002, pp. 211 - 212.

[12] See Frederick Rosen, *Mill*, New York, Oxford University Press, 2013, pp. 31 - 35.

理学教育中仍然具有存在的必要性与重要性。这里额外提供的一个理由是,认为阅读法理经典无用的人忽视了经典阅读以及法理学在认识论与反思批判上的意义。我们可以想象存在这样一个国家,其高度集权、高度腐败、贫富悬殊、极不公正,但是权贵阶层运用胡萝卜与大棒牢牢维系着统治,近期之内法治变革、人权保障几无可能。在这种情境中,再多的经典也许都无法给我们提供有效的分析与应对。假使身处在这种境况之下,我们是不是可以确定地认为更没有必要去阅读经典,去理解何为正义、自由、人权或法治了?我们的道德直觉可能会倾向于给出截然相反的答案。原因就在于,经典阅读和法理研究的部分意义是认识性的:不管事实如何,不管在现实的情境中有无实现的可能性,作为有着好奇心与求知欲以及正当性追问的人来说,都要探究有关正义的道德真理。这种探究不仅能在认知的层面上使我们把握正确的道德概念,并且能够帮助我们对形形色色的"理论研究"和"实践主张"展开筛选、评价与批判。从这个角度看,这也是看似抽象、看似不接地气、看似无用的纯粹理论探究仍然具有意义的一个重要原因。

三、出路

尽管经典阅读对于教育与研究很重要,但倘若持有某种"经典阅读万能论",或者将经典阅读直接等同于法理学教育,则是错误的。构成经典阅读重要性的一个必然面向是对经典阅读重要性的限定。这个问题与如何在法理学教育中推进经典阅读紧密相关,因此构成本文论述的独立的一个部分。它至少包括以下三个方面。

首先,经典阅读的重要性并不意味着所有的学生、学者、民众都要去阅读经典,经典阅读不是世俗生活的必需,也不是法理学教育的唯一。回应生活的拷问、反思生活的意义、推进法理研究的方式有很多种,尽管本文中的论述主张,对经典的阅读是其中最具质量和品质的方式之一,但我们无法也不应苛责那些基于各种原因不选择这一方式的人们。对经典的研习和运用还能够告诉我们，这是他们的自由。其实，经典的重要与阅读它的人数的多寡没有必然的关联，经典的重要也不构成阅读经典的必需。对法理研究而言，确实可以做到在不借助经典的情况下在当代的学术文献中对相关的学术议题展开研究。这里的讨论意图指出的是，在世俗生活中和大学的研习生活中，倘若基于敬畏的动因或者被迫去阅读经典，那是对经典的误解，也是错误的阅读经典的方式。经典阅读应当是一种自主的、自由的阅读。

其次，纵使我们是基于自主、自由的动因去阅读经典，我们也不应持有力图“穷尽经典”的目标，这是法理学研究中的大忌。换言之，特别是在法理学教育中，经典阅读需要规划和筛选。泛泛而谈的话，经典太多了：文学有文学中的经典，历史学有历史学中的经典，法学有法学中的经典。就以法学中的经典来说，还可以分成部门法学中的经典、法学理论中的经典；法学理论中的经典又可以进一步细分成不同学派中的经典，更不用说不同学派中的法理经典还有古今中外之别。而每一位研习者的生活特别是学术生活却是极其有限的，这必然要求我们对经典进行取舍。这种对法理经典的取舍取决于我们对各自志业的思考和规划，取决于我们各自的性情和学术偏好，也取决于兴趣、时机、师承等偶然的因素。有意识地选择“属于”自己的经典，努力对经典有所取舍是在法理学研究中展开经典阅读和持续进行经典阅读的很重要的条件之一，也是法理教育与研究能否卓有成效的关键之处。

最后，在法理学的教育与研究中，自主的经典阅读和有规划的经典阅读之外，还需要阅读经典的方法的正确性和有效性。经典阅读是有门槛的，从事法理研究的同人们都不陌生，法理学领域的很多经典是艰涩、困难的，乃至可以说它对初学者极不友善。因此，如何在法理学研究中阅读经典便成为能否实现经典阅读的关键。就经典阅读的方法而言，尽管上文一再强调，对解读经典的权威性的二手文献的阅读不应代替对经典文本的直接阅读，但对于接近、理解和反思经典来说，权威性的二手文献是法理学研究的一个很重要的路径。它不仅可以帮助我们理解经典说了什么，还能带领我们思考经典说得怎么样以及为什么这样说等问题。举例来说，上文提及的凯特卜、威廉姆斯、罗森等资深学者撰写的二手资料以及一些通识性的权威读本就不失为我们接近和理解密尔的自由理论的有效途径。当然，正确的经典阅读并不是说存在唯一正确或有效的阅读经典的方法，毋宁是说对于法理学而言，阅读经典有着其特定的基准。这个基准的内容除了上述权威文献的辅助之外还包括，在法理学研习中对经典的阅读最好是原典阅读。也就是说，如果经典不是用我们的母语创作的，我们应当致力于直接阅读第一手的外文文本。此外，有效的经典阅读离不开法理同道间自由的对话和讨论，离不开批判性阅读的训练与应用，离不开以写作为载体的思考以及重述经典的进程。

四、实践

笔者在上述论述的基础之上，对于如何在法理学教学中推进经典阅读做了一些试点与实验，归纳出以下几个初见成效的经典阅读的实施方案。这里略作简要的总结。

1. 重塑法理学教学课堂的组织形式。笔者所在的高校原有的法理学教育一般以班级为自然单位，这是一种整体论的教育模式，不再对班级内部作出划分，这样延续自然班级的组织形式特别是在经典研读的推进中存在一些问题：不容易把握学生的阅读情况，不利于调动学生阅读的积极性，影响经典研讨的主动氛围，经典阅读便会流于形式。一个有效的改革便是对这种整体性的讲授模式作出划分，即将一个自然班划分为若干小组。以一个50人的班级为例，比较好的方法是将这50人划分为7～8个小组，以小组为单位进行阅读、讨论和完成课后的交流和书面总结。实践中笔者发现，需要注意的是，阅读小组的划分应当以陌生人组合为优先原则，即小组的组成中大多数成员应当是熟识度不高的男同学与女同学，在陌生人组合的基础上确保性别上的均衡。这样的小组划分产生的成效最为显著。

2. 问题意识主导型的分段化阅读与随堂讨论。法理学教学中推进经典阅读的第二点改革便是打破唯教材论、唯教师论的课堂格局，而且对一部经典的阅读以及讨论均确立一个“几步走”的分解策略。亦即首先明确这一经典著作处理的核心议题背后的问题意识,而问题意识的明确需要每个小组以组为单位进行陈述;其次是面对这个问题意识,该经典梳理了可能存在的哪几种理论方案,以及对经典中梳理的这几种理论方案优缺点的分析,同样还是以小组为单位讨论每一种理论方案的论证结构及其不足;再次回到经典本身的立场和论证上来,以小组为单位精炼出经典著作的论证框架、概念预设和结论,并加以梳理和检讨;最后在上述工作的基础上给出小组自己的批判意见与解决方案,而小组批判与建构的确立需要满足的一个额外要求便是,该方案的提出必须建立在对学界已有研究的基础之上,这样的要求便有效保障了自主性阅读的实现。

3. 公平、透明的考核。与前述两点紧密相关的便是经典阅读的激励机制。它在法理学教学中表现为最后考核结果的公正性,并有力地决定了前述两种改革的可持续性。考核结果的公平性必须以公开、透明为前提,要做到这一点必须在课程的一开始就明确确立经典阅读的考核原则与具体划分。对考核准则的具体细化需要满足以下三点的要求:一是以鼓励课堂发言为基线,对课堂发言确立一套合理登记、评级的机制,并做好可供回查的记录;二是以鼓励阅读为基线,对经典文献的阅读确立一套合理登记、评级的机制;三是以鼓励小组合作为基线,对小组每周课外的讨论、协作也确立一套登记、评级的机制。须确保上述三个机制的积分占总评分的比例不低于50%,这样的结果激励机制便能有效地确立起来。

当然,上述的三个举措只是法理学教学中推进经典阅读的初步尝试,对于本科阶段推进经典阅读,还需要结合具体的学校、班级和情景作出具体的改变。此外,基于经典阅读实验的结果,还有一些配套的策略可以综合地运用。比如:小组的划分可以采取轮流组长制,组员的得分取决于小组的表现,并且对组长进行加权评分;以小组为单位组建读书小组,并引导组与组之间的合作与竞争;法理学的教学中还可以加入英语文献翻译的内容,以节和段的翻译带动阅读;在法理学的指定教材之外,引入几本西方常青藤名校的课程教材和阅读书目作为参照材料等。

卡尔维诺(Italo Calvino)有言,在匆忙、务实的时代还能阅读经典的人，是一些被祝福了的灵魂（some blessed soul）。[13] 如果说大学区别于职业技术培训学院的关键之处在于，大学不是着眼于工匠的技艺而是自由的技艺的话，旨在培育的是"自由而无用"的灵魂的话，那么，无论是对于大学生来说，还是执掌教鞭的科研工作者们来说，经典都是我们不应错过的征程，是打开我们的生活的好的方式。

Classics Reading in Jurisprudence Education: Issues, Significances and Remolding

Yang Jian

Abstract: Different ways of knowledge producing generate different types of theories. Usually one prevailing way suppresses others and even denies their justification. In legal education it appears as the refusal of conceptual and analytical theory research by teachers and students and the acceptance of applied and practical research. The necessity and significance of classics reading in the research is denied and disclaimed. In such a trend, classics reading is becoming less and less important. The research methods can neither be effectively proved nor prevent the misconceptions and contamination of the students' cognitions and practice. Classics reading does not only concern the appropriate way of conducting theoretical research, but also relates about the way of leading an appropriate life. In the promotion of classics reading in jurisprudence teaching, the scope, limits and methods of the reading should be closely paid attention to.

Key Words: jurisprudence teaching, classics reading, significances, methods

---

⑬ See Italo Calvino, *Why read the classics*, accessed June 1, 2017, https://www.nybooks.com/articles/1986/10/09/why-read-the-classics/.

公法经典阅读训练与卓越法律人才培养

常　安　李德旺

摘　要：调整当前的以“司法面向”为主的法学教学模式，才能跨越单一化、低层次的人才培养机制和课程安排，促使学生在本科阶段形成应用性的能力和复合型的知识结构，成为真正的卓越层次的法律人才。公法在一国国家治理中具有举足轻重的地位，在卓越法律人才培养计划中带领学生进行公法经典阅读训练就是旨在通过对公法经典著作的阅读引导学生思考公法学的经典命题和现实国家治理难题。公法经典著作阅读训练，强调对教学学术目标的拔高，使学生经过阅读训练后达到更高水平的期望值。这也符合卓越法律人才教育乃至依法治国背景下对于法科学生之应用复合型知识结构的要求。

关键词：公法经典　法学教育　司法面向　国家治理　卓越法律人才

引　言

“卓越法律人才培养计划”是对传统法学教育的一次重大变革，旨在加强课程改革，优化传统理论课程体系，着力探索理论课程和实践课程的结构耦合，不断提升学生理论、实践和创新三者有机统一的专业法律人才培养体系。如何对传统理论课程进行创新性改革，为法律人才成长夯实法学理论基础，是卓越法律人才培养中的一项重大课题。

学界关于高校法学院法学教育的“司法中心主义”问题的争鸣向来已久。①

“现行法学院教育中突显司法中心主义，集中反映在法学教育中以培养司法人才为目标，制定培养方案，组织教学资源、选取培养方式方法和确立考核评价机制”，②法学教育的司法面向几乎占据了本科学生的极大部分，试图以四年的法律教育培养出毕业便能进行法律实务操作的人才，经过现实证明，其结果并不乐观。多年以来，很多法学专业的本科生毕业时，“拿到一个具体案件（哪怕一个非常简单的案件）时常常手足无措，最常见的就是将自己仍然基于普通人的公平感而获得的粗浅结论，包装在似乎‘从天而降’的法律概念（而非现实的法律制度）之中，却没有掌握分析案例的结构、思路。面对一个抽象法条或者一个理论命题时，只能拼命地在记忆中寻找书本知识，如果还幸运地记得，就开始复述。希望其加以进一步解释时（包括提示了需要解释的问题时），则茫然无措，或者只能凭感觉谈自己的‘观点’。至于理由，大体上就是感觉本身，或者祭起‘基本

① 相关争论主要围绕“法律职业教育还是通识教育”、“法律精英主义还是法律大众主义”以及“法律教育单一培养目标还是多重目标”等法学教育的核心问题展开。诸如方流芳：《中国法学教育观察》，载《比较法研究》1996 年第 2 期；方流芳：《追问法学教育》，载《中国法学》2008 年第 6 期；何美欢：《论当代中国的普通法教育》，中国政法大学出版社 2005 年版；何美欢：《理想的专业法学教育》，载《清华法学》2006 年第 3 期；李道刚：《中国法学教育之反思与改革设想》，载《当代法学》2009 年第 4 期；梁开银：《法律思维：法学教育与司法考试的契合点——论法学教育与司法考试的互动与改良》，载《法学评论》2011 年第 4 期；蒋志如：《中国法学教育的双输?!》，载李琦主编：《厦门大学法律评论》（2010 年卷 · 总第十八辑），厦门大学出版社 2011 年版；葛云松：《法学教育的理想》，载《中外法学》2014 年第 2 期；黄进：《如何办好中国特色社会主义法学教育》，载《中国高教研究》2016 年第 7 期；邓世豹：《超越司法中心主义——面向全面实施依法治国的法治人才培养》，载《法学评论》2016 年第 4 期。

② 邓世豹：《超越司法中心主义——面向全面实施依法治国的法治人才培养》，载《法学评论》2016 年第 4 期。

原则'的大旗,用'公平原则'、'诚实信用原则'来处理问题。"③这种问题很大程度上是忽视学生个体差异而简单进行统一的同质教学造成的。

所谓"同质化的法学教育",是指当前全国很多高校的法学院本科教学上都是按照统一的人才培养课程计划进行,教学内容基本没有什么不同,并没有实质上做到差异化培养。要培养卓越法律人才,不能不考虑受教育者的个体差异因素。一些高校率先开设律师学院,是对法律实务人才培养的一种有益探索,也有利于实现法律实务从业人员的集中训练。但是目前,培养科研人才的工作很大程度上还是依赖学生个人日后的选择,求学阶段缺乏足够的专门教学引导。为学生在求学阶段提供专门的教学引导,并不是说要效仿开设律师学院来设计科研人才培养的专门学院,但是借"卓越法律人才培养"的东风,实现本科课程变革,抓好理论积累的课程设计不失为化解当下一味强调实务教学的法学教育困境的一剂良方。

在法学教育中,如果缺乏法学理论基础的积累,只偏重法律实务教学,则容易使卓越法律人才培养沦为"单一的职业训练",④以致缺乏足够的人文关怀。如果理论教学缺乏经典学术著作的理论底色,学生在后续成长中便会暴露出其理论基础的单薄和干瘪。为了跨越时下过于倾向法律职业训练的法学教育困境,思考如何推进法学教育中的理论教学,实现理论教学和实务教学的耦合,我们需要重新反思法学教育的定位到底是什么?

一、面向国家治理的法学教育

长期以来,尽管一再强调法学教育的职业教育性质,但是实际上真正意义上的高层次法律职业教育一直出于缺位状态,并未释放理想教育的

---

③ 葛云松:《法学教育的理想》,载《中外法学》2014年第2期。

④ 王文华:《卓越法律人才培养与法学教学改革》,载《中国大学教学》2011年第7期。

切实红利。这种法学教育的定位[⑤]不仅局限了法学教育本身的涵摄范围，也导致法学教育的推进步入了一定的误区，大大限制了法学教育和法律人才培养的发展可能。当前仍旧处于较低层次上的法律职业教育大多以司法人才（律师、法官、检察官）培养为导向，通过制定统一的人才培养方案，开设统一的法学基础教育课程进行。培养方案虽然名目上辅以各种各样的选修课，但是对学生缺乏个性培养，忽视了学生自身发展存在的差异性，对学有余力且对自身兴趣认知较为明确的学生没有进行很好的指导，没有真正开阔学生视野，也使学生丧失了继续挖掘知识深度的良好机会。

《中共中央关于全面推进依法治国若干重大问题的决定》（以下简称《决定》）[⑥]中强调要创新法治人才培养机制，要“培养造就熟悉和坚持中国特色社会主义法治体系的法治人才及后备力量”。《决定》中突出了法治人才、法治队伍在依法治国过程中的重要作用，对以往法律人才和法治队伍的内涵予以更新，也对当下法学教育建设给予更为完善的指导方向。法治人才培养和法治队伍建设的关键和逻辑起点在于法学教育，《决定》强调要“培养造就熟悉和坚持中国特色社会主义法治体系的法治人才及后备力量”，就是突出了新时期依法治国背景下法学教育的国家治理、社会治理面向，因此必须重视法学教育中的公法教育部分，否则便很难做到使“法治人才及后备力量”能够“熟悉和坚持”中国特色社会主义法治体系。

真正的卓越法律人才应该面向现实，面向国家治理。法学教育单纯的司法取向是造成当前法学教育徘徊在低层次水平的重要原因，并不适应当前的法学就业市场，也很难体现出法学教育对国家治理现代化的应

---

⑤ 有学者撰文指出这种法学教育的定位：“一是法学教育不是大学里的通识教育，而是专业教育，就像文学、史学、哲学、数学、物理学、化学、生物学等专业教育一样。二是法学教育不仅仅是专业教育，而是专门职业教育（professional education），就像医学教育、师范教育、会计教育、工程教育等专门职业教育一样。三是法学教育是大众化教育时代的精英教育，因为其肩负着培养法治人才的责任。”黄进：《如何办好中国特色社会主义法学教育》，载《中国高教研究》2016 年第 7 期。

⑥ 《中共中央关于全面推进依法治国若干重大问题的决定》，载新华网：http://news.xinhuanet.com/politics/2014－10/28/c_1113015372.htm，最后访问日期：2017 年 7 月 25 日。

有贡献,并非符合应用型、复合型卓越法律人才培养计划的设计原旨。也正因此,法学教育理当应势所需面向实际,面向国家治理,更加关注公法。

所谓公法,即主要研究关乎国家权力调整、国家权力配置等一国建构的重大命题。公法经典阅读训练的目的正是引导"学生学习从公法层面思考政治共同体的形成与巩固的一般原理,体会和探索立宪技艺、政体型塑,并在掌握规范分析的基础上,进一步从历史和政治的视野来思考公法变迁与国家治理。"⑦这不仅是公法经典阅读的重要目的,也是公法经典阅读训练过程中需要贯彻的重要理念。公法的主要内容在于国家治理和社会治理,在一国的法律体系中具有举足轻重的地位。在依法治国的时代要求下,卓越法律人才除了对司法操作层面的法律技能的掌握,还需要通过基础理论尤其是理解公法学中的重要命题来补足知识结构,拓展研究视野,提升国家治理和社会治理的能力。要使学生真正理解公法学中的相关命题,以及理解通过公法的国家治理之复杂性,有必要以公法学经典文本为解读对象来引导学生思考公法学的经典命题和现实国家治理难题,即培养对于公法学术著作,尤其是经典著作的阅读兴趣和习惯。

重视公法经典著作阅读训练,并没有偏离法学教育的职业属性,反而对一般法学教育课程是一种提升。提倡将公法经典著作阅读训练融入到当下卓越法律人才培养计划中去,是为了突出法律人才培养中学生全局治理观念的塑造和学问(无论是理论的学问还是实践的学问)的严肃化研究取向,以矫正单纯依赖甚至盲目夸大司法作用的"司法浪漫主义",⑧避免短视化、轻浮化的学术研究态度。

---

⑦ 常安:《公法名著导读教学模式探讨》,载王瀚主编:《法学教育研究》(第十三卷),法律出版社 2015 年版,第 97 页。

⑧ 司法浪漫主义者认为:"法治国家所有问题都会成为法律问题,所有法律问题最终由司法解决,司法就是法治建设的制高点。"这种观念一定程度上忽视了国家治理和社会治理本身的复杂性,全部依赖司法进行国家治理和社会治理,盲目夸大司法自身作用,是造成当下法学教育观念局限的一个重要原因。参见邓世豹:《超越司法中心主义——面向全面实施依法治国的法治人才培养》,载《法学评论》2016 年第 4 期。

二、何以破解当前同质化的法学教育

真正意义上的优秀法律人才并非仅靠具备纯粹的法律实务操作技能就能够成就。单纯强调法律职业教育又无法实现高层次精细化的法律职业教育注定会沦为法律匠人的产业化操作，同时也带来了“法科毕业生就业率持续走低甚至沦落到文科末位”⑨和“法学院过于重视司考通过率但实际通过率却并不理想”⑩等矛盾。虽然不能简单通过就业率和司法考试通过率等指标衡量法学教育的得失，但这些矛盾的存在实际也从另一个方面说明，一味强调司法导向和职业教育并不能破解当下的法学教育困境，反而很有可能成为其症结所在。

法学教育除了需要对学生传授法律实务操作技能，还需要通过法律智识教育加强对学生的法律职业道德、职业认同感和基本素质的熏陶，特别是对学生法律思维能力和“反思—批判”理性的培养。一般的法律术语和概念原则通过学生识记便可达到，但是对于解释共同体的形成、理解法学理论知识的脉络等深层次的东西是无法通过简单识记、背诵所能够达到的。因此，法学教育需要迈向更高层次的理论训练，需要突出国家治理面向，需要通过训练学生阅读法学经典，阅读公法经典著作来实现对学生卓越才能的塑造、对学生就事务发展的洞察力和处理实际问题的综判断力的提升。

---

⑨ 季卫东：《中国法学教育改革与行业需求》，载《学习与探索》2014 年第 9 期。

⑩ “一个年轻人为了当律师、法官或者检察官去读法学院，是一个并不聪明的决定，因为，他本来可以在本科期间学习外语、化学、哲学、工程、历史等，毕业之后，参加 3 周左右的司法考试培训班，而他通过司法考试的概率不会低于法学本科毕业生。既然法学和非法学本科生有同等机会参加司法考试，法学院的本科教育又可以被 3 周左右的司法考试培训班所代替，用四年攻读法学本科、用三年攻读法学硕士、用三年攻读法学博士，也就变得没有什么理由了。”转引自方流芳：《追问法学教育》，载《中国法学》2008 年第 6 期。

笔者曾于2014年为本科生开设了“公法名著导读”课程,[11]并辅之以推动举办公法学术著作书评大赛、[12]编撰公法经典著作选摘读本[13]等形式,试图通过带领学生进行公法经典著作的阅读训练,旨在训练学生思考经典问题,理解公法学中国家治理和社会治理的难题。当然,这种思考和理解意识的培养首先依赖于学生对公法经典著作进行细致化、深入化的阅读。

公法经典阅读训练,有助于我们理解日常教学中传授的公法学知识,进而打下扎实的理论基础。在我们的法律日常教学当中,往往会必不可少地涉及一些公法学经典命题或术语,而授课老师在这些课程的讲授中往往也会结合相关理论和历史背景进行介绍。但这样的介绍毕竟无法触及上述命题的理论源头,从而无法使学生真正对该命题的内容和意义进行深入的了解,也很难做到非常有效的记忆与理解。[14] 因此,我们需要通

---

[11] 关于课程的具体开展情况,笔者已于2015年撰文论述,本文不再重复。详见常安:《公法名著导读教学模式探讨》,载王瀚主编:《法学教育研究》(第十三卷),法律出版社2015年版。

[12] 公法名著导读作为一种小班研讨性课程毕竟参与人数有限。为了扩大课程的影响,引导更多学生参与到公法经典著作的阅读体验和训练中来,有必要在学校通过竞赛形式对学生进行引领和激励。书评作为一种良好的学术写作训练方式,通过对于经典文本的阅读和批评,有利于训练学生扎实的阅读批判能力,有利于培养学生形成更为规范的写作能力。因此,在2014年为了迎接首个“国家宪法日”的到来,开展了由西北政法大学主办,西北政法大学行政法学院承办,西北政法大学兵团与新疆社会发展法律问题研究中心、《知行学刊》编辑部协办的“西北政法大学公法学术著作书评大赛”。书评大赛的征文对象面向全校的在籍本科生和硕士研究生。几届的比赛中涌现出的读书好苗子,通过公法名著阅读和写作训练,在后续学术深造上都表现出了很好的兴趣选择。仅在前两届的大赛获奖的2013级同学中,据不完全统计,就有近10位同学被推荐免试到中国人民大学、中国政法大学、武汉大学、北京师范大学、四川大学等高校攻读研究生。本科生阶段所受到的学术训练在这些学生后续的学术成长、职业发展上必定形成良好的积奠和反馈,在这个意义上,比赛的价值、公法经典阅读训练的价值也得到了更深层次的拓展和延续。

[13] 对相关经典著作进行选编汇集,是推介经典著作的良好方式。学界虽有相关著作问世,但并不特别适合直接拿来作为课程读本。鉴于此,笔者根据自己课程开展的实际情况编著了适合教学的课程读本《公法名著选读集》。该读本选取的著作能够基本涵盖公法领域的经典命题,能够让阅读此书的同学们对公法有一个较为完整的认识和把握。第一部分选取篇目探讨的主题涵盖了公法理论所涉及的诸多命题,如宪法与国家建构、代表制、分权理论、立法权行政权司法权的不同特征等;读本的第二部分,分别探讨了政体类型、人民主权、代表制、司法问题、权利理论、宪法渊源、公法和政治等公法主题。

[14] 参见常安:《公法名著导读教学模式探讨》,载王瀚主编:《法学教育研究》(第十三卷),法律出版社2015年版,第93页。

过引导学生对于涉及相关公法命题的经典著作进行主动性的仔细阅读，才能有助于学生理解相同的术语在不同的历史时期的不同含义及其演变的原因，也能够有助于其认识和把握当前的法学术语和知识。只有加深学生对上述在日常教学环节中已经提及的诸多公法原则的体会与认识，强化其对学理结论背后的逻辑演绎的理解和认识，才能够促使学生把术语和教条式的结论不断提升为自身所理解的知识。

公法经典阅读训练，还有助于培养学生严谨的学术习惯和学风，拓宽知识视野，增强其批判能力。本科学生是学术兴趣、学术意识和学术习惯培养的启蒙阶段。如果教师能够在法学启蒙阶段很好地引导学生进行经典阅读，不仅能够培养学生良好的学术兴趣，也能够为学生后续学术成长打下扎实的理论功底，而且对于其将来进一步学习和研究公法学以及其他部门法学也将会大有裨益。最重要的是，需要让学生认识到，“学术进步是一个积累过程，完全脱离前人学术积累而另起炉灶，或是无谓的自我消耗，或是无知与狂妄。”⑮通过这种训练，能够使学生形成一种向经典致敬的学术敬畏感和良好的学术习惯。公法经典阅读训练教学通过公法经典著作阅读同学生一道对相关理论进行深入研讨，除了有助于学生深化对既有知识的理解、打下比较扎实的理论基础外，还有助于矫治当下大学校园中的浮躁学风。这样来看，尽管日后学生没有从事法学理论研究，通过大学经典理论训练的功底也会有力地作用于其实务操作的理论思考。

法学具有很强的实践面向是毋庸置疑的。但引导学生开展经典著作的阅读和思考并非对法学实践品质的背离。这是因为经典著作的内容并非是纯粹理论的概念、原则和逻辑推演，经典著作同样关注现实问题。以公法领域的经典《联邦党人文集》为例，该书集中探讨了18世纪时宪法与国家建构、代表制、分权理论等一国宪制建构中的重要问题，而这些都是国家治理中的重大现实课题。正是围绕这些问题，该书的制度设计和论证过程才有着十分重要也十分迷人的理论魅力，才得以成为公法领域的经典之作。经典是否过时？如果著作过时，那当下阅读它就仅仅具有学

⑮ 方流芳：《〈哈佛法律评论〉：关于法学教育和法学论文规范的个案考察》，载《比较法研究》1997年第2期。

说史的意义了。这对从事非学说史研究的人来说，是不愿乐见也不愿做的。开展经典导读课程，不能把法学研究变成了法学史研究，否则就大大局限了经典阅读的功能释放。经典著作除了对当时的社会重要问题进行了集中的谈论，还为我们认识、理解、解决当下问题提供富有历史智慧的分析思路和解决路径。同样，博览经典著作，也为我们完整理解当下的法律术语、制度设计提供了更为清楚的脉络和更为开阔的视野。

因此，围绕卓越法律人才的培养目标，结合公法学的基本特点，开展以公法学经典著作阅读、写作为基础的课程教学，培养学生基本的理论素养和跨学科的阅读和思考方式，实现学科与学科之间、理论与实务之间的互通，是真正实现要求培养"应用型、复合型法律职业人才"的卓越法律人才教育培养计划"中对于应用、复合、卓越的目标追求的重要抓手。探索法学经典训练教学的路径和方法，对当下单纯强调司法、强调法律实务操作的法学教育是一种有益补充。目前，国内已有不少高校为本科生开设了经典著作导读、研读课程以及读书会等，对学生进行学术培养和锻炼，⑯虽大多根据授课教师个人经验进行讲授，未见成型的课程设计和安排，但这些都是对法学经典著作阅读训练的重视的表现，是丰富卓越法律人才培养的难能可贵的重要尝试。

三、公法经典阅读训练的意义何在

（一）学生学术思维能力和写作能力训练

批判精神和创新能力是卓越法律人才应当具备的重要素质。⑰ 一般法学教育培养课程，关注学生对司法应用知识的理解、掌握和实践，而

---

⑯ 如北京大学开设了"法学经典选读"课程、中国政法大学开设了"宪政经典著作选读"（英语授课）课程、西北政法大学刑事法学院开设了"法学原著选读"课程、中南大学法学院开设了"卓越法律人才培养经典名著导读"课程、华南理工大学开设了"法学经典文献选读"课程等，都在积极探索法学教学中经典著作阅读和写作训练。

⑰ 参见莫洪宪：《论卓越法法律人才的应有素质及其培养路径》，载《河南财经政法大学学报》2014年第6期。

公法经典阅读训练则更加倾向于培养学生的阅读能力、思维批判能力和问题意识。公法经典阅读训练有意区别于一般的填鸭教学的授课模式，而通过小班精品授课，注重课程中师生之间尤其是学生之间的互动交流。课程注重强化教学的学术性，强调使学生在教学、阅读过程中，能够培养出良好的问题意识和创新意识，强调对学生学术思维能力的提升。

当前大学法学教育容易陷入一种“忽视本科教学学术性”的功利性怪圈。[18] 不少本科生在课程中所受到的学术思维能力和写作能力训练，能够为其日后的学术研究活动奠定基础。公法经典阅读训练的过程，一方面旨在培养学生对经典阅读的兴趣；另一方面旨在培养学生对公法学经典著作的阅读习惯，在掌握基本知识的基础上，训练阅读的技巧，形成良好的公法学思维方式；在实现前两者的基础上，本课程还旨在培养学生通过公法学的思维方式分析现实中的公法变迁和国家治理。公法学思维方式是本课程着重培养的思维方式之一，旨在培养学生通过公法学思维的视角观察和分析现实社会中发生的事件。这就需要学生在掌握基本知识框架的基础上，掌握法学规范分析的基本方式和方法，同时能够结合历史和政治的视角分析和掌握现实社会的变迁，理解当下和将来的深刻的社会变迁和法律变迁。

公法经典阅读训练重在培养学生的阅读能力和写作能力，在这个过程中注重对学生的思维能力的淬炼，使学生在阅读和写作的过程中了解中国的现实和域外的制度现实，并在卓越人才培养的大背景下，提升学生的综合素质，在加强对于基础课程的理解的同时，直面中国当下的现实制度运行，向学生展示一个现实的场域，使其能够在汲取经典营养的基础上自觉地参与、融入到中国的实践中。

（二）经典阅读意识塑造和研究兴趣培养

尽管当前的法学教育更多地倾向于实践和应用属性，但是，如果学生缺乏经典理论的训练，则无法具有整全的知识视野与思考深度。当前法

---

[18] 参见王世斌、肖凤翔：《对教学学术性与学生学术实践的追求——美国研究型大学培养拔尖创新人才的基本策略》，载《天津大学学报》（社会科学版）2012 年第 3 期。

学课程设置,侧重于强调简单知识的传授,缺乏对法学思维的训练和对理论视野的积累,不利于学生学术素养和思维的形成。如若缺乏基本的理论素养淬炼,既不利于学生积累抽象思维的形成,也不利于指导现实的法学应用实践。因此,通过公法经典阅读训练的教学实践,培养学生对于经典著作阅读的兴趣,激发学生的经典阅读意识,使其发现对经典阅读的热爱,进而拓展学生知识视野、培养学生自身的学术担当和责任意识,在卓越法律人才培养的环节中不可或缺。

公法经典阅读训练仍旧重视学生的主体地位,学生在整个教学环节处于中心地位,是教学实践的主体。当然,教师需要凭借自身的专业经验、阅读经验和学术眼光,将公法学界公认的优秀著作推介给学生,带领学生进行深入阅读。但是也应该注意到在学生刚开始进行经典著作的阅读的时候,学生自身的知识储备还比较薄弱,难免会遇到阅读和理解上的障碍,此时应该给予学生提示和鼓励,不断启发学生。如果缺乏这种引导和启蒙,学生自身判断力不足,阅读很容易成为不知正确与否的"自说自话"。学生在本科生阶段,在尚未形成足够的知识积累和阅读眼光之前,缺乏对阅读对象的辨识能力,不具有足够的能力区分哪些是经典著作,哪些不是经典著作,甚至在经典阅读的过程中,容易出现泛化阅读、理解偏差,甚至会对经典著作的文本本身产生误读。这个时候,就需要教师对其进行积极的引导。在文本选择、阅读导引和启发的过程中,不仅能够通过阅读经典著作,丰富学生的专业知识储备,拓宽学术视野,同时还能够增强学生对阅读著作的辨识能力和选择能力,塑造学生阅读经典著作的主动意识。课程教学实践中,对学生这种能力和意识的培养,不仅在课程教学中能够使学生受益,还能够给学生后续的读书生涯奠定一个较好的阅读起点。

(三)学术传承和学术后备人才培养

公法经典阅读训练是将本科法学教育课程向"研究型"转化的一种尝试。"大学也是一种学校,但是一种特殊的学校,学生在大学里不仅要学习知识,而且要在教师的教诲中学习研究事物的态度,培养影响其一生的科学思维方式。"[19]在这种严谨的公法阅读教学过程中,教风和学风能够以潜移默化的形式得到传承。正是在这种内在的学术传承的培养过程中,学生对于学术的理解、对于经典著作和知识的敬畏意识得到了塑造和深化。这也是大学内在学术精神的传递过程,是大学人才培养质量提升的关键所在。

本科生教学的学术性提升,同样是培养学术后备人才的一种必要性环节。学术是一种群体性活动。一个大学、一个学科要形成合力,更好地进行学术科研探索,很大程度上依赖于良好梯度的科研队伍。科研团队的建设要考虑年龄层次,以防止学术人才断层,进而形成良好的"传帮带"学术传承队伍。这对一个学科、一个大学的学术研究事业发展至关重要。公法学经典阅读训练的设计是一次教学上的新尝试,而这种尝试是针对现在大部分的课程只是传授教科书式的知识,缺乏理论性和学术性的启蒙和培训的现状的。整个训练过程,不仅在于向学生传授简单的知识,更在于培养和启蒙学生的学术兴趣和公法学的思维方式,塑造学生敢于担当的意识和品质。这有助于提升学生在其日后的生涯中学术活动的研究兴趣,也有利于为学科发展培养优秀的后备人才。

四、公法经典阅读训练与卓越法律人才培养

尽管大部分法律人才的在就业阶段仍旧面向经济主战场的特点,但是仍需注意,对应用型、复合型卓越法律人才中的"卓越"一词的强调才是题中的应有之义,是"关键词"。[20] 人才的培养断然不能进行产业化操作。如何在大批人才的培养中,更好地结合学生本身的特质和学习能力进行差异化培养,则是推动卓越法律人才培养实效化的重要内容,甚至是核心

---

[19] [德]雅斯贝尔斯:《什么是教育?》,邹进译,读书·生活·新知三联书店1991年版,第139页。

[20] 蒋后强、章晓明:《应用型、复合型卓越法律人才教育培养的理论与实践——以西南政法大学为例》,载《西南政法大学学报》2015年第1期。

内容。法律人才的培养离不开精英化、深入化的教学模式,很大程度上依赖于教师的伯乐眼光和学生自身的理性选择。当前这种无差异的同质化的统一教学可以说很难实现学生职业能力的应用型和知识结构、知识能力的复合型培养,很难实现所培养的法律人才的“卓越”特质。

另外,人才的培养并非一朝一夕能够完成;法律人才的养成,也并非仅仅通过四年的法学本科基础教育能够做到。十年树人,“风物长宜放眼量”,尤其是法学这种一方面具有很强的实践品质,另一方面又十分侧重思维方式养成的学科,绝对不能轻视甚至忽视学生的兴趣启发、理论储备和潜力挖掘。这些无法“短期变现”的东西在人才长成中却尤为重要。法学教育需要授人以渔,无论法学人才日后从事法律实务还是理论研究,在教育阶段都需要引导学生培养自主学习、独立思考、善于反思的良好习惯。唯有如此,学生在本科教育后的职业发展中,通过实践的锻炼、经验见闻的丰富、思考的深化,才能实现长线发展,才能成为真正意义上的卓越法律人才。这是人才培养的长效性所在。当然,这样说并非忽视学生成长生涯中的诸如就业、挣钱等现实问题;相反,法学作为一种长线发展的专业,学生只有避免目光短视,着眼长远,才能够有机会日后成为法律行业中的佼佼者。法学经典本身具有深厚的理论营养。开设经典教育课程,重在引导学生增强自身的理论储备,增强对于法学和国家社会现实中的重要问题的认识和理解。学生在接受法律实务操作的技能教育基础上,加以经典教育的纵深思考和功底训练,会大大增强学生在职业生涯中的竞争力。

对于卓越法律人才的培养,需要采取差异化的培养方式,结合学生自身的特点,进行精准培养、精准训练。这才是实现卓越目标的突破点。所谓差异化,就是学生自身学习能力、学习兴趣、职业生涯规划、理想追求的差异。教学的过程中需要考虑到这些在人才培养中十分重要的因素。古今中外,在人才培养上,并不存在执其一法而适之于天下的唯一准则。人才成长、人才培养和教学本身就是和师生共同探索的过程,是个共同试验的过程,是个不断摸索的过程。卓越法律人才的培养,并不能也不需要完全套用域外法律教学模式和人才培养模式,而是要立足本土特点,结合学生成长过程中的一般规律来教育学生。这是传统教育“因材施教”的精髓所在,也是对传统教育精神的回归。开展经典著作教学课程,就是在努力回应这种教育理念,让学有余力的学生在本科阶段有机会接触到具有研讨性质的课程,接受严谨踏实的学术训练,不断培养自身兴趣,挖掘自身潜力。

在卓越法律人才的培养上,通过教师的有益引导,同时结合学生自身的兴趣选择,才能不断挖掘学生潜力,激发学生学习的积极性主动性,其中使学生养成自主的学习能力至关重要。只有通过差异化培养,才能不断提升卓越法律人才的职业面向、思想素质、专业水平等实在内容,才能增强卓越法律人才培养的整体效果。

公法经典阅读训练,强调教学风气和学习风气的严谨性,强调对教学学术目标的拔高,重视学生在课程结业时达到更高水平的期望值。教学过程中,学生受到的扎实训练和阅读精力的投入,师生共进、教学相长的阅读、写作、分享和交流的学习体验,能够最大限度地提升学生的学习能力、写作能力和思维批判能力。这种教学目标的设定,不仅有助于教师自身在教学实践中提高教学和科研水平,也同样有助于学生形成更高的学术追求和知识追求,形成更高层次的人生追求。

公法经典训练的开设与日常的法学教育课程并不冲突,反而是一种提升和促进。这也符合卓越法律人才教育乃至依法治国背景下对于法科学生之应用型、复合型知识结构的要求。在公法经典阅读训练的教学实践中,正确处理好学生的主体地位和教师的启蒙作用之间的关系、教学和科研的结合关系、本课程和其他法学教育基础课程之间的关系、精读文本的能力和阅读广度的拓展关系,通过对学生阅读能力和写作能力的训练,更好地促进学生法学思维能力,才能真正实现课程开设的最初目的。课程日常教学的开展,辅之以举办公法学术著作书评大赛、编辑《公法名著选读集》读本等多种课程拓展形式,将课程教学进行推广,有利于学生理解日常教学中被传授的公法学知识、打下扎实的理论基础;有利于培养学生严谨的学术习惯和学风;有利于开拓学生知识视野,及培养应用型、复合型法律人才。本文结合笔者的授课实践,就法学教育的国家治理面向以及公法经典阅读训练的开设意义等内容进行总结和探讨,希望能够从经典解读课程设置方面,为卓越法律人才教育背景下的法学教育改革提供可资借鉴的方案。

卓越法律人才培养,需要注重学生在学习成长过程中对知识结构的多元化塑造,注重对学生的思维能力和问题意识的培养,引导学生"爱智慧"的知识追求。只有调整当前的以"司法面向"为主的法学教学模式,才能跨越单一化、低层次的人才培养机制和课程安排,促使学生在本科阶段真正地形成应用型能力和复合型知识结构,培养学生成为真正卓越层次的法律人才。

On the Reading Training of Public Law Classics and the Cultivation of Excellent Legal Talent

Chang An Li Dewang

Abstract: The current "litigation-oriented" teaching mode must be adjusted to avoiding the simplified, low-level education mechanism and curriculum, so as to promote students to become the real excellent legal talent by forming students' applicability and their compound knowledge structure in the undergraduate period. Public law plays the significant role in a nation's governance. In the Excellent Legal Talent Education and Training Plan, the reading training of the public law classics is to guide students' thinking on the classic topics in public law and the difficulties of the practical national governance. The reading training of public law classics emphasizes the upgrade of the academic objectives in teaching and assists students to improve their expectations after reading training. This meets the requirement of students' applied compound knowledge structure of law major students in the background of excellent legal talent education and training and the promotion of the rule of law.

Key Words: public law classics, legal education, litigation-oriented, national governance, excellent legal talent

经济法学研究中经典阅读的困境与迷失

李　帅

摘　要：经济法作为一门新兴学科，本专业经典文献并不多，导致许多经济法学者都转而研读经济学等领域的经典，但因此形成的经济法成果就成了“四不像”，经济学界视其浅薄，理论深度不够；而法学界认为其对规则的研究不足，多为制度稗贩，难以生成经典。在经济法学的研究中，我们要回归法学经典的阅读，通过对法学经典的研读来凝聚经济法研究的共识，从而推动经济法学向前发展。此外，对于外文经典以及经济学经典，应当采用辩证的态度，扬弃的吸收。

关键词：经济法学经典　经济学经典　经典研读　制度稗贩

法学研究的过程中应当阅读经典文献，这是毋庸置疑的事，任何理论的产生和法律对策的提出都应当是有依据的。经典文献就为我们提供了这样的依据支撑。明希豪森三重困境告诉我们，任何的论证都可能会进入三种可能的逻辑陷阱：一曰武断中止;二曰无限倒退;三曰循环论证。①

而阅读经典就成为避免我们陷入无限倒退、循环论证的依据。此种中止不是武断的,而是基于经典论证、基于经过历史的淘洗且被现代学者所公认的不证自明的理论所作出的。但是就经济法部门而言,阅读经典反而成为一件难事。

一、新兴法律学科面临的经典选择困境

不同的法学学科之研究都可能会遇到经典选择的难题,但是不同的学科面对的难题是不一样的,不能将之一概而论。如果说法理学、民法学研究中面临的问题是如何在浩如烟海的经典中选择出最具有代表意义的文献,那么经济法学所面临的就是经典文献的缺失,即无经济法本部门的经典可读。

法理学、民法学等传统法律学科有着悠久的历史,往圣先贤对它们的研究从很早就开始了,这些学科的文献动辄可以追溯到古希腊、古罗马,仿佛若不从罗马法的记载或古希腊的贤哲口中找到论据的支撑就会显得言之无物。但是经济法是一个新兴的法律学科,从其诞生至今不过百余年的时间,而在这百余年时间中,能称得上是经济法这一部门法的经典的著述,实在是凤毛麟角,甚至连许多基础理论的问题都没有形成共识。

从语源考察,有学者统计,从摩莱里在1755年出版《自然法典》到第一次世界大战结束长达一个半世纪里,共有四位学者使用了“经济法”这一术语。他们是法国空想共产主义者摩莱里、德萨米,法国小资产阶级激进派蒲鲁东,德国学者莱特。“经济法”一词最早由摩莱里在《自然法典》中提出,在该书第四篇,作者拟制了“合乎自然意图的法制蓝本”,其第二部分标题为“分配法或经济法”,共12条。从所含条文内容上来看,所谓“分配法或经济法”,是指在作者所设想的未来理想的公有制社会,用以

① 参见[德]罗伯特·阿列克西:《法律论证理论》,舒国滢译,中国法制出版社2002年版,代译序第1~2页。

"调整自然产品或人工产品的分配"的法律规定。1842年,法国空想共产主义者德萨米出版《公有法典》,其第三章标题为"分配法和经济法"。其含义与摩莱里的大致相同。德萨米在分配问题上继受了摩莱里的思想,但德萨米的"经济法"概念包括的内容比摩莱里的更广,涉及各种经济法律制度。1865年,法国小资产阶级激进派蒲鲁东在其《工人阶级的政治能力》一书中,也提到"经济法",并认为"经济法是政治法和民法的补充和必然产物"。②

但是客观地说,以上概念与我们目前的经济法并非同一概念,二者言辞相同但内涵不同。换句话说,最早提出"经济法"概念的空想社会主义学者所提之"经济法"并非我们现代意义上的经济法,二者只是在用词上相同而已,这就造成了摩莱里等人所提之"经济法"对于现代意义上的经济法而言并没有突出的经典意义。按照通说,现代经济法概念的形成肇始于第一次世界大战前后的德国。第一次世界大战后,"经济法"语词从学者的学术著述中毫无预兆地突现于德国制定法中,激起了德国法学学者浓厚的研究兴趣。1983年佟柔先生在《论我国民法的调整对象及与经济法的关系》一文中指出:"'经济法'一词,最早来自于1906年的德国经济年鉴,德文的经济法 Wirtschaftsrecht 中'经济'这个词,就其字根来讲,主要含义就是'经济管理'、'经济核算'。在德文,也另有'经济'一词,比如经济基础和上层建筑的'经济'就是另一个词。"③以此为分水岭,在此之前,学者对经济法的研究并没有形成体系性文献,而在此之后,德国学者写了很多经济法论著,提出了"集成说""对象说""世界观说""方法论说""机能说"等经济法概念,自此,近代经济法概念异军突起。在这一阶段,日本、苏联学者对经济法概念也进行了一些研究,提出了"对象说""经济统制法说""经济法否定说"等观点。与早期研究阶段相比,近代经济法概念的研究相对成熟,但分歧有所扩大。"二战"结束后,日本学者根据本国情况,对经济法作了比德国学者更系统、更深入、更持久的分析,提出了"金泽说"、"今村说"、"高田说"、"正田说"及"丹宗说"等观点,对经

② 漆多俊:《经济法基础理论》,武汉大学出版社1996年版,第12~13页。

③ 《佟柔文集》编辑委员会:《佟柔文集》,中国政法大学出版社1996年版,第110页。

济法概念的研究进入了现代阶段。而在此期间，一些社会主义国家，如苏联、东欧各国的学者也非常重视经济法的研究。“二战”后，苏联学者就经济法概念提出了“纵横统一说”“综合部门说”“经济行政法说”等学说，并深刻影响了我国的经济法研究。自20世纪70年代末至今，我国学者先后提出了“纵横经济关系说”“纵横统一说”“综合说”“经济—行政法说”“学科经济法说”“国家经济管理关系说”“经济协调关系说”“国家干预说”“经济管理与市场运行关系说”“间接调控说”“行政隶属关系说”等多种经济法概念。④ 但问题在于，从经济法诞生之初至今，不过区区百余年，远远不能达到罗马法著作那样经过几千年的沉积；更重要的是，单单是对于经济法的概念问题学者们就争论不休，没有形成一个被经济法学界所普遍承认的观点，遑论经济法的基本原则、调整方法等方面的问题，所以对于经济法的研究没有形成一部学界公认的经典。“正因为如此，在不同流派的教科书、专著中和不同立场的立法者眼里，‘经济法’都是不一样的，甚至是不存在的。于是有人戏言，有多少本经济法书，就有多少种经济法。”⑤

在社会科学领域，争议的存在往往意味着该问题价值的存在，缺乏争议的问题往往昭示着该话题已无讨论之必要。其实，在存在争议的文献中，也可以诞生经典，只要该文献可以对后人的研究给予启示。而自经济法学勃兴以来，由于历史的沉淀不够深厚，在许多基础问题的研究还没有形成共识的时候，萌生了“学术山头”主义：许多经济法学者为了创新而创新，为了标新立异而标新立异，虽然在许多概念问题上与前人的研究成果大同小异，但就是故意用一些新的词汇、新的表述方式来重新阐述，并重新论证自己的理论更具合理性，形成了经济法学界内部学术派系林立的结果。年轻的经济法部门就在这种貌似“百家争鸣”的模式下蹒跚向前推进着。

---

④ 参见高桂林、李帅：《经济法总论》，中国法制出版社2012年版，第30~40页。

⑤ 史际春、邓峰：《经济法总论》，法律出版社2008年版，第28页。

二、经济法学对于经济学经典的迷信

虽然经济法作为一个独立的法律部门已经被我国官方确认，但是在学界仍有许多学者对此持有异议。经济法学者为了以示区别，往往在许多方面故意创造自己学科的“特色”。从经典阅读的角度来看，虽然经济法学者在学习和研究中也会阅读法学理论的经典著作，但是更多的学者开始偏向经济学、数学、管理学等其他学科的经典，并试图从其他学科的经典中找到自己与其他法律部门不一样的特色。在实践中也产生了许多优秀的成果，例如，吴志攀教授就将数学中的“四色定理”概念引入金融法的研究，提出了金融法的“四色定理”。⑥ 而在这一趋势中，对于经济学的经典诵读和引用最为常见。这样的做法有一定的益处，因为经济法的一个突出的特性就是经济性，作为调整经济运行的法律手段，经济法经常将市场运行中的自发秩序直接上升为法，即通过法律认可的方式“发现”现实中的法，而非以“发明”的方式创造规范，⑦这也符合施密特秩序形成法律的观点。⑧ 因此，如果没有对经济学、对市场运行的规律有所了解，经济的法律调整有可能沦为国家之手不正当的干预，从而扭曲供需机制、价格机制和供求机制。从这个角度来考量，在经济法学的研究中增加对经济学经典的阅读是有必要的。

但是凡事往往过犹不及，对于经济学经典的过分迷信反而使经济法学在研究的过程中迷失了自己。例如，在目前的税法研究中，经常会有学者引入消费者剩余、无谓损失等经济学术语；研究地方政府融资问题，必然提及公共产品理论、公共选择理论、财政分权理论；研究金融监管必然会涉及泰勒的“双峰理论”；研究消费者权益保护往往会从边际效应等经

---

⑥ 吴志攀：《金融法的“四色定理”》，法律出版社2003年版，第9~19页。

⑦ See Carl Schmitt, *Political Theology Four Chapters on the Concept of Sovereignty*, Chicago, The University of Chicago Press, 2005, p. 23.

⑧ 参见[德]卡尔·施密特：《论法学思维的三种模式》，苏慧婕译，中国法制出版社2012年版，第19~24页。

济学理论中找论据。马斯格雷夫、奥斯特罗姆等经济学家的名字在经济法学文献中频频出现,仿佛在经济法的研究中没有引用经济学的经典就会影响文章的理论高度一般。但这样一来就使经济法学的研究陷入了一种尴尬境地,即经济法的研究成果无论从法学视角还是经济学视角来审视都过于浅尝辄止:从经济学的视角来看,所引用的经济学观点过于浅薄,甚至可以说是"小儿科",理论深度不够;而从法学视角审视,对于规制和控制的研究不足,单纯用经济学的所谓曲线、图表做粉饰性工作,这样的文章难以进入编辑的法眼,发表前景堪忧。经济法学者在经典阅读和研究中之所以容易陷入的窘况,主要是基于以下原因。

首先,对于经济学经典的阅读能力不足。在我国的法学教育中,高等数学并非必修学科,因此绝大多数经济法学生甚至学者,都不具备阅读经济学中的分析曲线的能力。经济学对于问题的分析是建立在一定的逻辑假设的基础上的,其中会运用大量的数学知识;如果不具备这样的知识前提,必然会影响对经济学经典的把握程度。虽然不排除真正有精通经济学的经济法学者能从经济学经典中获得启发和灵感,但是大部分的经济法文献对于经济学经典的引用还是浅尝辄止的,不但不可能超越经济学经典提出的理论,甚至只能勉强把握其皮毛。在这种情况下,经济法的研究成果就成了"四不像",既难入经济学家的法眼,也被传统法学学者所鄙夷。

其次,将经济学经典与法学经典结合的能力不足。诚然,与传统法律部门相比,经济法有一定的异质性特征。在英国学者看来,经济法"所追求的许多较近代的集体主义福利目标,现在并未得到普通法院的广泛实施。""这就意味着,法律界和法官们对这一类性质的法律还没有太多的了解,他们仍在继续主要研究更为传统类型的法律,尽管对这些法律已作了大量的修改和补充,以考虑到现代理想。"⑨传统法律部门的基础价值来源于"人权"、"自由"和"平等"的观念,无论在价值导向还是法官所接受并擅长的"司法调整技术"上,都与经济法有所不同。但是,经济法的这种

⑨ [英]P. S. 阿蒂亚:《法律与现代社会》,范悦等译,辽宁教育出版社1998年版,第141~142页。

异质性是在法律框架下的异质性,本身并没有脱离“法”的本质。也就是说,经济法并非不讲“人权”、“自由”和“平等”,而是在对待这些问题的态度和偏倚性上与传统法律部门有所差异,在司法的适用性上也有所区别,但其本身也是在法律的框架下调整社会关系的,仍然要遵循法理学的一般理论。因此经济法学对于经典的研读,不是不可以选取经济学的经典,而是要将经济学经典与法学经典相结合,使经济学的观点或分析模型成为经济法学研究的工具,而不是将经济法学视为经济学的附庸。例如,美国的反垄断执法机构曾长期由律师和经济学家组成,律师更关注反垄断案件的可执行性和责任的可追究性,经济学家更关注产业结构和产业效率,[10]但二者共同统一在反垄断法的研究过程中,而并非将反垄断法简单地纳入经济学的研究对象之中。我国经济法学者在引用经济学经典时,往往直接将经济学经典的结论以立法建议的形式作为对策提出,缺失了以法学视角、以法学理论经典将其过滤的过程,没有将经济学经典与法学经典结合起来。

最后,对于经济学经典中的假设和现实经济社会中社会调整的现实需要的结合不足。经济学的经典可以作为经济法学的研究工具来读,但是不能在借鉴的时候对其过分“崇拜”,更不可认为所有的经济学经典都是“真理”,都可以用来指导我们的经济生活。相对而言,法学经典都是建立在对现实社会关系的研究上的,即使有着历史背景的区别和局限,但是至少在当时的社会背景下是行之有效并留存至今的。而经济学的经典是建立在假设的基础上的,其中任何一个变量出现了变化或者在预设上存在错误,都可能导致结论的变化甚至影响结论的正确性。以经济法学两大经济理论支柱为例,亚当·斯密的古典自由资本主义理论与凯恩斯的国家干预理论共同构成了经济法之市场之手与国家之手协同并用的理论。其中亚当·斯密认为市场是道德的,国家是邪恶的,管理得最少的国家是最好的国家;[11]而凯恩斯认为个人自由是不真实的,开明的私利是不

---

[10] 参见史际春、邓峰:《经济法总论》,法律出版社2008年版,第61页。

[11] 参见[英]亚当·斯密:《国民财富的性质和原因的研究》(下卷),郭大力、王亚南译,商务印书馆1983年版,第27~28页。

符合实际的，私人利益与社会利益未必相互一致，个人未必贤于、优于国家，国家干预理所当然地有其必然性、必要性。[12] 亚当·斯密的理论是经济学中的经典，但是已经被历史证明并不是完全正确的，而凯恩斯用国家干预理论进行修正之后仍然没有阻止经济危机的间歇性发生，这说明用经济学的理论指导经济立法本身是存在缺陷的，建立在经济假设基础上的经典未必可以适应对现实社会关系的调整需求。而对于经济学经典的过分膜拜，使许多经济法学者混淆了假说和现实，提出了许多偏离实际的“屠龙之术”。

三、我国经济法经典的生成困境

在当今的法学教育与研究中，虽然在对经典的定义上没有强调国别之分，但在实际对经典的选择上，有明显的“崇洋媚外”趋势。易言之，当代中国法学教育对于经典的认定有一种“外来的和尚会念经”的心态，对于我国自己的研究成果往往认同度不足，这在经济法研究中体现得尤为明显。为什么我国经济法的研究产生不了自己的经典？一部分原因是因为我国经济法产生时间过于滞后。如果说从世界范围来看，经济法肇始于“一战”后的德国，那么我国经济法的产生时间则是改革开放之后，距今不过三十多年，在这么短的时间内就一个正在产生、发展过程中的新兴部门法形成自己的经典，难度确实很大。但从另一个角度来讲，时间的沉淀并非是生成经典的决定性要素。当代法学经典中除了有《理想国》那样从古希腊传承千年的著作，也有不少新作，例如罗尔斯的《正义论》问世于1971年，理查德·A.波斯纳的经典著作《法律的经济分析》于1973年才出版，因此从时间因素上来看我国经济法学界是有可能产生经典的。真正制约我国经济法学界的是自身研究上存在的偏差，这导致经济法学经典文献难以自我生成。

---

[12] 参见邱本：《经济法总论》，法律出版社2007年版，第64页。

第一，对于经济法学基础理论的研究不足。从影响力角度来说，基础理论的研究之影响力要远远大于具体法律制度研究。由于经济法部门又细分为财税法、反垄断法与反不正当竞争法、消费者权益保护法、统计法、会计法等子部门，不同的子部门之间的相互交流并不多，因此对于经济法子部门的研究成果只在少数研究该项目的学者之间进行交流，影响力有限。而真正在经济法学科层面具有影响力，是经济法基础理论研究。通过百度学术搜索引擎的数据可知，经济法领域被引用频次最高的作品是史际春、邓峰教授合著的《经济法总论》，其中第一版被引用787次，第二版被引用157次（截至2017年5月30日），而经济法制度方面的著作或论文很难达到这样的影响力。但问题在于，从发表的角度来讲，经济法基础理论的文章并不被主流法学权威刊物所重视，在发表难度上也高于研究经济法制度的文章，学者们在职称评定的发文压力下，往往都会舍弃基础理论研究。

第二，许多经济法学研究文献都有"时事评论"的趋势，导致难以产生持久的影响力。经济法具有强烈的时效性，因为商业社会的创新是无时无刻不在进行的，市场会出现许多新的需要法律调整的社会关系，受此影响经济法也处于时刻变动的状态。在民法领域几千年前的一些理论仍旧可以调整我们现代的生活，但是我们不能想象百年前的经济法理论继续指导我们对国民经济的调整。因此，从制度变迁的角度来看，经济法学很难形成对未来有长期影响力的成果，许多经济法成果都具有时效性；当经济社会中需要解决的问题解决了，这些成果也就退出了历史舞台。例如，2014年新《中华人民共和国预算法》（以下简称《预算法》）出台之前，许多学者都撰文论证预算法应该放开对地方政府发行债券的限制，允许地方政府作为独立的财政主体进行融资，但当《预算法》接纳了这些观点和意见，允许省级政府发行地方债券之后，原有的许多文献都失去了时效性，这样的文献也就不可能被沉淀为经典了。类似地问题也曾出现在对经济法基础理论的研究中。经济法学界曾经对于国家之手和市场"看不见的手"之间的关系进行了大讨论，但是随着十八届三中全会作出了市场在资源配置中起决定性作用的论断之后，原本的讨论就只有历史考据的意义了。在经济法研究中,充满了这种“时事评论”式的文章,这些成果都会随着时事的消退而被人逐渐淡忘。

第三,经济法学研究中充满了对国外制度的“稗贩”,缺失了滋生经典的土壤。“稗贩”一词是梁启超先生批评晚清西学东渐过程中国人对外国制度盲目崇拜、盲目照搬的思潮时所用的词汇,⑬而在我国目前的经济法学研究中,稗贩的情况仍不能免。经济法学研究中对于国外文献的“稗贩”,其主要对象还是国外的立法例。许多学者在研究某一经济法问题时,总是脱离法律存在的土壤而空谈外国的“先进”制度或规定,把我国经济的法律调整中出现的问题归结为没有相关立法或相关立法位阶太低,或者没有学习西方的“先进经验”,在研究的结论中总是提出应当大幅限制权威决断、吸取英美德日等国家的制度设定,并据此立法以作为中国经济法治的“救命丸”。这几乎成为许多经济法论文的“八股文”式思维。⑭比较法研究确实是经济法研究的重要方法,但是过分拔高比较法研究的地位可能会使该研究沦为制度的“搬运工”,即使对外国文献掌握得再透彻,也不过是将其引入中国而已,最终形成的成果很难超过原文献本身。易言之,如果只是对外国制度的稗贩,那么哪怕稗贩的内容是西方的经典,也不会形成我国经济法研究的经典成果,在学者研究的时候也只会按图索骥找到经典的原文来阅读,对于我国经济法学经典的生成并无裨益。例如,2008 年经济危机之后美国出台的《多德·弗兰克法案》,就被我国学者多次引用并借鉴,但是,立法条款本身是针对特定的时期所要调整的社会关系而创设的,对其进行的研究应当深入相应语境,对其进行的移植应当进行本土化改造;直接将西方国家的立法例当作经典予以借鉴的方式使我国的经济法研究沦为了替西方立法证成的奴隶。

⑬ 梁启超认为:“坐此为能力所限,而稗贩、破碎、笼统、肤浅、错误诸弊,皆不能免。固运动垂二十年,卒不能得一健实之基础,旋起旋落,为社会所轻。”梁启超:《清代学术概略》,东方出版社 1996 年版,第 89 页。

⑭ 参见李帅:《经济法治中的权威决断:诠释、问题、检讨——以卡尔·施密特法学思维三种方法为视角》,载《经济法学评论》2015 年第 2 期。

四、经济法学研究中经典阅读的出路

要推进、完善我国经济法学研究工作,必须解决经典阅读中所面临的困惑,这首先要求我们重视对法学理论经典的阅读。其实经济法学经典的缺失,并不意味着经济法教研工作中没有经典可读,目前经济法学经典阅读中的选择困境,只不过是专门针对经济法的经典不多。换句话说,能够以"拿来主义"直接生搬硬套的经济法学经典并不多。而经济法学作为法学的一个分支,可将法学大家庭中的理论经典作为借鉴。在经济法教研工作中阅读经典,不应当有过分的功利性倾向,不能简单地把经典分为"有用"或者"没有用"的,对任何经典的阅读都可能在读者心中形成"谱系定位"。谱系定位是许章润教授对于经典阅读的进境定义,是指"经由掌握其问题意识、基本命题及其叙事视角,即所谓的进路,探知其文本结构和知识姿态,领会其背后的语境和意义乃至于语言风格,了然于作者本人的身世、学术师承关系、思想脉络和源流,以及大而言之的其人其著之学思和法意所发育滋长的国族特性与人文类型,最终获得了一个总体印象"。⑮ 通过阅读《理想国》《法与国家的一般理论》《联邦党人文集》等经典,可以使经济法学人对于法律追求的价值目标、国家之手的形成及其边界、规则的生成与限制等内容形成自己的谱系定位,并在此基础上针对具体的经济制度问题或经济理论问题形成自己的见解。同时,建立具有中国特色的法学体系,还要求我们从中国国情出发,阅读马克思主义法学经典著述,研究中国问题,写中国文章,用民族语言来总结我国的法治经验。⑯

在经济法教研工作中增加对理论法学经典的研读,不但可以夯实经

---

⑮ 许章润:《经典:文本及其阅读——关于阅读法学经典的五重进境》,载《华东政法学院学报》2006 年第 1 期。

⑯ 参见郝日虹:《李龙:马列经典触发法学研究灵感》,载《中国社会科学报》2015 年 6 月 1 日,A02 版。

济法学生的专业基础，对于经济法学者的研究工作也十分有利。所谓经典，就是值得一读再读的东西。学者随着知识的增加、水平的提高、阅历的丰富，在重读经典的时候可以产生新的感悟。而更重要的是，对于理论法学经典的研读可以使经济法学的研究重回法学轨道上来。经典的重要作用除了给独立的读者以启示之外，还可以在多数的读者之间达成共识，在这种共识之下共同形成法律职业共同体。对于经济法部门来说，如果有人从法学视角出发、有人从经济学视角出发，则不可能在同一层面上展开交流和碰撞，无法凝聚经济法学界的共识，在这种情况下经典的生成就成了奢望。经济法学研究的是针对现实经济社会的规制，而非虚拟的理论假说，增加对法学经典的研读，使经济法学界凝聚共识，这样诞生我国社会主义经济改革过程中的经济法学经典为期不远矣。

另外，在经济法部门的研究中，阅读国外经典亦是必要的，但应当注意以下两点。第一，不要把西方的立法例当做“经典”。一国之立法，不外乎是针对本国具体国情和实际问题而采取的调控措施，这种措施是否具有普适性是要打问号的，也许该立法例出台之后就因为在其本国无法达成立法目标而很快被废止，对于这种制度性的东西我们不能将之奉为经典。在经济法规方面，我们可以借鉴，但也要弄清为什么要借鉴以及如何借鉴，即需要有一个法律移植上的本土化过程。第二，在阅读国外经典，尤其是外文原文经典的时候，要注意中文表意的逻辑性。研读外文文献的学者，容易将外文的表意逻辑引用到中文的表达上来，从而在经济法学论述中形成许多类似定语从句、同位语从句式的中文句式，如果说初学语言者容易陷入“Chinglish”的中式英语中，那么研读外文原文文献就容易犯“Englinese”的英式中文错误。文字是表意的媒介，而“学好中文是汉语文明知识分子的本分”。[17] 研读西方经典应当以解决中国问题为目的，切不可将文章行文作得晦涩难懂，更不该以故作佶屈聱牙为能事。

最后，虽然经济法学的教研环节中并不排斥对经济学经典的研读，但对于经济学经典的研读必须注意，应当将经济学理论或者模型当作分析

[17] 许章润：《经典：文本及其阅读——关于阅读法学经典的五重进境》，载《华东政法学院学报》2006 年第 1 期。

经济法学问题的工具,而非以法学的方式证成经济学理论。这要求我们在对法学经典和经济学经典进行价值排序时,应当以法学经典为先,以法学的视角去分析问题,辅之以经济学的工具来论证,切不可抛开法学经典的立场空谈经济模型。从美国各大高校的法学评论所发表的文章来看,越来越多的学者开始使用定量分析的方法将经济学、统计学、数学的研究手段应用在法学研究中,这成为了美国法学研究的一大潮流。但是,美国的法学教育和我国不同,美国没有法学本科课程,所有学生在研习法律之前必须先学习一门本科课程,这使美国法学学者的知识背景比较庞杂,在研习法学经典之前,许多人已经在本科阶段对于经济学等其他学科的经典有了充分掌握,并在此基础上将其引入法学研究中来。而我国法学科班出身的经济法学者往往不具备这样的知识储备,如果贸然模仿无异于东施效颦。当然,我们也应当鼓励经济法学者系统地学习经济学知识,或者吸引有经济学背景的学生进行经济法学的深造,将法经济学的方法在经济法研究中发扬光大。

The Predicament and Loss of Classics Reading in Economic Law Research

Li Shuai

Abstract: As a new discipline, economic law has only a few classic literatures, which makes many economic law scholars turn to read classics of economics and other areas. Under this circumstance, economic law results become a mishmash. The research results are too superficial to meet the depth of theories in the field of economics. Because of lacking the rule research and simply being the copy of systems, they are difficult to be the classics in the fields of law. In the study of economic law, we must return to the reading of law classics, and through the reading to unite the consensus of economic law research and to promote the development of economic law. In addition, foreign classics and economics classics should be absorbed critically and be viewed dialectically.

Key Words: classics of economic law, classics of economics, classics reading, copy of systems

对经济法教学改革的思考
——以陕西省高校为例*

倪　楠

摘　要:经济法是应市场经济需要而诞生,随着市场经济不断深化,而不断发展和变化的。实践证明,市场经济越发达就越需要有良好的市场秩序和更加科学的宏观调控,但这一目标的实现不仅需要有完备的经济法,更加需要有懂经济法并能够熟练掌握"经济法"相关法律知识的应用型法律人才。本文通过对陕西省开设"经济法"课程的院校进行调研和分析后,归纳总结了各院校在进行"经济法"教学过程中存在的问题,进而提出在以培养应用型法律人才为目标的前提下,如何对"经济法"教学进行改革,以解决长期以来市场需求与教学内容相脱节的突出问题。

关键词:经济法　教学改革　应用型人才　人才培养

一、问题的提出

经济法是在十一届三中全会之后才兴起的一门

* 基金项目:陕西省高等教育教学改革研究项目(15j24)。

学科，虽已经过四十余年，但纵观中国法学的发展历史，经济法则是一个非常年轻的法律部门。[①] 经济法是适应市场经济发展需求而产生的，但因为历史原因早期经济法又成长于民法和行政法的夹缝中。经济法最初也是一个“舶来品”，随着市场经济于1993年后在我国被逐步确立，经济法伴随着我国经济体制改革的不断深化而高速发展。正因如此，最初学界对经济法理论的构建大都是在吸收国外学说和理论的基础上建立起来的，早期经济法就深受苏联“大经济法”、“纵横经济法”以及“统一经济法”等学说的影响。[②] 直到1986年《民法通则》的诞生，经济法学界才开始形成具有中国特色的经济法学理论。但由于形成之初受到大陆法系不同经济法学说流派的影响，我国经济法学界也相应地产生了许多学术观点，且在日后发展中这些学术观点大都形成了不同的经济法体系，也涌现出了潘静成、漆多俊、杨紫煊、李昌麒、刘瑞福和王保树等一批持不同经济法学理论体系的开拓者。在之后的三十年里，这些中国经济法的创始人植根于中国经济法的教学当中，将各自的观点著书成说形成了不同的经济法学学科体系，培养出了大批一流的经济法学者，为中国经济法的发展奠定了基础，也作出了巨大贡献。至此，在中国经济法学界也形成了学派林立、百家争鸣的格局，也正因这种状况的长期存在，使经济法学的发展一直处在争议、争论和纷争之中，为日后经济法的一线教学工作带来了巨大的困难。从2007年至今，笔者已从事“经济法”一线教学工作整十年，凡学习过“经济法”这门课程的学生大都以“体系乱、理论庞杂”来形容对学习“经济法”的感受。在1984年、1993年和2013年三次经济体制改革后，经济法的一些理论伴随着市场经济的发展变得更加明确，如学界对一些基础问题达成了普遍共识，经济法的地位得以确认，经济法与民法和行政法等相关学科的关系也更加清晰。[③] 但在刚刚结束的2016年“马工程全国经济法骨干教师培训会”和2016年“第二十四届经济法学研究会”上，开设“经济法”课程的全国各高校学科带头人齐聚一堂，很多高校经济

---

① 邱本:《经济法专论》，法律出版社2015年版，第60页。

② 李昌麒:《经济法理念研究》，法律出版社2009年版，第80页。

③ 张守文:《改革决定与经济法共识》，载《法学评论》2014年第2期。

法骨干教师都对经济法学的发展现状表示担忧，纷纷表示在教授“经济法”课程时面对很多困扰，这主要表现在学派众多、众说纷纭，基础理论不统一、不清晰、不能自圆其说以及一些基本范畴还尚未建立起来。④ 在这样的理论背景下，经济法教学中的困难是显而易见的，学生对经济法理论部分的学习也受到很大影响，这种状况的长期存在既不利于经济法学自身的发展，也更加不利于学生对经济法的理解、掌握和使用。

十八届四中全会通过的《中共中央关于全面推进依法治国若干重大问题的决定》，明确提出建设中国特色社会主义法治体系，建设社会主义法治国家的总目标。该决定的一大亮点，就是提出了“法治工作队伍”的新表述以及对于法治人才队伍未来建设的新思考。⑤ 法律的生命在于经验而非逻辑，实践性是法律科学最重要的特征，培养应用型法律人才是对依法治国战略的进一步落实，也是法学院本科教育的立足点和使命。⑥ 现阶段，随着市场经济的不断完善和发展以及改革开放的不断深入，我们更加需要熟练掌握经济法专业知识的法律人才，运用《反垄断法》、《反不正当竞争法》、《消费者权益保护法》、《产品质量法》和《食品安全法》等市场规制法来维护市场秩序，运用金融法、财税法、计划法等宏观调控法来调控市场防止危机，特别是在全球经济一体化的当下，世界必将成为统一的市场，竞争将更加激烈，金融危机也会如影随形。经济法作为一门植根于市场经济的法律，以维护市场秩序和宏观调控为己任，以社会公共利益为本位，其必将在市场经济的发展中起到重要作用。但在法学本科教学中，这门拥有35部法律及大量条例和配套解释的市场经济“宪法”，却依然20余年不变地坚持着大学法学“灌输式”的传统教学方法，在一个学期最多设置68个学时就将其面授完毕。作为一线“经济法”课程的教学工作者，我们认为在市场经济不断发展的今天，特别是在互联网经济崛起的当下，新经济现象的不断出现为经济法的发展带来了更多的空间和挑战，社

---

④ 根据“2016年第二十四届经济法学研究会”经济法理论小组会上的会议纪要整理。

⑤ 《中共中央关于全面推进依法治国若干重大问题的决定》，载新华网：http://news.xinhuanet.com/politics/2014-10/28/c_1113015330.htm，最后访问日期：2017年3月20日。

⑥ 刘文华：《经济法》，中国人民大学出版社2017年版，第223页。

会迫切需要有更多具备法律基础素养的应用型经济法人才,而在“象牙塔”里我们传统的经济法教学模式已明显存在现实与需求脱节的现象。陕西省是我国的教育大省,共有18个院校开设“经济法”课程,其中有四所高校为“211”“985”,还有法学类知名高校西北政法大学,对陕西省高校“经济法”课程教学状况的研究,具有很强的代表性,也为今后更好地完善经济法教学工作提供了新的思路。

二、陕西省高校在经济法教学中存在的问题

20世纪90年代后,教育部将“经济法”课程规定为法学本科教学的14门主干课之一,经济法学可作为独立的法学二级学科被高等院校授予硕士、博士学位,这为经济法自身发展带来了重大机遇。⑦ 现阶段,在陕西省从事经济法教学和研究的机构分为两种模式:第一种为专业院(系)模式,比较有代表性的是西北政法大学经济法学院,该学院是一个大经济法的构建,由经济法学、财税金融法学、劳动与社会保障法学、环境与资源保障法学、知识产权法学以及企业公司法学6个教研室和12个研究中心组成。同时,类似的还有西安财经学院,下设法学院并组建了经济法系。第二种为单一课程模式,这种模式在陕西省高校中比较常见,即经济法作为综合大学法学院或人文学院中的法学系开设的一门法学必修课程。这种模式只是将经济法与民法、行政法等法学课程一样作为一门法学基础课程进行教授,不再区分具体的研究方向(如财税法方向、金融法方向和反垄断法方向等)。⑧ 近年来,高速发展的市场经济强烈地表现出对应用型法律人才的需求,但经济法学传统的教学方法却明显表现出需求与供给不匹配的现象,这主要表现在以下几个方面。

首先,学时较少,讲授多以概述为主。按照教育部马克思主义理论研究和建设工程重点教材《经济法》的教学安排,本科阶段在经济法的教学

⑦ 杨紫煊、徐杰:《经济法学》,北京大学出版社2015年版,第120页。

⑧ 数据来源,根据2016年陕西省各高校公布的招生简章而统计。

中应讲授绪论、宏观调控法基本理论和制度以及市场规制法基本理论和制度三大部分共17章内容,其中涉及16个具体法律。根据调研显示,现阶段陕西省高校以西北政法大学经济法学院“经济法”课的面授课时最多,为一学期68学时;西北农林科技大学人文与社会发展学院课时为48学时;西安财经学院法学院课时为54学时;西北大学法学院课时为54学时;西安交通大学法学院复合班为32学时;丝路班为48学时。[⑨] 按照西北政法大学经济法学院最多68学时来计算,我们查阅了该学院近5年“经济法”课程的期末考试试卷,发现考题只涉及两部分内容即总论和市场秩序部分,其中市场秩序仅考查《反垄断法》、《反不正当竞争法》、《消费者权益保护法》以及《产品质量法》。那么通过试卷考查的内容来看,可以从一个侧面说明即使按照68学时来面授,也很难满足讲授《经济法》三大板块的要求。按照68学时的安排,西北政法大学经济法学院实际情况是只能讲授两个板块,在讲授中还存在重理论轻操作、只能选择面授少部分法律的问题。在这样的状况下,老师在进行面授时只能将每一个法律讲成概述,其中以概念、特点、原则的内容居多,课堂也很难引入完整的案例对学生进行实务训练。

其次,课程安排过于简单化,缺乏实践性。本科教学的目的是培养具有熟练操作技能和一定法学理论素养的应用型法律人才。在法学本科教育中对本科生实际操作能力的培养是非常重要的,这也是法学本科教育的出发点。在陕西省各高校中作为“经济法”课程配套操作的相关训练课程有两种,一种是开设“经济法案例评析”课,另一种是针对“经济法”课程中的单项法律分别进行专项训练,如“消费者权益保护法案例评析”“产品质量法案例评析”“金融法案例评析”等。但从调研中我们看到,陕西省只有西北政法大学、西北农林科技大学、西北工业大学、西北大学4所院校开设了“经济法”的专项配套训练课程,其他院校并没有专门开设与经济法有关的配套训练课程。这样使《消费者权益保护法》、《产品质量法》、《反垄断法》、《反不正当竞争法》以及金融法这些凸显实体法和程

⑨ 数据来源,根据陕西省各高校本科生2016年教学计划统计计算。

序法的可操作性法律无法通过课堂教学让学生进行案例训练或模拟训练,以更好地掌握相关法条的应用。即便开设配套课程最多的西北政法大学经济法学院在课程设置上也存在一定的问题,该学院除了开设“经济法案例评析”外,还开设了“消费者权益保护法案例评析”、“消费者权益保护法和产品质量法”及“金融法案例评析”。但这些课程通常开设在同一个学期,特别是近两年中这些课程基本都开设在同一时段,造成学生在选课时只能选择其中一门或最多两门课程进行学习。在调研中我们还注意到,该学院开设的“经济法案例评析”本身是包括“消费者权益保护法”、“产品质量法”及“金融法”的实际操作,但又同时开设了其他几门相关课程,这在教学中就造成了一定程度上的浪费和重复,也给学生学习造成了一定的负担。

再次,教材种类众多、体系不统一、更新速度慢。之前我们评述过,在经济法学发展的过程中由于受传统大陆法系影响以及我国市场经济发展中遇到的诸多现实问题,形成了很多经济法流派和学说体系,因此每个体系都会有相应的教材。而在实践中每个学校都会根据自己的教学需要及对不同体系的认同,而选择相应的经济法教材,一些师资力量较强的院校还会自己编写教材。根据数据显示,陕西省 18 所高校中,选择使用外校教材的有 16 所,主要集中在武汉大学漆多俊、冯果主编的《经济法学》,北京大学杨紫煊主编的《经济法学》,西南政法大学李昌麒主编《经济法学》和中国人民大学刘文华主编的《经济法学》。这些教材都是由经济法学界的创始人所编写,但却都有着不同的经济法体系,漆多俊、刘文华主编的教材是三元结构,杨紫煊主编的教材和李昌麒主编的教材都是四元结构,但这两个四元结构的内容也不尽相同。西北政法大学经济法学院和西安交通大学法学院使用的经济法教材都是由本院老师编写,其中前者是三元结构,后者是二元结构。由于教材在理论层面的不统一,无形中造成了不同院校学生在考研和学习交流过程中的困难。同时,近年来随着市场经济的发展,我国加速了对经济法中相关法律的修改工作,如《消费者权益保护法》《食品安全法》《广告法》等,但陕西省高校经济法教材普遍存在更新速度较慢的情况。

最后,专任教师明显不足,存在跨学科讲授状况。在调研中我们注意到,陕西省各高校中除西北政法大学外,教师跨学科讲授、"统一"讲授的现象比较严重。一些高校经济法专业的老师除讲授经济法外还兼职讲授国际经济法、国际私法,还有一些高校的老师一人能讲授经济法内的全部16门法律,更有一些人文与管理学院的哲学老师也在兼职讲授经济法。这从一个侧面反映出现阶段各高校普遍存在经济法专任教师不足,教学名师不多的问题,这也为各学校开展经济法的教学工作带来了一定的难度。

三、对经济法教学改革措施的思考

(一)改革课程设置,注重配套课程设置的科学性

在大学本科教育阶段,评判一个课程设置是否科学最关键的是看这门课程是否有一个科学的课程设置,是否有一本学界共识的教材,在法学院还要看这门课程是否有相应的配套训练项目,这样就形成了一套完整的法学本科教学体系对学生进行训练、培养和引导,以便日后能够熟练应用这些法律条文解决实际问题。通过之前的调研分析,我们认为现阶段应改革现有"经济法"课程的设置,制定出以培养应用型法学本科人才为目的,充分将理论与实践相结合,凸显实践操作能力的本科法律人才培养体系。因此,应对以下问题作出调整:首先,解决"经济法"课时不足的问题。之前我们论证过现阶段"经济法"最多68个课时,也只能讲授完总论和市场秩序规制法部分,解决这种状况的方法有两种:第一种较为简单,主要针对不区分法学方向的院校,可以将一周"2+2"学时调整为"2+3"学时,也就是增加1学时为5学时。这既保证了将经济法体系全部讲完,也为教师上课引入案例和小规模展开训练创造了条件。这种方法比较适合规模较小且人数不多的法学院(系)。第二种方法,主要针对类似西北政法大学经济法学院这种学生人员多、专业方向以经济法为主的学院设置。这样的学院由于人数众多,教学中又要求充分体现专业方向,那么在

课程设置时应将“经济法”分为总论和分论进行分学期讲授。这样拆分的好处在于总论部分可以更加深入和扎实,分论部分的单项法律能够得到充分实践和系统训练。这样设置后也就没有必要再多余的设置各种选修课进行重复训练。其次,配套训练应注重实效,设置科学。在对“经济法”课程进行配套训练时也应注意其设置的科学性和合理性。对于讲授“经济法”课时较少的院系应设置“经济法案例评析”加强对学生操作技能的训练,如果已开设“经济法案例评析”课程,就不宜再开设其他如“消费者权益保护法案例评析”“产品质量法案例评析”等专项课程,避免出现开设课程重复的问题。

(二)更新教学方法和技术设备,形成新的评价机制

教学方法的科学与否直接影响着学生对所学知识的理解和掌握,教学方法使用得当能够激发学生学习法律的热情。从各院校的实际情况看,日常教学过程中教师授课多以自身讲述为主,学生基本上是被动学习。造成这种状况的原因主要来自两个方面:第一,上课学生规模过大。以西北政法大学经济法学院 2017 年开设的“消费者权益保护法案例评析”为例,这门课程选课人数为 255 人,在这种状况下很难开展互动教学和实际案例模拟,开展起来参与的人数也相对较少,往往效果不佳。第二,缺少必要的设备配置。陕西各高校在师资上特别是课堂设备配套上还无法满足现代法学教育的需要,往往缺乏可供学生学习的电脑、多媒体设备、电子化案例课件以及可供答题和选择的软件;而这些设备在上海交大凯原法学院、人民大学法学院、武汉大学法学院已是标准配置,甚至一些学校还安装了电子发言装置,只要点击老师头像即可进行互动,学生可以全程参与到老师的教学活动中,让学生从被动学习变为主动学习。为此,现阶段应从以下几方面逐步开展工作:首先,要重视设备更新。现代法学教育已不能是简单的“灌输式”教育,也不是教师做个 PPT 活跃一下课堂气氛,而是要有能让学生广泛参与的手段和设备,要在学校基础设施上加大投入,办现代化的法学院校,为学生提供更好的参与学习和教学的机会。其次,要改变固有的评价机制。传统的考核机制大多是以试卷考核的形式来完成的,法学院的学生多流传着“法学考试考高分不容易,但不及格也很难"的"经验"之谈,大多数学生在考试前往往通过"开夜车"和"强化记忆"来博取高分,这也成为近年来本科法学毕业生实践能力差的一个主要原因。因此,要想提高学生的实践操作能力,不仅要在课程设置上有所调整,更要改革现有单一通过分数来评价学生的考核机制,通过多样化的教学形式如积分制、讨论报告制、分组模拟制、学生自助讲授制等来引导学生改变原有突击和应付的态度,变被动学习为主动学习,积极参与到课堂教学中来。在这种考核方式下,对学生的培养是综合性的,对学生的考核也较为全面、客观。

(三)使用精品教材,逐步采用统一的经济法学理论体系

任何教材的选取都是教学质量的基石和保障,由于经济法的特殊性决定了经济法较之其他法律往往体现出较强的经济性和较快的更新速度。同时,经济法的理论体系又受到不同流派的影响,致使各高校在选择教材时差异化明显。下一步,应在教材选取中着重考虑以下因素:首先,教材体系应逐步趋同。中国经济法发展近四十年形成了大量不同的理论体系,这已是不争的事实,2016年"马工程"已将经济法学教材进行了统编和更新,并对全国经济法骨干教师进行了培训,各学校在选择教材时应有计划的按照教育部和中宣部的要求将理论部分逐步统一,不再造成新的混乱,这样也可以更好地推动经济法学科的发展,也更加有利于学生学习。其次,教材要及时更新。随着市场经济的不断发展,新的经济现象不断出现,经济法作为规制经济现象的法,必将不断调整——2014年《消费者权益保护法》进行了修改,2015年《食品安全法》进行了修改,2016年《广告法》进行了修改,2017年《反不正当竞争法》也进行了修改。因此,在教材使用中各高校一定要注意教材的时效性,为学生提供一本好的教材是教学的基础。同时,自主编写的教材要注重教材的针对性,本科教材一定要易懂、好读,且有一定的可操作性,符合本科人才培养的目标。

(四)加强专任教师培养,有计划地引入高端人才

教师是一个学校师资力量的重要环节,也是学校立身于学术界的重要资本,每一个学校都应拥有一支完整的教师团队,做到老、中、青相结合。在学术研究领域应该有学术带头人代表院系的研究方向,在教学领域应该有教学名师引领教学质量。同时,要注重对青年教师的培养,青年教师是学校未来发展的希望,青年教师要有明确的研究方向、扎实的理论功底、认真的教学态度,而这一切的形成都有赖于一套完整的制度和院校长期的规划。基于陕西省各高校存在经济法专任教师少,跨学科、跨领域讲授比较普遍的状况,我们认为可以通过以下几个方面加以改善。首先,引进高端人才。高端人才一直是学界的稀缺品,特别是作为陕西省这样的西部省份,各学科在引进高端人才时在资金和配套上都有欠缺。同时,全国发达省市的优势学科又具有独特的吸引力,这也在一定程度上造成了高端人才不愿意来西部工作和生活。为此,我们可以采取校校联合、院校联合等形式,让经济法学界的领军人物通过来陕西指导、客座、参与项目、带领团队以及培训青年教师的方式加盟。近年来,甘肃政法学院经济法系通过和中国人民大学法学院以及徐孟州团队的合作就收到了良好的效果。其次,抓住青年人才。青年人才是一个院系和学科发展的原动力,青年老师往往求知欲强、敢于探索、成果丰富。学校要勇于解决青年教师的后顾之忧,为青年教师投入教学和科研创造更多的机会,提供更大的平台。学校要培养经济法方向专任教师,减少不同法律部门老师的交叉讲授。最后,对经济法专任教师讲授的内容和研究的领域应注重区分方向。经济法的体系比较复杂,涉及的领域较多,经济法学科本身又可分为基础理论、竞争法、消费者权益保护法、金融法、财税法和房地产法等不同研究方向。教师的精力都是有限的,特别是在经济法领域,不能搞“大包圆”什么都能讲,什么都能研究,这样的结果既不利于教师自身发展,也不利于对相关知识的讲授。

Reflections on the Teaching Reform of Economic Law

—Taking the Universities in Shaanxi Province as An Example

Ni Nan

Abstract: The course of economic law is set to meet the demands of market economy. As with the market economy goes further, the economic law is also constantly evolving and changing. Facts have proved that the more developed market economy, the more need to have a good market order and a more scientific macroeconomic regulation and control. However, the realization of this goal does not only require a complete "economic law", but also needs the legal talent who grasp and apply "economic law" and the relevant legal knowledge. By the investigations and analyses of the "economic law" courses in the colleges and universities in Shaanxi Province, this article summarizes the current development status and problems that exist in the process of teaching the economic law course. The author then puts forward that it is a premise for colleges and universities to cultivate practical legal talent of economic law and the teaching reform of the economic law course should be made to tackle the issue of the disconnections between actual social needs and teaching contents.

Key Words: economic law, reform in education, applied talents, personnel training

管理经纬

国际人才竞争和流动的新趋势*

侯定凯

摘　要：人才的国际流动受到社会发展和学术创新需求的共同驱动。当前，英国脱欧、美国移民政策紧缩、欧洲金融危机等一系列国际政治、经济因素的影响，国际高端人才竞争和流动呈现一些新趋势。英国力图通过专门资助项目，扭转因脱欧而引发的人才外流趋势；法国和德国则着力打造国际顶尖气候人才的中心；加拿大则设立高端人才引进项目，为本国高校引进一批学科带头人。而芬兰近年经历的持续人才流失，则暴露了传统教育强国面对经济大环境变迁遭遇的尴尬。中国的高校人才吸引力和国家人才竞争力虽数量上不断发展，但依然存在引进人才质量和结构方面的不足。基于机遇和挑战并存的国际人才竞争格局，中国需要在推进人才国际化进程中跟进国际趋势、反思自身短板并确立战略重点。

关键词：人才政策　竞争力　人才流动

21世纪人类面临的一系列重大挑战（如人口老

* 本文得到华东师范大学国家教育宏观政策研究院委托项目（2017年）的资助。

龄化、气候变化、社会不平等、经济成长与转型),都需通过创新来寻求解决之道;确保研究和开发的投入、促进科学的开放和研究人员的国际流动,是实现创新的重要途径。当前,围绕人才、经费、科研项目、院校声望的全球竞争日趋激烈。无论是系统或院校层面,国际化日益成为各国高等教育的一项发展战略。高等教育国际化包括学生和学术人员的国际流动、课程和科研的国际合作、国际合作办学等形式。本文主要考察英国、发达国家最新推出的国际人才引进政策;作为发达国家人才流动的一个特例,本文将分析近年来芬兰人才流失的趋势和背景;并从高校人才吸引力和国家人才竞争力两个方面,勾勒了中国在国际人才竞争格局中的位置,最后对我国的国际人才战略提出若干反思。

一、部分发达国家的人才引进政策

经济合作与发展组织(Organization for Economic Co-operation and Development,OECD)2016 年发布的报告《科学、技术与创新展望》(*OECD Science, technology and Innovation Outlook* 2016)表明,[①]在过去十多年间,部分发达国家的研发投入占政府预算的比例出现下降趋势,其中包括芬兰、法国、意大利、西班牙、英国、美国等;而德国、日本、韩国等国家则出现了增长态势。OECD 的报告预测,由于公共财政的持续压力和经济增长的疲软,许多国家的研发投入将进入高原期,甚至继续出现下降趋势。

另外,面对激烈的国际科技竞争,部分发达国家近来开始加大对重点领域的研发投入力度,并积极从海外引进人才。例如,2017 年 4 月,英国商业、能源和工业战略部宣布成立"工业战略挑战基金"(Industrial Strategy Challenge Fund,ISCF),确保研究和创新在英国工业战略中的核

---

① See "OECD Science, Technology and Innovation Outlook 2016" [EB/OL], Accessed Dec. 8, 2016, http://www. oecd. org/sti/oecd-science-technology-and-innovation-outlook-25186167. htm.

心地位。② 未来4年中,该基金将从政府获得10亿英镑的支持,重点发展的领域包括:卫生和医药、机器人和人工智能、清洁能源、自动驾驶、未来制造和材料、空间技术等。为此,政府拟在未来4年拨款2.5亿英镑,用以招聘一流研究人员(包括从海外引进人才,见下文)。

在人才引进方面,日本政府在《日本复兴战略2016》中提出将外国学生留日工作比例从目前的不到35%,于2020年提升到50%,为此政府推出了资助留学生在本地企业实习、协助毕业后寻找工作、提升日语教学质量、优化外国人的工作签证程序等激励举措。③

以下简要介绍英国、法国、德国和加拿大等发达国家在引进国际人才方面的最新举措及学术界对这些举措的反响。

(一)英国

2017年7月4日,英国的大学与科学部宣布建立一个总额为1亿英镑的"欧内斯特·卢瑟福基金"(Ernest Rutherford Fund),④用于吸引国外一流的专家到英国从事科研工作,任期从几个月到10年不等。该基金是英国商业、能源和工业战略部确立的"10亿英镑工业战略规划"的一部分,旨在从发达国家和新兴科研大国(印度、中国、巴西、墨西哥等)招聘约600名左右的资深和年轻科研人员,以确保英国在科研领域的世界领先地位。⑤ 目前,该基金由"创新英国署"(Innovate UK)和"英国研究委员会"(Research Councils)两家组织运作;2018年后,基金将由一个名为"英国

---

② See Department for Business, Energy and Industrial Strategy, "Business Secretary Announces Industrial Strategy Challenge Fund Investments" [EB/OL], Accessed April 21, 2017, https://www.gov.uk/government/news/business-secretary-announces-industrial-strategy-challenge-fund-investments.

③ See Kakuchi, S., "Push for Foreign Students to Stay on to Work in Japan" [EB/OL], Accessed March 17, 2017, http://www.universityworldnews.com/article.php?story=20170316184126205.

④ 该项目以著名科学家欧内斯特·卢瑟福命名。出生于新西兰的欧内斯特·卢瑟福,大学毕业后来到英国剑桥大学从事研究工作,1907年担任曼彻斯特大学物理学系的系主任,1908年获得诺贝尔化学奖。

⑤ See Department of Business, Energy and Industrial Strategy, "£100 Million Rutherford Fund to Attract Best Researchers to the UK" [EB/OL], Accessed July 5, 2017, https://www.gov.uk/government/organisations/department-for-business-energy-and-industrial-strategy.

研究与创新”(UK Research and Innovation)的新机构来管理,目标是建成世界最好的研究与创新机构。

根据罗素集团(Russell Group)的最新调查,目前英国高校有约24,860 名来自欧盟国家的教师,占全英高校学术人员的 23%,而专职科研人员的占比更高达 27%。⑥ 有统计显示,过去一年里,有 1300 名来自欧盟国家的教师离开了英国高校,整体流失率在过去两年里上升了 30%。其中,剑桥大学过去一年流失 184 名教师,流失率比 2014 ~ 2015 年上升了35%;爱丁堡大学 2014 ~ 2015 年流失 62 人,2016 年则流失 96 人(这里的统计并未考虑这两年新加入的、来自欧盟国家的学术人员)。⑦ 一家德国研究机构警告,出于对英国脱欧后前途的担忧,有多达 15% 的英国高校教师可能流失。⑧ 虽然教师流失有正常人员流动的因素,但上述数据也在很大程度上反映了欧盟国家教师对英国政府脱欧以后不再保障外国学者权益的担忧。英国政府希望通过“欧内斯特 · 卢瑟福基金”项目,向世界传递这样的积极信号:脱欧后的英国依然对国际学术界保持开放的姿态。

该基金的执行总裁马克 · 沃尔波特(Mark Walport)指出,科研激励政策不是鼓励学者在知名期刊上发文;⑨衡量英国科研和创新成功与否,最终要看其带来的影响力:是否增进了人类的前沿知识、是否推动了经济发展、是否创造了更好的就业机会、是否带来了一个更加强大、健康和有

⑥ See Russell Group,“Russell Group universities and Brexit”[EB/OL],Accessed May,2017, https://www.russellgroup.ac.uk/media/5512/russell-group-universities-and-brexit-briefing-note-june-2017.pdf.

⑦ See M. Savage,“Fear of Brexit Brain Drain as EU Nationals Leave British Universities”[EB/OL],Accessed June 3,2017,https://www.theguardian.com/politics/2017/jun/03/brexit-universities-academics-eu-rights.

⑧ See J. Henley,“Brexit Fears May See 15% of UK University Staff Leave”[EB/OL], Accessed Sep. 25, 2016, https://www.theguardian.com/education/2016/sep/25/brexit-may-force-15-of-staff-at-uk-universities-to-leave-warns-group.

⑨ See J. Elmes,“UK Announces £ 100 Million Fund to Attract Foreign Researchers”[EB/OL], Accessed July 4, 2017, https://www.timeshighereducation.com/news/uk-announces-ps100-million-fund-attract-foreign-researchers.

弹性的社会。[10]

英国人口只占世界人口的1%，科研论文发表的经费投入也只占全球的3%，但英国学者发表的高引用率论文却占全球的16%，这些论文中有一半是与国际学者合作完成的。[11] 显然，英国希望利用"欧内斯特·卢瑟福基金"这样的项目，在目前科研国际化水平的基础上，建立一个更强有力的科研和创新的国际网络。但谢菲尔德大学从事科研政策研究的詹姆斯·威尔斯顿（James Wilsdon）教授指出，面对脱欧给人才流动带来的负面影响，英国需要改变的不只是科研资助计划本身，更要考虑外国科学家来到英国的一些基本条件：哪里居住、哪里工作、哪里安家……为此，英国需要一个更精细化的资助计划，并完善当前的签证和移民规则。

（二）法国和德国

美国退出《巴黎气候变化协定》（以下简称《巴黎协定》）后，法国希望引领应对全球变暖的运动，成为全球气候问题的研究中心。马克龙总统上台后，模仿特朗普总统的竞选口号，推出了名为"让我们的星球再次伟大"（*Make Our Planet Great Again*）的国际（特别是美国）人才引进计划，提供总额为6000万欧元的经费（其中3000万来自政府预算，另外3000万来自高校和其他组织），资助额度分100万欧元（针对年轻学者）和150万欧元（针对资深学者）两个档次，资助期限为5年。

为招募世界各地的科研人员和企业家，法国开设了专门的英文网站（makeourplantgreatagain. fr）供应聘者直接投递求职意向。除了科研经费资助，法国还为海外科学家提供安家费、求职便利、免费的基础教育、以低于美国学费标准上法国最好的大学等优惠条件。目前，各国申请者报名踊跃，许多美国科学家因本国政府缺乏对气候研究项目的经费支持，也纷纷向法国提出了应聘意向。法国还主动向一些顶尖科学家个人发出邀请。2017年11月，法国政府将从中应聘者中遴选50名左右的海外科研

---

[10] See The Aerospace Technology Institute, "Government to Invest £ 100m to Attract Highly-skilled Researchers to the UK" [EB/OL], Accessed July 5, 2017, http://www.ati.org.uk/government-invest-100m-attract-highly-skilled-researchers-uk/.

[11] See A. McNeice, "Britain Hoping to Lure Chinese Talent" [EB/OL], Accessed July 18, 2017, http://www.chinadaily.com.cn/world/cn_eu/2017-07/18/content_30158456.htm.

人员。⑫

但有学者认为,法国的人才引进政策更多是一种宣传和政治策略,而不是真正的科研项目。⑬ 当前法国高校正面临经济危机,政府提出要削减 3.31 亿欧元的高等教育经费,这让学术界怀疑马克龙总统引进外国专家的真实意图,人们担心法国的科研环境实际上并不如政府承诺的那样美好。虽然有科研经费保证意味着某种机会,但科学家还需要研究合作伙伴、一个让他们感觉舒心的研究单位,并能为家庭找到理想的生活环境。所有这些因素结合起来,才促成了科学家来到他国工作的决定。因此,法国这一政策的效果还有待观察。

德国于 2017 年 7 月跟随法国也提出了气候领域的人才引进计划,成立了一个由政府经费支持的 150 万欧元的基金,参与人才引进项目的研究机构需要提供配套经费。目前,该计划的具体内容尚未出台。与法国的人才引进计划有所不同,德国重点招聘年轻的科学家。

(三)加拿大

针对英国脱欧和美国特朗普政府移民政策紧缩后国际人才流动的新动向,在 2017 年度预算中,加拿大政府为争夺国际优秀人才,推出了“加拿大 150 首席研究员”(*Canada* 150 *Research Chairs*)项目,计划招聘 15 ~ 35 名外国学者,经费总额达 1.17 亿加元,对这批研究人员的资助分为 35 万加元和 100 万加元两个级别。⑭ 该项目是一个多学科资助项目,由“社会科学与人文研究委员会”(Social Sciences and Humanities Research Council,SSHRC)、“自然科学和工程研究委员会”(Natural Sciences and Engineering Research Council of Canada,NSERC)和“加拿大卫生研究院”(Canadian Institutes of Health Research,CIHR)共同管理。项目管理方不

---

⑫ See D. Butler,“Climate Scientists Flocks to France's Call”[EB/OL],Accessed July 18,2017,http://www.nature.com/articles/d41586-017-01713-4.

⑬ See E. Pain,“Curiosity and Irritation Meet Macron's Effort to Lure Scientists to France”[EB/OL],Accessed June 10,2017,http://www.sciencemag.org/news/2017/06/curiosity-and-irritation-meet-macron-s-effort-lure-foreign-scientists-france.

⑭ 参见“加拿大 150 首席研究员”项目官方网站,http://www.canada150.chairs-chaires.gc.ca/home-accueil-eng.aspx。

直接接受申请,申请材料须通过愿意接收申请者的、拥有学位授予权的高校提交——这些高校每年从上述三家联邦资助机构获得至少 100 万加元的科研经费。申请者则须为正在国外工作或居住的科研人员(已在加拿大高校工作的人员不在此列)。项目获准后,科研人员须在接收高校从事全职工作。申请者既可以个人身份,也可以是首席专家团队名义提出工作申请。[15] 加拿大政府提供 7 年资助,之后由接收外籍专家的院校自行决定如何留人。政府希望借此项目庆祝加拿大建国 150 周年,推进加拿大高校成为国际顶尖人才的首选工作地,引进更多样化的学术思想和视野,创造待遇更为优厚的就业机会,推动经济发展,壮大社会中产阶层。[16]

但一些加拿大学者对这项政策表示失望,认为该项目将优秀的本国学者排斥在外,是在贬低国内高校、教授和学生,忽视了正在人才市场打拼的土生土长的年轻学术人员。按照这一项目的资助力度,获聘外国专家的收入将是同一级别国内学者的 3 倍至 9 倍,而原本这些经费可以资助更多有潜力的本国年轻学者。执行这一项目的结果很可能是:一方面,加拿大的高校被迫招聘一些来自国外二流或三流大学的教授;另一方面,加拿大的人才可能流向美国或其他国家另谋高就。有加拿大学者建议,在科研岗位竞争中,应该允许本土研究人员与外国学者同场竞技,同时将经费更多用于提高新入职的本国博士的待遇,让他们拥有一份体面的薪水,重拾人们对加拿大研究生教育的信心。[17]

---

⑮ 有关这一岗位申请条件和程序的详情,参见 http://www. canada150. chairs-chaires. gc. ca/program-programme/cpan-pccs-eng. aspx。

⑯ See Innovation, Science and Economic Development Canada, "New Research Chairs Program Will Bring the World's Brightest Talent to Canadian Campuses" [EB/OL], Accessed April 3, 2017, https://www. canada. ca/en/innovation-science-economic-development/news/2017/04/new_research_chairsprogramwillbringtheworldsbrightesttalenttocan. html.

⑰ See R. B. Blake, "Canadians Need not Apply: Canada 150 Research Chairs at Canadian Universities" [EB/OL], Accessed July 27, 2017, http://leaderpost. com/opinion/columnists/canadians-need-not-apply-canada-150-research-chairs-at-canadian-universities.

二、发达国家的人才流失——以芬兰为例

长期以来,芬兰高等教育拥有独特的制度优势,在教育的均衡性、平等性、教育与社会发展的紧密联系方面特色鲜明。[18] 但近年来,受到欧洲金融危机的持续影响,芬兰福利制度的优势受到严重冲击,成为继希腊之后表现最差的欧洲经济体之一。经济不景气直接影响原本严重依赖政府财政的芬兰高等教育。

(一)高等教育财政紧缩

自欧洲金融危机以来,芬兰经济一直难以从经济低迷的打击中恢复过来。曾经世界最大手机制造商的诺基亚退出了手机市场;曾经欧洲最大的造纸行业也因读者从报纸转向网络而遭受重创。芬兰还是欧洲老龄化速度最快的国家。

就高等教育而言,芬兰近些年经历了从院校合并到学校从政府公务体系脱钩而成为独立法人(意味着大学教师不再是政府的雇员)等一系列重大的体制调整。高等教育系统的内外因素叠加,导致以政府拨款为主的芬兰高校财政日益需要"自力更生"。

2015 年芬兰新政府上台后,宣布到 2019 年将削减 45 亿欧元的公共财政开支,其中高等教育的公共财政将削减 5 亿欧元(上一届政府已经削减了 2 亿欧元的高等教育经费)。经费削减波及芬兰的 15 所综合性大学和 26 所多科性技术学院。对于 95.9% 的经费来自公共财政[根据 OCED 的《教育概览 2014》(*Education at a Glance* 2014)统计]的芬兰高校来说,政府拨款减少的影响是巨大的。

具体到高校层面,到 2020 年,赫尔辛基大学将累计减少六分之一的经费(连同上一届政府的削资),届时将裁减 1200 个岗位;[19]而阿尔托大

---

⑱ 据 OECD 的统计,在芬兰,父母具有大学学历的学生,其大学入学机会是父母没有大学学历的 1.4 倍,而瑞典这一数字是 2.3 倍,英国则达到 6 倍。

⑲ See "New Government Tripping Up Higher Education in Finland" [EB/OL], Accessed June 1, 2015, https://www.helsinki.fi/en/news/new-government-tripping-up-higher-education-in-finland.

学(Aalto University)到2018年获得的政府拨款将减少6600万欧元,被迫削减350个岗位(占全校教师数的17%)。[20] 芬兰学术界担忧,财政削减将严重威胁大学科研和教学质量,要继续从事高端的基础研究将变得很困难。在整体财政紧缩的同时,芬兰政府增加了前沿科研领域的投资,拨款16亿欧元,鼓励高校申请生物经济(bio-economy)、清洁能源、中小学校数字化等领域的科研项目。[21]

(二)人才流失

芬兰高等教育公共财政削减的一个直接后果是人才向国外流失。整体而言,从2011年开始,不同层次芬兰人才移民国外的人数呈现增长趋势,而从国外移民到芬兰的各层次人才数量则逐步减少(见表1)。

表1 近年芬兰不同层次人才的国际流动(单位:人)*

	2011年	2012年	2013年	2014年	2015年
从芬兰移民国外的人员背景					
学士学位	1461	1616	1699	1888	1987
硕士学位	1726	1694	1817	2051	2223
博士学位	274	323	312	372	375
从国外移民芬兰的人员背景					
学士学位	1664	1647	1852	1101	1124
硕士学位	1921	1831	1885	1303	1103
博士学位	251	185	219	171	156

*资料来源:E. Bothwell,"Finland Funding Cuts a 'Catastrophe' for Research"[EB/OL].[2017-1-17]. https://www.timeshighereducation.com/news/finland-funding-cuts-catastrophe-research。

遭遇政府对高等教育和公立研究中心的削资后,生物科学、人类学、

---

[20] See E. Bothwell,"Finland's Brain Drain"[EB/OL],Accessed Jan 19,2017,https://www.insidehighered.com/news/2017/01/19/finlands-universities-fear-brain-drain-following-budget-cuts.

[21] See J. P. Myklubust and T. R. Dobson,"Tight Government Budget to Hit Universities Hard"[EB/OL],Accessed Aug. 20,2015,http://www.universityworldnews.com/article.php?story=20150819114156 6.

心理学、统计学等都成为了人才流出的学科领域。他们走出国门寻求科研项目经费。技术类和商科的学者可以在芬兰本国另谋他职,但生物科学和医学领域的科学家就难以找到后续的资助和其他相关工作了,有时高校甚至流失了一整个科研团队。而芬兰的北欧邻国(如瑞典、挪威)正积极引进来自芬兰的人才。㉒ 在其他国家看来,芬兰人的环境适应能力强,语言能力出众——这还得归功于芬兰这个高福利国家长期以来提供的优质教育。

芬兰如今的境况在 1980 年代的英国也发生过,当时因为高校裁员导致大批优秀的英国科学家投奔加拿大,只不过规模普遍较小的芬兰高校应对裁员的能力将更为脆弱。而更糟糕的是,大量移居国外的芬兰人甚至没有打算再回国发展。一项针对 799 名生活在国外的 20 ~ 40 岁芬兰人的调查显示,只有 19% 表示有回国意向,这一比例比 2006 年下降了 20 多个百分点。㉓

高等教育经费减少将可能在两个方面冲击芬兰的高等教育。㉔ 一是学校的财政压力可能最终转嫁到家长和学生头上。学校将增加生师比,聘用更多的兼职教师,减少学校为师生提供的服务项目;二是削弱学术界对政府的信任,动摇对学校公益性和作为创新驱动力的信念。尽管如此,芬兰的学者们坚信,从长远看,创新是建设芬兰一流科研和一流教育的核心要素,呼吁政府承担起应有的责任,加大财政拨款,防止人才进一步外流,同时考虑从国外引进人才,与发展水平接近的国家开展合作。

㉒ See P. Koikkalainen, "Finnish Brain Drain Picks Up Speed, Entire Research Groups Now Moving Abroad" [EB/OL], Accessed Jan. 12, 2017, https://www.timeshighereducation.com/news/finland-funding-cuts-catastrophe-research.

㉓ See J. Korhonen, "Finland's Brain Drain: What Happens to Small Countries When the Talent Leaves?" [EB/OL], Accessed June 27, 2017, https://theconversation.com/finlands-brain-drain-what-happens-to-small-countries-when-the-talent-leaves-79952.

㉔ See J. P. Myklubust and T. R. Dobson, "Tight Government Budget to Hit Universities Hard" [EB/OL], Accessed August 20, 2015, http://www.universityworldnews.com/article.php? story = 20150819114156 6.

三、中国的人才吸引力和竞争力

(一)高校的国际人才吸引力

高校对于留学生和外国教师的吸引力,是一个国家高等教育竞争力的重要标志。2010 年,中国政府推出“留学中国计划”,目标是到 2020 年成为亚洲最大的留学目的地,来华留学生达到 50 万人次。这些年,政府采取各种措施,吸纳国际学生和学者来华留学、从事教学和科研工作,来华留学生数量连年攀升。到 2016 年,各类来华留学人员已达 44.28 万。但与发达国家相比,留学生占在校大学生的比例偏低(见表 2)。㉕ 教师队伍的国际化方面,有调查显示,即便在国内的重点高校,外籍教师占专任教师的比例也仅为 2.3%(平均每校不足 40 人),这一比例低于日本(3.4%)和德国(9.5%)。㉖

表 2　2014~2015 年部分国家留学生占本国高校在校学生数比例(%)*

国家	比例	国家	比例
卢森堡	43.5	加拿大	9.0
澳大利亚	18.0	德国	7.1
英国	17.5	瑞典	5.8
瑞士	16.8	斯洛伐克	4.9
奥地利	16.8	美国	3.9
新西兰	16.1	日本	3.5
荷兰	10.2	韩国	1.7
法国	9.8	中国	0.46

*资料来源:王辉耀、苗绿编著:《中国留学发展报告(2016)》,社会科学文献出版社 2016 年版。

㉕ 据经济合作与发展组织(OECD)发布的《2016 教育概览》(*Educational at a Glance* 2016),2014 年进入经合组织国家高等教育阶段学习的学生中,有 6% 为国际学生。

㉖ 参见程莹、张美云、俎媛媛:《中国重点高校国际化发展状况的数据调查与统计分析》,载《高等教育研究》2014 年第 8 期。

当前,与留学生数量持续增长形成对照的是,来华留学生的结构性问题依然明显。根据教育部2016年的统计,来华留学人员来源地集中于亚洲国家,人数占当年在华留学生总数的59.84%(其中数量大的韩国学生占了全部来华留学生的15.93%),其他来源地为欧洲(16.11%)、非洲(13.91%)、美洲(8.6%)和大洋洲(1.54%)。接受学历教育的留学生占全部来华留学生的47.42%,研究生层次留学生占学历生的30.42%。整体看,我国高校来华留学的教育层次有待进一步提高,来源地分布需要进一步拓展。

国际人才政策是促进来华留学、工作的重要拉动力。《关于加强外国人永久居留服务管理的意见》(2016年2月)、《关于允许优秀外籍高校毕业生在华就业有关事项的通知》(2017年1月)等政策持续为国际优秀人才在华居住、工作创造条件,提供在华留学生从事短期实习的机会。2016年,上海有约1500名留学生在850家公司或研究机构实习(当然,与上海目前约56,000名在沪留学生的总量相比,这一占比还是很小)。北京市则出台了允许在京高校留学生打零工、从事高科技领域创业等人才政策。

我国的国际性人才流动的另一个重要趋势,是近年出国留学生回国比例的持续增长。据教育部统计,2016年学成回国人数占当年出国人数比已逾八成,而10年前这一比例只有三成。调查显示,受到较为开放的管理运营和薪酬因素的吸引,民营企业(35.8%)和外资企业(20.9%)是留学回国人员就业的主要去向,而进入"教育、国家机关、高校、研究所和事业单位"的比例仅为10.8%。他们来到工作所在城市的理由,主要是"经济发展快"(58.3%),其次是"基础设施配套齐全"(35.9%),而受"相关人才政策吸引"(17.6%)等因素的影响较小。[27]

(二)人才竞争力的国际比较

国际人才顾问公司德科集团(Adecco Group)和法国英士国际商学院(INSEAD)自2013年开始联合发布年度《全球人才竞争力指数报告》(*Global Talent Competitiveness Index*),展示各国的人才储备、发展和管理

---

[27] 参见王辉耀、苗绿编著:《中国留学发展报告(2016)》,社会科学文献出版社2016年版,第65~67页。

趋势。2017 版的报告对包括中国在内的 118 个国家进行了比较，揭示了一些值得关注的国际人才竞争力发展趋势。㉘

《全球人才竞争力指数报告 2017》测量的指标包括 6 大类：环境因素、成长因素、人才吸引力、人才存留情况、职业和技术技能、高端知识技能。㉙ 2017 版《全球人才竞争力报告》显示，在被调查的 118 个国家中，瑞士、新加坡和英国列全球人才竞争力指数排行榜前三位（见表 3）。美国（第 4 位）、澳大利亚（第 6 位）、加拿大（第 13 位）、新西兰（第 14 位）、德国（第 17 位）、日本（第 22 位）等发达国家排名也靠前。

表 3　全球人才竞争力指数前 10 位及中国排名情况（2017）

排名	国家	综合得分
1	瑞士	74. 55
2	新加坡	74. 09
3	英国	69. 40
4	美国	69. 34
5	瑞典	69. 14
6	澳大利亚	69. 06
7	卢森堡	68. 66
8	丹麦	68. 59
9	芬兰	68. 56

㉘ 参见 INSEAD（2016）"The Global Talent Competitiveness Index 2017"[EB/OL], Accessed March 1,2017,http://www. gtci2017. com/documents/GTCI_2017_web_r5. pdf.

㉙ 其中，环境因素包括：政府效率、政商关系、政治稳定性、研究和开发投入、信息技术设施、劳动力市场的灵活性、劳资合作关系等；成长因素包括：高等教育和职业教育入学率、高等教育投入、PISA 成绩、大学排名、商学院质量、企业员工的培训和发展等；人才吸引力因素包括：国内和国际开放度、外国直接投资、国际人才引进力度、国际学生数、性别平等、对少数族裔和移民的包容度等；人才存留因素包括：税收和养老金、生活方式和社会服务设施等；职业和技术技能因素包括：中级水平劳动力比例、获得技术工人的便捷度、教育与经济发展的关联度、科学家和工程师的储备、技能与需求的匹配度等；高端知识技能因素包括：具有高等教育学历的劳动力比例、专业和研究人员比例、研究机构的质量、创新产出、创业活动活跃度、高附加值出口等。

续表

排名	国家	综合得分
10	挪威	68.01
……	……	……
54	中国	45.34

这份报告凸显了国际人才竞争力的一些基本特点和相关因素:

· 排名前 10 位的国家中,有 4 个(瑞典、丹麦、芬兰、挪威)来自北欧地区。除了美国和英国,排名前 10 国家的国内生产总值(GDP)相对较小,表明经济体规模与人才有效管理之间没有必然联系。小国家没有可依赖的巨大的国内市场和经济规模,它们更需要重视对教育和人才的投入,以获取国际竞争优势。

· 像新加坡、瑞士这样的人才高竞争力国家,在终身教育和技能开发、和谐的劳动关系、较小的性别收入差距方面都有突出的表现。

· 大学排名与人才竞争力之间呈现复杂的关系。美国、英国、瑞典、新加坡、澳大利亚等国大学排名和人才竞争力均位居世界前 10;而瑞典(第 13 位)、丹麦(第 14 位)、芬兰(第 17 位)、挪威(第 22 位)、卢森堡(第 76 位)在大学排名指标上都排在 10 名之后。但整体而言,大学排名仍然是重要的人才环境因素——大学排名靠前的国家更有可能培养和吸引顶尖人才。

· 拥有较高人才竞争力的国家具有一些共性,比如,与经济发展相适应的教育系统、更灵活的就业政策、更紧密的政企合作等。

2017 年版的《全球人才竞争力报告》中,中国位列全球人才竞争力指数的第 54 位,综合得分 45.34 分,位次较 2016 年版的调查结果下滑了 6 位,但领先其他四个“金砖国家”——俄罗斯(第 56 位)、南非(第 67 位)、巴西(第 81 位)和印度(第 92 位)。中国在人才培养(如正规教育、终身教育)方面表现突出(第 39 位),但对人才的吸引力(国内、国际人才的开放度)较弱(第 100 位)。而在其他指标上,“制度和环境”中国列第 52 位,“可持续性和生活质量”中国列第 71 位,“职业和技术教育”中国列第 81 位,“高端人才”中国列第 27 位。

包括中国在内的新兴经济体虽然在全球经济舞台上有亮丽的表现，但他们经济成长的可持续性值得关注。与发达国家相比，这些国家人力竞争力的差距主要体现在商业和制度环境、专业人才网络、技能型人才的储备等方面。另外，这些国家对各类人才的包容度不够也是一个问题。报告指出，积极推动高等教育国际化，或许是一个好的行动起点。

四、结论及启示

人才国际流动的方向和模式，受到国际地缘政治、政府和院校层面的财政政策、学术实践环境、日常生活（语言、习俗等）等综合因素的影响。[30]国际政治版图的变化（特别是民粹主义、反全球化思潮）和世界范围经济不景气，也直接波及了国际高等教育。一些传统的人才强国（如芬兰、美国、英国）出现了不同程度的高校人才外流动向；另一些发达国家（如法国、德国、加拿大）抓住机遇，积极推出资助政策，吸引全球高端人才。

与人才由传统的发展中国家向发达国家流动的模式不同，当前国际人才流动出现了多极化趋向。这给国家、院校和个人带来了更多机会，但各国取得成功的难度也在加大。在很多情况下，高端人才流动发生在发达国家（特别是那些学术制度相近、文化和语言相通的国家）之间，而不是发生在发达国家与发展中国家之间。

中国虽然接收了数量日益庞大的外国学生，但这些学生的来源地集中于亚洲的个别国家，且高校师资的国际化依然维持在较低水平，显示了学术国际影响力和人才培养制度方面的不足。与高人才竞争力的国家相比，中国人才制度的开放性、包容性还不够。美国高等教育学者菲利普·阿特巴赫（Philip Altbach）和汉斯·德维特（Hans de Wit）认为，当前其他国家学术人员向美国或英国申请工作的可能性正在降低，他们将更多向欧盟和亚洲国家（特别是中国）转移——但是，如果学术制度不发生根本

---

[30] See L. E. Rumbley and H. de Wit, "International Faculty Mobility: Crucial and Understudied", *International Higher Education*, 2017, pp. 6 – 8.

的改变,中国很难在短期内取得(吸引人才的)成功。[31] 吸引顶尖学者的不只是薪水,他们同样看重开放的学术环境、便捷的信息获取渠道、更有参与性的教师治理。

法国、加拿大等国的人才引进政策出台后,即刻引发了"应该优先支持国外学者还是国内学者""国内高教经费削减的情况下,为何还高薪聘请国际学者"等问题的争论。这些争论折射了各国学术发展中短期政策重点和长远制度健全的双重诉求。我国持续释放的各类人才引进政策,大多围绕外部政策的激励和物质条件的承诺,旨在短期内产生效应。但当发达国家和新兴发展中国家纷纷加入高端人才竞争行列的时候,我国学术制度"微环境"建设(包括学术管理的制度化、信息透明度、更高效的行政管理等)尤为重要。同时,充分利用日益庞大的留学归国人员的学术资源,发挥他们在国际科研合作和留学生教育中的独特作用,为其中的优秀者投身学术界创造更好的科研、教学条件,也是我国人才引进政策的务实之举。

The New Trends of the Competition and Mobility of International Talents

Hou Dingkai

Abstract: The worldwide mobility of talent is driven by the needs of social development and academic innovation. At present, the influence of a series of international political and economic factors such as the Brexit, the tightening immigration policy of the U. S. , the financial crisis in Europe, have shown some new trends in the competition and mobility of international

---

[31] See P. Altbach and H. de Wit, "Revolutions ahead in International Student Mobility" [EB/OL], Accessed April 7, 2017, http://www.universityworldnews.com/article.php? story = 20170404120226396&query = American + students + canada.

high-end talent. Britain has sought to reverse the brain drain caused by the Brexit through special funded projects; France and Germany have focused their efforts on building a center for world-class climate talent; and Canada has introduced a high-end program for introducing academic leaders to its universities. On the other hand, the continuous brain drain in Finland in recent years has exposed the awkward situation faced by the traditional education superpower in the face of changes in the economic environment. Although Chinese universities have done much in attracting talent and in increase national competitiveness, there are still some shortcomings in quality and structure of the import of talent. Based on the status quo of international competition for talent with both opportunities and challenges, China needs to follow the international trend in its promotion of internationalization of talent, review its shortcomings and establish strategic priorities.

Key Words: talent policy, competitiveness, talent mobility

教育法制

特殊教育法制在台湾地区的建构与检讨

许育典

摘　要：就目前特殊教育产生的问题而言，应回归到教育的目的去检讨，以教育基本权的保障作为出发点，探讨如何建构一个特殊教育制度，达到促进身心障碍学生自我实现的目的。因此，本文首先介绍"特殊教育法"的目的和相关规范，并描述规定修正前后的背景。接下来探讨教育基本权下应建构一个促进身心障碍学生自我实现的特殊教育制度。最后从教育基本权的观点切入检讨新修正的"特殊教育法"，了解身心障碍学生从鉴定、安置到申请入学可能面临的问题，并提出一些未来可能的规定修改方向。

关键词：自我实现　社会国原则　教育基本权　"特殊教育法"

一、前言

台湾地区有关规定规定了人民有受"国民"教育的权利。在台湾当局财政的提供可能性考虑下目前"国民"教育限于中小学阶段，而教育基本权的核心在于促进学生的自我实现。①

对于身心障碍者而言,由于身体部分机能缺陷或心智发展上有某种程度的障碍,其在学习的过程中,可能产生学习能力迟缓、跟不上课程的困境,有鉴于此,台湾地区于 1984 年制定公布“特殊教育法”,全文共 25 条,借此保障身心障碍者接受适性教育的权利,并且期盼能充分发展潜能。

特殊教育重视个别差异,并强调差异的事实及特殊性的存在。其对象之所以特殊,系因它们在一般学习情况下有特殊困难,所以需要特殊的教育方案。虽然特殊教育实施的对象异于常人,但不一定较常人低劣。②特殊教育的实施对象是身心障碍与资赋优异者,依据不同的事实上差异,给予适合个别需要的教育措施,进而开发其潜在能力。③ 特殊教育学生虽然具有特殊性,但仍享有教育基本权,依靠对他们进行的辅导与教育措施,使他们能在特殊教育的过程中,找到自己的潜能并且朝着自身专长发展,以及决定用什么方式来发展其能力以达自我实现,而这正是教育基本权所欲保障的核心。④

台湾地区于 1984 年公布“特殊教育法”。该规定的首度制定,跳脱了以往的医疗思维,并加入了社会模式的观点,同时也奠定了法基础。1997 年又经台湾地区立法机构三读通过,新修订的规范将自闭症、发展性障碍列入其中,其重点也朝向普及教育,同时以小班、小校为原则,朝小区化方向发展。该规定在教育措施上指出,特殊教育之课程、教材及教法,应保持弹性,适合学生身心特性及需要。⑤ 此外,该规定第 30 条明文规定,地方政府编列预算,必须优先办理身心障碍学生教育。由此可知,“特殊教育法”为身心障碍的学生提供资源,并让资源的分配有法源基础,以因材

---

① 参见许育典:《“宪法”》,台北,元照出版有限公司 2016 年版,第 335 页。

② 参见林镇坤:《特殊教育政策》,师大书苑出版社 2002 年版,第 43 页。

③ “特殊教育法”第 1 条规定,为使身心障碍及资赋优异之“国民”,均有接受适性教育之权利,充分发展身心潜能,培养健全人格,增进服务社会能力,特制定本法。

④ 参见许育典:《“宪法”》,台北,元照出版有限公司 2016 年版,第 335 页。

⑤ “特殊教育法”第 19 条前段规定:“特殊教育之课程、教材、教法及评量方式,应保持弹性,适合特殊教育学生身心特性及需求。”

施教作为出发点，优先帮助学习上的相对弱势者。

然而，看似完善的“特殊教育法”在实际执行上仍遭遇到困境，无法落实保障身心障碍学生的规范制定目的，因此台湾地区立法机构在2009年10月底修正规定，企图解决现行条文的不足。修正后的“特殊教育法”虽然解决了现行的问题，但也产生了新的问题。因此，本文认为就目前特殊教育产生的问题而言，应回归到教育的目的去检讨，以台湾地区有关规定所保障的教育基本权作为出发点，探讨如何建构一个特殊教育制度，达到促成身心障碍学生自我实现的目的。

二、台湾地区特殊教育法制的源起与发展

（一）台湾地区“特殊教育法”的源起

台湾地区对于特殊教育的发展，主要受到外国的所谓“人权思潮”的影响。20世纪60年代“人权运动”兴起，也由于许多教养机构以非人道与非专业的方式对待身心障碍者，人们开始关心身心障碍者之权益，欧洲大陆所提出去机构化（deinstitutionalization）以及正常化原则（normalizational）的理念，企图使身心障碍者可以不再以隔离的方式进行教养，上述的理念的一提出，开启了晚近对于特殊教育的重视。⑥

台湾地区“特殊教育法”系以台湾地区有关规定——人民有受国民教育的权利与义务——为教育基本权的保障基础，其保障的核心主要在于能使身心障碍学生得以自由地开展其人格以达自我实现。台湾地区教育政策上的实施方针则体现台湾地区有关规定——国民受教育之机会一律均等，以及增修台湾地区有关规定，即国家对于残障者之保险与就医、教育训练与就业辅导、生活维护与救济，应予保障，并扶助其自立与发展。观之上述若干条文，足以彰显出保障身心障碍者教育基本权的诚命，从而使台湾地区立法机构得以遵循台湾地区有关规定进一步制定具体规范条

⑥ 参见邱椽茵：《学龄前融合教育班级师生及同侪互动之研究——以台北县一所公立幼儿园教师经验为例》，台湾政治大学幼儿教育研究所2006年硕士学位论文，第11页。

文，并同时授权于台湾地区行政主管部门制定出相关的行政命令，以期落实身心障碍者之教育权利。[7] 因此台湾当局有义务通过公权力的行使，来落实这一项重大任务。

目前台湾地区保护身心障碍者的法案，在教育方面主要为“特殊教育法”的规定。身心障碍学生常因其生理或学习特殊性而得不到适当的教育，或者虽然有教育的机会，但因教育方式的不适当，而无法满足其学习需求。过去，有关特殊教育的相关政策，主要是依据三个法令加以维护，包括“特殊教育推行办法”、“台湾省各县市国民小学智能不足儿童教育实验班设班要点”以及“特殊儿童鉴定及就学辅导标准”。[8]

由于身心障碍学生比起一般生有更多的学习辅助需求，随着社会及教育的进步，关于制定特殊教育相关规定的呼声日益升高，因此台湾地区于1984年正式制定出台特殊教育的相关规定，使之成为推行特殊教育工作的法源依据，以适当维护特殊学生的教育权益。而“特殊教育法”的立法目的就明文规定在第1条：“特殊教育的实施目的在于使身心障碍学生有接受适性教育的权利，充分发展身心潜能，培养健全人格，增进社会服务能力。”也就是说，发展特殊教育目的在于适应个别差异，充分发挥个人潜能，实现教育机会均等的理想，依据学生的天赋智能，充分地给予适当的发展机会。[9]

（二）台湾地区“特殊教育法”的发展

台湾地区第一个“特殊教育法”[10]在1984年通过公布，至今已有三十多年。当中，“特殊教育法”历经1997年和2009年的两次的大修订，这两次规定修正的结果恰好可以反映出台湾地区推动特殊教育走向融合的变

---

[7] 林纯真：《台湾教育法制修法模式初探：以“特殊教育法”为例》，载《特教园丁》第11卷第4期。

[8] 陈丽如：《特殊教育论题与趋势》，新北，心理出版社2004年版，第27页。

[9] 林宝贵主编：《台湾当局特殊教育概况》，台湾教育主管部门1999年版，第15页。

[10] “特殊教育法”第1条：“为使身心障碍及资赋优异之国民，均有接受适性教育之权利，充分发展身心潜能，培养健全人格……”由此可得知“特殊教育法”的法规范主体包含“身心障碍”以及“资赋优异”两大类，本文将聚焦于“身心障碍”类别。

化。[11] 1984 年“特殊教育法”把特殊教育从过去的医疗照顾思维逐渐提升至身心障碍学生的基本教育权。该规定的实施使在推行各项特殊教育事务时皆须依法执行,也奠定了台湾地区特殊教育的法治基础,[12]揭示了台湾当局有义务去推动特殊教育,并保障身心障碍学生也能享有接受教育的权利。此阶段实施特殊教育的教育场所主要为特教班。“特殊教育法”的推动过程中,特殊教育班学生被鼓励安排部分时间与普通班交流,对普通班级之挑战较少,而且当时设置班级也不多。随着世界各国间对于特殊教育思潮的冲击,台湾当局对特殊教育的发展趋势顺应及家长团体、学者专家致力于对身心障碍学生教育权益的倡导,随后在 1997 年第一次修正规定中,将身心障碍学生类别增加到 12 个。为了因应新增的障碍类别,将原来的资源班调整为不分障碍类别的资源班,转型后的资源班因此成为第一次修正规定普及特殊教育的主角,[13]为推动融合教育奠下重要的基础。在 2009 年“特殊教育法”的第二次修正,目的在于保障身心障碍学生享有教育的权利,提升其受教质量与学习竞争力,具体实践充分就学与适性发展。

1.1997 年修正“特殊教育法”

台湾地区“特殊教育法”的主导部门为台湾教育主管部门,而其目的在于对具有特殊需求的学生规划特殊教育服务。其主要的服务对象为身心障碍学生,基本精神在于提供对障碍者而言更适性的教育环境,保护身心障碍者拥有与一般人同等的教育权益。[14] 然而“特殊教育法”规定的身心障碍类型中,未将自闭症和发展迟缓两类纳入,造成自闭症和发展迟缓学童虽然具有生理上的特殊情况,却无法依障碍程度而获得个别化的特殊教育。最重要的是,许多学校受理身心障碍者的申请入学时,多半考虑

---

[11] 参见洪俪瑜:《迈向融合教育之路——回顾“特殊教育法”立法三十年》,载《台湾当局特殊教育学会年刊》2014 年。

[12] 参见吴胜如、邱进典、周围生、陈锡辉:《新修订特殊教育法之特色》,载《身心障碍研究》2010 年第 8 卷第 1 期。

[13] 参见洪俪瑜:《资源教室方案与台湾的融合教育》,载《教育资料与研究》2008 年第 82 期。

[14] 参见陈丽如:《特殊教育论题与趋势》,新北,心理出版社 2004 年版,第 27 页。

到其生理或心理的特殊性,而以缺乏相关设备或师资等资源加以拒绝,造成身心障碍者的教育基本权无法落实。

因此台湾地区遂于1997年进行第一次规定修正,企图解决旧有规范不足之处。修正后的重点包括:零拒绝的特教义务化、学前教育向下延伸、订定经费百分比、个别化教育的实施与回归主流,并提供最小限制环境,以求符合个别特教学生的教育需求,切合整体特教发展的潮流。⑮

2.2009年修正"特殊教育法"

修正后的"特殊教育法",仍面临一些问题:由于特殊教育学校并非每个县市都有,故一些学生必须跨县市就读,接收特殊教育资源极为不便。例如,台南县市设有启聪学校和启智学校,但启明学校全台只有台北和台中才有,南部视障学童到启明学校就读就必须住宿。此外学校的特殊教育设备仍然缺乏,特殊教育鉴定与辅导会和特殊教育咨询会等组织职责分配不清,有重叠空间,特殊教育的相关制度与福利仍有改善空间,因此2009年修正了"特殊教育法"。而这次修正重点有:特殊教育预算由3%提高至4.5%,希望借由提高预算能改善增加特殊辅助设施,协助身心障碍学童克服生心理障碍,且全台各县市应至少设立一所特殊教育学校,明确规定就近入学原则,强调小区化的个人化计划以及明确规范特殊教育咨询会和特殊教育鉴定与辅导会的相关组织程序。

三、社会国原则作为特殊教育的保障基础

社会国原则在台湾地区作为具有法拘束力的客观法原则,⑯是指为建立符合公平正义的社会秩序,台湾当局有义务消除人民经济上及社会地位的不平等。而在保障自由人权的法秩序下,组成社会的人民享有不受

⑮ 参见林纯真:《"特殊教育法"一读修正重点、特色及其影响性析论》,载《特教新知信息》第4卷第6期。

⑯ 参见詹镇荣:《"宪法"基本原则:第六讲——社会国原则责任主体、类型及界限》,载《月旦法学》2006年第42期。

台湾当局公权力任意侵害的各种自由权以自由发展其人格，并在法律上受到平等保障。

（一）社会国发展

台湾地区有关规定上的“社会国”，除了有继受外国的部分内容外，也有自身的特色。[17] 随着工业革命与资本主义的发展，开始引发一连串的负面现象，如资本过度集中、贫富差距开始扩大以及人民在社会资源的分配上不平均等问题，随之开始有社会法治国的思想。[18] 为了弥补自由法治国思想所遗留下的缺口，诸多国家从过去单纯且消极地确保个人自由不受侵害的立场，转而追求社会正义与安全，照顾社会上的弱势者。[19] 社会法治国原则主要强调经由国家来实现人的自由与尊严，分享国家提供的给付，进而改变社会既有的不平等。[20] 为达到社会正义与安全两个目的，肯定国家借由公权力得以介入社会经济生活领域，并主动积极地给付义务。

（二）社会国原则内涵

虽然台湾地区有关规定没有如同《德国基本法》直接阐述社会国的用语，然而台湾地区有关规定指出台湾强调民有、民治、民享，其中民享可与社会国原则等同看待，诚如台湾地区负责解释宪制性规定的主管部门释字 485 号解释理由书[21]揭示的那样，社会国原则可作为台湾地区有关规定之基本原则。诚如前述，由于社会国原则在于追求公平正义的社会秩序，故此原则对于处于弱势的身心障碍学生而言，可调和其在学习场域所面临的不平等，以追求一个具有人性尊严的教育质量。[22]

---

[17] 参见许育典：《“宪法”》，台北，元照出版有限公司 2013 年版，第 74 页。

[18] 参见陈英钤：《“自由法治国”与“社会法治国”的制度选择——评释字四七二与四七三号“大法官”会议解释》，载《台湾本土法学杂志》1999 年第 4 期。

[19] 参见吴武典：《台湾特殊教育综论（三）：挑战与展望》，载《特殊教育季刊》2014 年第 132 期。

[20] 参见蔡维音：《社会国之法理基础》，台北，正典出版社 2001 年版，第 62 页。

[21] 释字 485 号解释理由书表示，“宪法”系以促进民生福祉为一项基本原则，此观“宪法”前言、第 1 条、基本国策章及“宪法”增修条文第 10 条之规定自明。本此原则国家应提供各种给付，以保障人民得维持合乎人性尊严之基本生活需求，扶助并照顾经济上弱势之人民，推行社会安全等民生福利措施……

[22] 参见许育典、黄忆洁：《从“宪法”探讨台湾少数民族教育的落实——以义务教育阶段为核心》，载《东海大学法学研究》2013 年第 43 期。

(三)社会国原则在台湾地区特殊教育的实践

身心障碍学生常因生理与心理上的不便利,导致其无法从教育环境中顺利地进行自我人格的开展,进而开始对自我失去信心并远离人群。此时台湾当局有义务去保障身心障碍学生的教育基本权。在实质的教育实践层面,依照台湾地区有关规定的意旨,使身心障碍学生与普通学生间没有差异,并在受教育的过程中均享有机会平等的教育权利,让身心障碍学生得以适性发展;在形式的教育实践层面,在校园的环境中,为了保障身心障碍学生享有一个合于人性尊严的条件,消除在校园环境中所面临的重重障碍,在校园内开始设立了无障碍的设计,以协助身心障碍学生能在最少限制环境原则下,得以顺利成长与学习,让所有的身心障碍的学生都能得到自我实现的机会。

四、特殊教育法制落实教育基本权的规定

(一)教育基本权作为特殊教育法制的基础

1. 教育基本权的主体

教育的主体究为台湾当局或个人,过去常常受到争议,以前的各级学校目标,不论是“国民教育法”或是“大学法”,都含有为台湾当局发展的特定目的,导致人民成为教育的客体。直到“教育基本法”以明文规定彰显教育基本权的概念后,才确定人民是教育基本权的主体。[23] 在台湾地区教育制度中,教育不能只被视为台湾当局统制权力的行使,而是须将人民视为教育权的主体。[24] 台湾地区有关规定的教育基本权,保障的主体是学生自己,借由保障其教育基本权,来落实其自我实现。而实际上对学生教育基本权有影响的,不仅是父母,也包含了教师与台湾当局,所以父母、教师与台湾当局系作为保障教育基本权实现的参与者。[25] 因此父母作为落

㉓ 参见吴清山:《教育法规与实务》,新北,心理出版社2003年版,第231页。

㉔ 参见李惠宗:《“宪法”要义》,台北,元照出版有限公司2004年版,第380页。

㉕ 参见许育典:《“教育法”》,台北,五南出版股份有限公司2007年版,第62页。

实子女教育基本权的协助者,其教育权,必须以其子女的自我实现为目的。[26]

在中小学的教育阶段,身心障碍学童是教育基本权的主体,特殊教育是教育基本权保障的一环,而教育基本权的本质在于保障学生的自我实现权,因此特殊教育制度下的课程规划、教师教学方法和学校辅助设备,必须以促进学童的自我实现为中心,发展出适合身心障碍儿童学习的环境,协助其排除障碍而融入学校生活,并自由开展人格。也因此,台湾当局对于这些有特殊学习需求的身心障碍学童必须根据他们不同的特性和性向,来建构一套完善的鉴定安置制度,使其透过正确的鉴定结果,并被安置在适合的学习环境中,而得以自我实现。

2. 教育基本权的范围

台湾地区有关规定明确人民有接受教育的权利。这是最接近教育基本权的保障规定,而这里的教育目前是针对中小学阶段而言的。[27] 因此,台湾教育基本权的保障范围是以中小学生人格自由开展为核心的教育基本权。根据“国民教育法”的规定,台湾当局负有提供教育给付的义务。[28]

如上所述,人民在中小学阶段的教育学习过程是教育基本权的保障范围。6 岁到 15 岁的身心障碍者作为教育基本权主体,当然享有中小学的教育基本权。“特殊教育法”第 10 条第 2 款即规定,特殊教育之实施,分四阶段办理,在教育阶段,由小学、中学、特殊教育学校或其他适当场所办理。台湾当局有义务提供必要辅助措施,以符合身心障碍者的学习需求,协助其排除生理或其他的障碍,通过学习的过程追求自我实现。例如,听障学生因听力障碍,无法得知教师授课内容,只能借由观看同学笔记和黑板上的板书窥知一二,无法同步跟上课程进度,对上课内容也难以完全掌握并加以理解。此时学校应提供辅助设备,包括打字员或助听器,使其可以搭配教师书写的板书,同步接收课程知识。

---

[26] 参见许育典:《教育“宪法”与教育改革》,台北,元照出版有限公司 2013 年版,第 22 页。

[27] 参见“国民教育法”第 2 条第 1 项前段规定,凡六岁至十五岁之“国民”,应受“国民”教育。

[28] 参见许育典:《“宪法”》,台北,元照出版有限公司 2013 年版,第 308 页。

(二)特殊教育制度在教育基本权功能建构下的保护法益

1. 作为主观权利的功能

教育基本权的主观权利功能(die subjective-rechtliche Funktion),包含了防御权(Abwehrrecht)与共享权(Teilhaberecht)的功能。㉙ 基本权于19世纪取得了作为主观防御权的功能,来对抗国家权力的侵害,以达到保障人民自由与财产的目的。㉚

身心障碍学生的教育基本权作为防御权保护法益的第一个内涵,即身心障碍学生的自我实现权,其中包含了自我发展权与自我决定权。一方面,自我发展权要求台湾当局不得以完全统一而没有其他替代可能性的教育计划与课程大纲,作为唯一的授课或评分标准;另一方面,学生可通过自我决定权,对于自我发展方式进行决定,排除台湾当局学校高权干涉其判断与选择之自由空间。㉛ 身心障碍学生的教育基本权作为防御权保护法益另外的两个内涵,为身心障碍学生家长的教育权与身心障碍教育教师的教学自由。这两项权利皆以学生的自我实现为目的而存在,㉜通过对于家长与教师的一定程度的尊重与保护,来排除公权力于教育事务上的过度干预。而正因该权利是以学生为目的而存在,家长与教师更应谨慎行使,不得怠于行使或为滥用。当家长与教师违反其保护义务或怠于行使其权利时,公权力则有权介入。㉝

作为身心障碍学生教育基本权的另一个主观权利功能为共享权。对基本权的具体保障,取决于可共享支配的财政援助及资源。因此,财政的

㉙ J. Ipsen, Staatsrecht II, Neuwied 1997, Rdnr. 60 ff.

㉚ Hartmut Maurer, Staatsrecht I, München, 2005, S. 247.

㉛ 参见许育典:《教育"宪法"与教育改革》,台北,元照出版有限公司2013年版,第22页。

㉜ 参见许育典:《教育"宪法"与教育改革》,台北,元照出版有限公司2013年版,第23页。

㉝ Ursula Fehnemann, Die Bedeutung des grundgesetzlichen Elternrechts für die elterliche Mitwirkung in der Schule, AöR, Vol. 105, 1980, S. 529.; dies., Bemerkungen zum Elternrecht in der Schule, DÖV, 1978, S. 489.; dies., Elternrecht und Schule, RdJB, 1988, S. 444; F.-R. Jach, Elternrecht, staatlicher Schulerziehungsauftrag und Entfaltungsfreiheit des Kindes, KJ, 1984, p. 85; Theodor Maunz, Gestaltungsfreiheit des Lehrers und Schulaufsicht des Staates, in: H. Maurer (Hrsg.), Das akzeptierte Grundgesetz, Festschrift für Günter Dürig zum 70. Geburtstag, München, 1990, S. 269; Martin Stock, Pädagogische Freiheit und Schulbuchreglement, RdJB, 1992, S. 241.

不可能性,成为基本权的界限,㉞但倘若在财政可能实现的情形下进而提供所有人民支配有限的资源时,则人民对这些资源具有共享权,其目的是使身心障碍学生的自我实现的机会得到教育平等。

综上所述,当身心障碍学童对于入学向学校提出申请时,学校准许入学的性质,属于特殊教育安置的一环。就此而言,教育基本权主观权利下的共享权,可分为现有教育设施的入学请求权和必要教育设施的创设请求权等两个具有内涵的保护法益。㉟ 在此与身心障碍学童的入学申请较有关的是必要教育设施的创设请求权,亦即将共享权的保护法益作为衍生的给付请求权。必要教育设施的创设请求权系指对公共教育设施入学申请的拒绝理由,只能由申请人本身的能力及性向条件,以及被许可人与被拒绝人的不同条件资格等方面,取得正当性。由于教育本身的目的在于学生的自我实现,因此每个国家的教育措施,都应以学生的人格自由开展为目的。有关公共教育设施的入学许可,只能以是否促进学生人格发展,作为条件的限制。㊱

身心障碍学生由于身体和心理方面有缺陷,对于学校教学设备有特定需求。例如,视觉障碍学生虽然学习过程较为缓慢,无法通过眼睛正常接收讯息,必须用计算机、数字有声书及点字教材等教学辅助措施来学习,但只要提供必要设施来弥补先天上的不足,学生在适应一段时间之后,仍可以启发潜能并借由学习过程而发展自我。学校只能以不具备其所需要的相关教学设施,作为拒绝申请入学的理由。

有些学生在其自我实现的过程较为缓慢,或许一开始并非具有良好的学习能力。当局对于这些学生的入学许可,不可完全以学习能力作为判断标准。因为教育基本权是以学生自我实线为核心,并非只是一个单纯的学习权,不可将学习能力作为教育基本权的主张能力,而否决学生的

㉞ Wolfgang Martens, Grundrechte im Leistungsstaat, VVDstRL, 1972, S. 30; Peter Häberle, Grundrechte im Leistungsstaat, VVDStRL, 1972, S. 139; Stefan Koslowski, Vom Sozialen Staat zum Sozialstaat, Der Staat, 1995, S. 221.

㉟ 参见许育典:《法治国与教育行政——以人的自我实现为核心的教育法》,台北,元照出版有限公司 2013 年版,第 33 ~ 39 页。

㊱ 参见许育典:《宪法》,台北,元照出版有限公司 2016 年版,第 344 页。

入学请求。就此而言,当局必须在财政能力许可下,提供适合身心障碍学童学习的特殊教育学校或是特殊班级,通过辅助设施的提供,来减少其学习上的障碍,并降低与一般学童所拥有的正常学习能力的落差。因此,当身心障碍学童受到学校拒绝入学的通知时,得以主张教育基本权下的主观权利,也就是共享权的衍生给付请求权。由于当局已提供一般学生进入学校学习的路径,在财政能力范围内,依照平等原则,被拒绝在学校之外的身心障碍学童属于未受到给付者,得主张共享给付,这是因为每个学童平等地享有共同参与既存给付系统的权利。㊲

2. 作为客观法的功能

教育基本权在客观法功能的面向上,主要有客观价值秩序、制度性保障和组织与程序保障的保护法益等内容。

就客观价值秩序而言,特殊教育的目的在于协助并提供身心障碍学童适性的教育环境,保护其拥有与一般人同等的教育权益。因此特殊教育的课程必须以特殊学生的人格自由开展多元学习性为导向。此外,学校也必须提供个别化教育和适性教育,作为落实身心障碍学童自我实现的教育计划,借此协助其发现本身的潜能所在,并在学习的过程中慢慢开发,最后能自我发展。在师资方面,特殊教育体制下的师资培育,系以特殊教育学系的师资生作为特殊教育的师资来源。教师作为身心障碍学童实现教育基本权的协助者,必须依个别学生不同特性和性向来授课,从中帮助其启发和发掘自我潜能。㊳

就制度性保障的保护法益,在特殊教育的面向上,包含国家监督制度和私立学校制度,由于台湾地区有关规定明定台湾当局对学校的监督,而特殊教育对于一般教育而言具有特殊性质,因此台湾当局的义务不只是建立符合身心障碍学童适合学习的特殊教育学校和特殊班级,还必须通

㊲ Bernd Clevinghaus, Das Recht auf Zugang zu den öffentlichen Bildungsein¬ richtungen als Konkretisierung eines grundgesetzlichen Bildungsrechtes, RdJB, 1974, p. 321; G. Lenhardt, Gleichheit und Freiheit, RdJB, 1993, p. 165.

㊳ Hermann Giesecke, Effizienzprobleme der Lehrerausbildung, in: W. Böttcher/H. Weishaupt/M. Weiß, Wege zu einer neuen Bildungsökonomie, München, 1997, p. 302; Jörgen Oelkers, Lehrerbildung - ein ungelöstes Problem, Z. f. Päd, 1998, p. 3.

过台湾当局的依法监督和公共权力的保护，以具体落实特殊教育学校成为使身心障碍学童自由开展人格的教育设施。而私立学校的组成中，也存在特殊班级的设置，接受身心障碍学童的申请入学。就此而言，私立学校开启不同于台湾当局教育系统的课程教学替代性。通过私立学校的设立保障，身心障碍生可以据此选择适合自己兴趣和性向的私立学校，例如有的私立职业学校以美容美发科闻名，提供完善的师资和相关美容器材，并且设有专业的实习课程，而以此为兴趣的身心障碍学生就可以自由地选择要进入哪间私立学校，作为开发潜能的学习环境，以获得自我实现。

就组织与程序保障的保护法益而言，当身心障碍学生对于其有兴趣或是可提供适性教育的学校提出入学请求，而遭到拒绝时，此时其因学校的拒绝而无法进入学习环境，获得个别化教育，以致原本得以自我实现的机会受到限制，导致教育基本权受侵害，因此当其对于学校的拒绝安置有所不服时，应得以申诉或提起行政救济，以救济其权利。

教育基本权作为组织与程序保障，在此体现于为了学生的自我实现，人民在学校中仍能独立于台湾当局的目的利益之外，而受到组织与程序上的保障，是由此而形成的教育基本权保护网。在此面向上，就法治下的在学关系而言，学生作为学校的主要成员，其权利保障也须通过权利救济的程序保护，才能真正落实。[39] 就此而言，特殊教育制度的建构，必须设计一套权利救济的组织与程序保障机制，当鉴定安置的决定不正确，或是学习相关权利因学校的决定受到侵害，应赋予学生或其家长得提起申诉的权利，作为学习权利的救济手段。

五、从教育基本权检讨特殊教育法制

特殊教育制度是教育基本权下的其中一环，必须以促进身心障碍学生的自我实现为核心，因此“特殊教育法”的相关规定，同样须落实身心障

---

[39] 参见许育典：《教育法》，台北，五南出版股份有限公司2009年版，第244页。

碍学生的自我实现权。特殊教育执行的步骤,系由台湾地区教育主管部门的特殊教育学生鉴定与就学辅导委员会(以下简称鉴辅会)依照鉴定标准,判断学童是否属于“特殊教育法”规定的13种身心障碍类型。[40] 若符合其中一种类型,再由鉴委会进行适当安置。安置的方式因障碍程度不同而区别:重度和多重障碍者安置于特殊学校,而中度障碍者安置于普通学校的特殊教育班;轻度障碍者因为程度轻微,借由辅助器材便可弥补学生心理上的不足,因此安置在普通学校的普通班,下课时集合到资源班进行辅导。本文将以教育基本权角度,从身心障碍学童一开始的鉴定、安置到入学的程序,检讨修法后的“特殊教育法”相关规定。

(一)身心障碍学童的鉴定与安置

特殊教育过程的最初步骤是特殊儿童的鉴定与安置,经鉴定后发现并确认须要特殊教育的对象,以便透过安置,提供儿童最有利的学习环境。由各县市教育部门设的鉴辅会负责鉴定与就学辅导工作。

1.“特殊教育法下”的鉴定安置措施

依“特殊教育法”规定,应由鉴辅会依鉴定标准办理鉴定,而鉴辅会系由学者专家、教育行政人员、学校行政人员、同级教师组织代表、家长代表、专业人员、相关机关(构)及团体代表所组成。[41] 为避免学校权力介入,从而导致不客观的结果,要求兼任行政人员代表人数不得超过半数。[42] 如果专业机关鉴定报告指出该学童有生理或心理之障碍,且具有学习特殊需求,须受特殊教育及相关服务措施之协助,则由鉴辅会开会进行安置,并由家长参与订定个别化教育计划,根据身心障碍学童的个别情形,

---

[40] “特殊教育法”第3条规定:“本法所称身心障碍,指因生理或心理之障碍,经专业评估及鉴定具学习特殊需求,须特殊教育及相关服务措施之协助者;其分类如下:一、智能障碍。二、视觉障碍。三、听觉障碍。四、语言障碍。五、肢体障碍。六、脑性麻痹。七、身体病弱。八、情绪行为障碍。九、学习障碍。十、多重障碍。十一、自闭症。十二、发展迟缓。十三、其他障碍。”

[41] “特殊教育法”第6条第1项规定:“各级主管机关应设鉴辅会,遴聘学者专家、教育行政人员、学校行政人员、同级教师组织代表、家长代表、专业人员、相关机关(构)及团体代表,办理特殊教育学生鉴定、安置、重新安置、辅导等事宜。”

[42] “特殊教育法”第6条第1项规定:“前项鉴辅会成员中,教育行政人员及学校行政人员代表人数合计不得超过半数,单一性别人数不得少于三分之一。”

考虑适合的教育方式,而加以实施。

2. 鉴辅会绩效不足

"特殊教育法"赋予鉴辅会的权限包含:办理特殊教育学生鉴定、安置与辅导事宜,然而依"特殊教育法施行细则"规定,鉴辅会下设主任委员一人,该主任委员是由县市主管教育行政部门的负责人兼任之;并指定专任人员办理鉴辅会事务。实际执行面而言,教育行政部门大多以现有的人力来承担,在人少事繁的情况下,绩效自然不佳。此外身心障碍类型的评估鉴定与安置,涉及专业知识的判断,教育行政部门应遴选具有特殊教育专业知识者和医疗专业人士来办理。[43]

身心障碍学生鉴定的作用在于确认其障碍类型,是特殊教育执行的第一步。如果在这阶段无法确实掌握学生情形,将影响后续的安置措施,对于其学习过程将产生负面的影响。例如将正常的孩子误为身心障碍生,而安置在特殊教育班级中;或是将轻度身心障碍学生鉴定成正常学生,而参与普通班级的课程,由于具有障碍跟不上教师上课进度,无法理解课程内容导致成绩落后,长期和课程内容脱钩下,使教师觉得学生理解力差、不用功而成绩不好。而学生认为上课无趣,找不到感兴趣的课程,学习的欲望将减到最低,因此阻碍学生的自我发展。两者均导致无法因材施教的结果,因为其所学习到的课程无法与实际情形相配合,不能达到特殊教育的适性教育目的。

如上所述,错误的鉴定将导致不适当的安置结果,也使学生被定位在错误的学习环境,抹杀了原本的学习能力和潜能。可知在特殊教育制度下鉴辅会确实扮演不可或缺的角色,然而"特殊教育法"明定鉴辅会的组成涵括学者专家和教育相关人员,但是未规定具体人数,而"特殊教育法施行细则"又规定,由教育行政部门负责人担任"主任委员",并指定专任人员办理相关事务。上述规范不具有强制力,往往造成由教育行政部门内部人士充任鉴委会成员。此外规定鉴辅会的组成由家长代表参与,但并非所有家长皆可胜任之。由于"特殊教育法"包含身心障碍者和资赋优异者,若是身心

---

[43] 参见萧金土、赖明莉:《台湾"特殊教育法施行细则"施行上之疑义与建议》,载《特教园丁》第17卷第1期。

障碍学童的鉴定安置的相关事宜,由资赋优异的家长代表来办理,不仅其会对身心障碍学童情形缺乏了解,还可能因为特殊教育的预算是身心障碍与资赋优异者共享,而产生排挤的效应,使学童未能获得适当的安置。

就此而言,本文认为身心障碍学童的教育基本权应作为鉴定的优先考虑事项。有了正确的判断,才可以让学童受到正确的学习评估。由专业团队和教师根据个别的性向和能力设计一套适合他的特殊教育计划,学童可以在适性的教育环境下,学习并培养兴趣,进而自由学习发展自我,因此特殊教育能否充分达到预期的目的,前提在于鉴辅会的鉴定安置能够发挥功能。因此建议"特殊教育法"明定鉴辅会组成人员的人数,如鉴辅会应由教育行政部门负责人担任"主任委员",副部门负责人担任"副主任委员",并遴选专家学者、学校及教育行政人员、身心障碍学童的家长代表等15人,办理身心障碍学童鉴定安置与辅导事宜。将特殊教育中的身心障碍处理,交由同样有身心障碍孩子的家长代表办理。其不但了解详细状况和如何进行安置,使学童获得最适性的教育环境,而且也可以避免判断错误的结果,因为身心障碍学童的家长代表知悉身心障碍类型应具有的特征,当不正确的鉴定结果出来,可以指出有问题的部分。

3. 鉴辅会的专业团队网络欠缺

"特殊教育法"第23条规定,身心障碍教育之诊断与教学应结合医疗、教育、社会福利及就业服务等专业,共同以团队合作进行。同一规定第24条明定,各级学校对于身心障碍学生之评量、教学及辅导工作,应以专业团队合作进行为原则,并得视需要结合卫生医疗、教育、社会工作、独立生活、职业重建相关等专业人员,共同提供学习、生活、心理、复健训练、职业辅导评量及转衔辅导与服务等协助。上述规定皆强调对于身心障碍学生的教育,应有专业团队的整合进而协助身心障碍学生学习。目前各县市行政管理部门的特教资源中心,都有语言治疗师、职能治疗师以及物理治疗师等专业治疗师的配置,然而就实际面来看,一般学校之专业人员少之又少,专业团队显然人力不足,运作机能欠佳㊹也使对身心障碍学生

㊹ 参见吴武典:《台湾特殊教育综论(三):挑战与展望》,载《特殊教育季刊》2014年总第132期。

的特殊教育的推展大受限制。专业人员又常常只负责属于自己专业内的评估,所以不同领域的专业人员之间彼此讨论,以及意见交换或合作的情形很少,常常会有意见或评估重点不同的情况发生,而造成空有专业团队之名却无团队之实。[45]

(二)"特殊教育法"的零拒绝规定

1. 零拒绝的意义

零拒绝(Zezo Reject)的概念始于美国,美国的所有残障儿童教育法对3岁到21岁的残障者提供三大保证。[46] 而台湾地区在1995年教育主管部门发布台湾当局身心障碍教育报告书中,其中提出9项身心障碍教育的重要理念,所谓零拒绝系指在法令规定下,每个身心障碍儿童都不得被拒绝于学校之外。[47] 也就是说学校不能因为对象为残障者而拒绝其入学,因为智能障碍虽然是一种生理上的障碍,但无论是轻度、中度、重度或极重度,都应给予受教育的机会。[48]

2. 现行特殊教育的鉴定安置制度

"特殊教育法"第22条规定,各级学校及试务单位不得以身心障碍为由,拒绝学生入学或应试。本条规定目的在于落实零拒绝教育安置与各级学校就学辅导措施,"特殊教育法"第10条第2款即规定,特殊教育之实施,分四阶段办理,在教育阶段,由小学、中学、特殊教育学校或其他适当场所办理。而"身心障碍者权益保护法"第27条第2项亦重申零拒绝的重要性,各级学校对于经直辖市、县(市)行政管理部门鉴定安置入学或依各级学校入学方式入学之身心障碍者,不得以身心障碍、尚未设置适当设施或其他理由拒绝其入学。也就是说,身心障碍学生的教育基本权应

---

[45] 专业团队到校协助身心障碍生会产生问题,像是经费不足问题,面对学校多个不同障碍类别的学生,这些专业治疗师所能协助的时间与人力资源分配上受到压缩;蔡昆瀛、张芳慈:《由特殊教育法之修订论特教相关专业团队服务》,载《小学特殊教育》2010年第50期。

[46] 三大保证为:零拒绝、个别化教育方案、最少限制环境。台湾地区修改相应规定时参考美国的立法,将三大保证分别规定在"特殊教育法"第22条、第28条。

[47] 参见秦梦群:《美国教育法与判例》,台北,高等教育文化事业有限公司2004年版,第108页。

[48] 参见吴武典:《特殊改革与特殊教育》,载《教育数据集刊》(第23辑)。

予以保障,教育体系范围内的中小学皆不得以障碍为由,拒绝任何学生入学。

由上述规定观之,在“特殊教育法”的规范下,所有学校不但不能拒绝身心障碍者入学,而且必须在入学一个月内,为这位学生拟定个别的教育计划。[49] 然而现实生活常见的是:被鉴定为特殊教育的对象,提出入学申请却不被学校接纳,或者是障碍情形较严重或较复杂的学童常遭学校拒绝入学。

目前台湾地区的安置环境有特殊学校与普通学校特殊教育班或资源班,由于身心障碍者依障碍程度不同,可以分成轻度障碍、中度障碍、重度障碍和多重障碍者,考虑到其学习上的障碍,因此安置的教育环境也不同。轻中度障碍者障碍程度较低,因此通常可以在普通学校学习,有的学校是以集中式特殊教育班进行,有的则安排其平时在普通班级就学,特定时间到资源班集合,采分散资源班的模式。例如轻微听力受损,但只要佩带助听器等辅助器材,就可以恢复听力与一般人无异。而重度障碍和多重障碍因为生理上或心理上的障碍程度较大,不仅需要辅助学习设备,还需要具有特殊教育专业知识的教师和学校行政人员来配合,因此各县市的特殊学校的学生是以重度障碍和多重障碍学童为主。

分布式资源班的运作模式下,由于身心障碍学童平常多在普通班级,因此又叫作融合教育。所谓的融合教育强调在满足学生学习上的需要与最少限制环境等原则下将身心障碍学生就近安置于住家附近的普通班级,[50]提供其能在正常化而非隔离式环境中学习,并借由在普通班中提供所有的特殊教育和相关服务措施,使特殊教育及普通教育合并为一个系统,也让身心障碍学生能与普通学生有更多互动的机会,以增加双方学生能有互相学习的机会。这也是基于对基本人权的尊重与贯彻教育均等的理念。比起传统的教育模式将学生集中到特殊班级,融合教育将所有学

---

[49] 个别化教育方案要求学校必须为每位学生组成一个 IEP 小组,替学生拟订个别教育计划,目的在于使学生能够接受适性的教育。“特殊教育法”第 28 条明文规定:“高级中等以下个教育阶段学校,应以团队合作方式对身心障碍学生订定个别化教育计划。”

[50] 参见林宝贵:《特殊教育理论与实务》,新北,心理出版社 2000 年版,第 354 页。

生结合到普通班，其中包含中度和轻度障碍者。同学和老师可以相互学习，教学通过参与活动的设计层面来进行，所有的学生教育依照教师、特殊教育工作者和专业服务团队共同承担，学生依个别的标准来评价。学生的成功是以符合每一个学生的学习需求为标准，不再以过去的学生被动地符合学校默认的模式，只要处在模式下的范围就算具有一般水平。[51]

3. 零拒绝规定无法确实落实

零拒绝的教育理念，除了要满足所有学生有相同的就学机会，使想要接受教育的学习者，不论其身心状况如何都有学校就读外，更强调的是要因应学生身心特性不同之需求，施以机会均等的适性教育；另一个融合教育的重要理念最少限制的环境是指应将身心障碍学生安置在最佳的适当环境中，即所谓免费且接受适当的教育。[52]

现实常见的情形是，当家长带着轻中度的障碍学童到中小学入学，学校的反应大多表示担心或是恐惧，相当程度的教师认为他们不具有足够的时间和专业知识，而学校则认为不具有足够的资源和设备供其入学。因此身心障碍学童的入学遭到拒绝，但是学童的障碍程度是轻中度，[53]只要提供适当的辅助器材就可以改善原有的障碍，和正常学生一起学习。举例而言，轻度肢障的学童双脚无法正常施力，必须以轮椅代步，但生理其他部分都正常作用，只要学校有无障碍坡道和特殊桌椅，轻度肢障生就能克服原有的障碍。

此外，“特殊教育法”第 10 条第 2 项的后段规定，教育阶段学区学校无适当场所提供特殊教育者，得经主管机关安置于其他适当特殊教育场所。至于适当特殊教育场所所指为何，在同一规定的第 11 条规定，高级中等以下各教育阶段学校得设特殊教育班，其办理方式如下：(1) 集中式

---

[51] 参见程钰、钮文英：《拥抱个别差异的新典范——融合教育》，新北，心理出版社 2008 年版，第 38 页以下。

[52] 钮文英：《拥抱个别差异的新典范——融合教育》，新北，心理出版社 2008 年版，第 38 页以下。

[53] “特殊教育法”第 25 条规定：“启聪学校以招收听觉障碍学生为主；启明学校以招收视觉障碍学生为主。”因此听觉和视觉障碍学生会安置在启聪学校和启明学校，其余障碍类型障碍程度较轻微，可以到普通学校学习，相对听视障的学习障碍程度较大，其他类型的障碍可以透过学习辅助器材排除，因此中小学校不宜以缺乏设备作为拒绝理由。

特殊教育班;(2)分布式资源班;(3)巡回辅导班。其中的巡回辅导班的教育场所包括在家庭、机构或学校。[54] 另外,在"强迫入学条例"第13条规定,身心障碍之适龄民众,应经直辖市及县(市)主管教育行政机关特殊教育学生鉴定及就学辅导委员会鉴定后,安置入学实施特殊教育。由此可知,身心障碍学生经鉴定后,将其安置于适当的特殊场所,亦即家庭、机构与学校。目前台湾地区轻中度的身心障碍学生几乎都能被安置于学校场域中进行适性学习,但仍存一些重、极重度的身心障碍学生经鉴定之后被安置于家庭中,进而由教育单位相关人员到家中教导这群学生。然而此一变相的隔离教育却忽略这些身心障碍学生和社会中的成员相互的对话,进而影响其在成长历程中,因缺乏和外界互动的媒介,对其思考与行为模式以及问题解决的策略的培养受到阻碍,此时一直不断在倡导的零拒绝理念即沦为空谈。

因此,本文认为现行的"特殊教育法"仅规定,学校不得拒绝身心障碍者入学,但对学校而言并不具有拘束力,学校若以无法提供适合特殊教育的设备、师资作为理由,而拒绝身心障碍学童入学,身心障碍学生在学习上以及人格发展上会因而受到阻碍。在缺乏具备特殊教育专业知识的教师和适合学习的环境下,纵使学童本身具有特殊的才能与潜力,也会因此被埋藏而无法激发,自我发展权受到限制,只能发展成一个无能力且无害的人。就此而言,修改规定应加入罚则规定,因为缺乏惩罚性后果的规定,如同道德劝说般不具约束性,因此建议可比照"身心障碍者保护法"的规定,若学校无正当理由而拒绝入学时,将由目的事业主管机关处以罚款,或是学校身心障碍学童达一定比例,经每年追踪评估,发现成效良好者,可给予额外的补助,并规定将补助用于身心障碍学童身上。

---

[54] 关于"特殊教育法"第11条第3款之巡回辅导班,在"特殊教育法施行细则"第5条第3项作进一步的说明与解释,即其意指学生在家庭、机构或学校,由巡回辅导教师提供部分时间之特殊教育及相关服务。

六、结论

教育基本权的核心在于促进学生的自我实现。对于身心障碍者而言，由于身体部分机能缺陷或心智发展存有障碍，其在学习的过程中，相较于普通学生来说，其学习能力有较为迟缓甚至跟不上课程的困境，因此台湾地区制定公布“特殊教育法”，并历经几次修正后，希望能确实提升特殊教育学生的受教质量、学习竞争力并保障教育基本权。

然而，看似完善的“特殊教育法”在实际执行上，仍遭遇到困境，无法落实保障身心障碍学生的规范目的。经修正后的“特殊教育法”虽然解决现行的问题，但也产生新的问题。因此，本文认为就目前特殊教育产生的问题而言，应回归到教育的目的去检讨，从保障教育基本权作为出发点，探讨如何建构一个特殊教育制度，达到促成身心障碍学生自我实现的目的。

最后，本文认为应以教育基本权保障的自我实现核心为观点，切入检讨新修正的“特殊教育法”下，检讨身心障碍学生从鉴定到入学所面临的问题，包括“特殊教育法”第 6 条的鉴定安置专业判断不足。从本文的检讨中可认为，应明确规定组成委员总人数，以避免现行由教育行政管理部门内人员自行充任委员，造成缺乏专业的结果；此外第 22 条的学校不得拒绝入学的规定，由于缺乏罚则而不具有拘束力，造成身心障碍学生入学遭到无正当理由的拒绝，因此建议增加罚则和补助措施。若能以上述检讨结果作为“特殊教育法”的修正方向，将更能建构一套以学生自我实现为核心的特殊教育制度。

Construction and Review of Legal System of Special Education in Taiwan

Xu Yudian

Abstract: For the problems happened in special education area, we should revise them based on purpose of education. We should begin with the protection of fundamental right of education and explore how to construct a well-designed system of special education. Therefore, this article introduces the purpose of Special Education Act and regulations which are related to the act at first. Second, this article examines the background when the Act is revised. Third, this article tries to construct a system of special education that can help students with disability achieve self-actualization. Finally, this article examines the amendments of the Act from aspects of fundamental right of education and provide some suggestions for further revision.

Key Words: self-actualization, principle of social state, fundamental right of education, Special Education Act

高校学生内部申诉制度的重构方向与完善路径

——以新《普通高等学校学生管理规定》为视角*

刘　璞　贾萌萌

摘　要:由于受特别权力关系理论及行政诉讼受案范围的影响,只有部分类型的高校与学生纠纷案件可以进入司法审查程序,因此,学生权利救济的受保障程度不高。学生申诉是一种非诉讼类的行政救济机制。其效率高、成本低,有利于保障学术自由和大学自治,有利于体现协商民主,有利于高校主动纠错与自我监督。本文选取七所高校的内部规定进行调查,认为我国高校校内申诉制度存在申诉委员会行政色彩浓厚、地位不中立,评议程序不健全等问题。完善校内申诉制度,应遵循以学生为本、申诉不加罚、正当程序、重证据、重协商等原则,应完善申诉机构的设置与构成;明确回避制度;规范申诉委员会的权限及相关程序性规定。

关键词:高校　学生校内申诉　权利救济

---

* 本文是2016年教育部人文社科青年基金项目:《西部农村地区残疾人受教育权保障制度的设计与政策干预机制研究》(项目编号:16YJC880049)的阶段性研究成果。

在我国现阶段,受特别权力关系的影响和行政诉讼受案范围的制约,在高校与学生因管理行为引发的纠纷案件中,仅有部分类型的案件可以进入司法审查程序,因此,学生权利受保障程度尚有不足。申诉制度是一种不同于司法救济制度的社会治理模式。它对传统的纠纷化解理念、程序和技术有所超越和发展,现已逐步成为一种重要的非诉讼救济机制,并向多种行业和领域拓展。而学生申诉制度是我国《普通高等学校学生管理规定》(以下简称《规定》)所规定的一种化解教育纠纷的救济制度,也是一种法定的专门制度。现今,绝大多数高校已经建立了学生校内申诉制度,但现实中校内申诉制度存在诸多问题。2016年12月16日,教育部对原《规定》进行了修订。此次修订,除了在转学、转专业、学生创新创业、学分互认等制度上有所创新外,还专设"学生申诉"一章,具体规定了学生申诉制度。本文结合新《规定》的内容,对高校学生内部申诉制度进行探讨,以期对高校完善校内学生申诉制度有所裨益。

一、高校学生内部申诉制度的特征与优势

我国高校学生申诉制度是指学生权利纠纷发生后,在教育行政系统内部,由教育行政机关或高校进行救济的一种制度。高校学生申诉制度分为外部申诉和内部申诉两种:一种是向教育行政机关提起的外部申诉,另一种是在高校内部提出的内部申诉。其中高校学生内部申诉制度是指作为当事人的学生,就高校针对本人违规、违纪或者其他原因作出的处分或处理,认为有失实或者失当的情形,依法向学校专门机关提出请求,要求该机关审查相关处分或处理决定是否合法、合理的一种程序性规定。它具有如下的特征:

(一)高校学生内部申诉制度是一种非诉讼类内部行政救济制度

高校学生内部申诉制度是为实现学生申诉权而设计的一种内部的救济制度。高校学生内部申诉的申请人是在读的本科、专科(高职)学生和

研究生(硕士研究生、博士研究生);申诉受理机关是高校专门设立的学生申诉处理委员会;申诉事由是学生对高校因管理所做出的处分或处理不服,申诉人可以依法向申诉处理委员会提出撤销或变更原处分决定的请求。高校对学生实施的处分或处理行为,是高校基于《中华人民共和国教育法》(以下简称《教育法》)第 29 条和《中华人民共和国高等教育法》(以下简称《高等教育法》)第 41 条的规定实施的一种教育行政管理行为,它具有内部行政行为的典型特征。因此,它是在高校内部运行的,通过专门的组织,运用特定的审查方式,为维护学生权利,化解学生与学校之间因管理行为所引发纠纷的一种内部救济制度。

高校学生内部申诉制度是一种非诉讼类型的行政救济制度。社会中的纠纷解决机制包括诉讼和非诉讼两大类型。根据非诉讼机制的性质可分为三种基本类型:(1)法院附设非诉讼程序,即司法性非诉讼机制;(2)行政主体所设或附设的非诉讼程序,即行政性非诉讼机制;(3)民间团体或组织主持的非诉讼程序,即民间性非诉讼机制。其中行政性非诉讼救济机制最为广泛多样。既包括专门设立的行政调解、行政申诉及行政裁决程序;也包括行政执法中的附带性纠纷解决,如工商管理机关、劳动监察机构的调解等;同时还包括大量专门性解纷机制,如劳动争议调解仲裁、环境污染处理、行业监察等机制。①

高校学生内部申诉程序不采用诉讼案件中的纠问与抗辩模式,多以协商沟通的方式处理争议。高校申诉委员会的审查权也不同于司法审查权。校内申诉委员会主要是依据“大学自治”和“学术自由”的原则,根据法律规定、高等教育管理经验及学校办学理念对争议事实进行审查,其审查依据不但包括法律和行政法规,还包括教育行业标准、习惯、情理等社会规范;其审查方式主要以协商性、综合性、非正式及衡平为特点;可以审查争议行为的合法性和合理性,也可以对案件进行程序性审查和实体性审查。因此,笔者认为,高校学生校内申诉制度是一种非诉讼类型的内部行政救济制度,具有高校管理行业的专门性。

---

① 参见范愉:《非诉讼程序教程》(第 2 版),中国人民大学出版社 2013 年版,第 23 页。

(二)高校学生内部申诉制度的优势

虽然司法诉讼制度是现代纠纷解决机制的重要标志,但是当代社会治理及司法改革的重点则是推动非诉讼机制的发展和应用,以多元化机制和协商理性重构社会的纠纷解决文化。② 学生内部申诉制度是化解纠纷,破解司法救济不足的有效方式。

高校自主管理权与学生权利的冲突有多种类型,而学生不服学校处分行为而引发的纠纷案件属于行政诉讼案件。在我国内地,受特别权力关系的影响和行政诉讼受案范围的制约,现今法院只受理三类高校与学生的纠纷案件:一是有关学位证书和学业证书颁发的纠纷;二是涉及学生身份的取得或丧失的纠纷,如不服学校取消入学资格、作出退学处理、开除学籍等直接导致学生身份丧失的处分;三是高校违法发放奖学金、贷学金、助学金的案件。③ 但例如学生不服学校作出的警告、记过、留校察看等不涉及学生身份变更的纪律处分所引发的纠纷,不能直接进入司法审查程序。近年来,我国台湾地区已经打破既往的"特别权力关系"理论的禁锢,其所谓"司法审查"的范围几乎深入到了高校管理的全部范围。因此,不断有学者呼吁我国大陆也应扩大教育行政案件的受案范围,将高校与学生之间的纠纷全部纳入司法审查范围。笔者认为,法院的受案范围,并不是一个简单的法律问题。世界主要国家和地区的司法审查制度发展史已经说明,法院司法审查范围的确定,除了取决于法律规定之外,还深受政治体制、宪法制度架构、经济和人权保护现状、传统文化等因素的影响。法院自身解决矛盾的能力以及司法审查时机是否成熟等原因也是影响受案范围的重要因素。④ 因此,在我国的教育行政诉讼受案范围不可能全面放开的情况下,只能通过完善非诉讼救济制度来扩大权利保障的范围。

此外,学生校内申诉制度可以弥补司法审查强度低带来的问题。近

---

② 参见范愉:《申诉机制的救济功能与信访制度改革》,载《中国法学》2014年第4期。

③ 参见耿宝建:《高校行政案件中的司法谦抑与自制》,载《行政法学研究》2013年第2期。

④ 参见耿宝建:《高校行政案件中的司法谦抑与自制》,载《行政法学研究》2013年第2期。

年来,法官在审理高等教育行政诉讼案件时,会基于司法不干涉“大学自治”、维护“学术自由”的原因,多采用谦抑和审慎的司法审查态度,处于相对保守的立场,采用审查强度和审查密度较低的方式对案件进行合法性和程序性审查。对因不服复议决定而提起的诉讼案件,仅审查被申请机关或复议机关的行政行为是否符合程序正当的要求,并不涉及实体争议的问题。虽然司法机关不干涉高校自治权这一审判规则并无不当,但是,现实中高校在修正原有程序后,以同样事由再次作出同样的处分决定的情形时有发生,而这种状况使学校和学生的矛盾长期处于紧张状态,争议的事实久拖不决,甚至加剧两者的紧张关系,也势必导致耗费司法资源的现实问题。因此,现有的司法审查制度在平衡学生与学校的管理关系,促进学校提高管理水平,促进协商和解等方面显得作用有限。

而学生内部申诉制度与其他申诉制度一样,在行政性解纷机制中具有独特的地位和功能。申诉制度通过设立专门的机构,受理行政、准行政主体的各种投诉、请愿、举报,根据具体情况分别进行调查、监察和调解、裁决等相应处理。现今的申诉制度在承担监督功能的同时,其救济功能不断地加强。它与司法审查制度相比有便捷、灵活、专业、高效等优势。

第一,校内申诉有利于高效率、低成本化解纠纷。相比于司法审查程序,校内申诉制度有利于节省救济成本,如律师费、诉讼费等;可以避开复杂冗长的诉讼程序,以高效、便捷、近乎零成本的方式解决纠纷。

第二,有利于保障学术自由和大学自治。高校相对于法院更熟悉教育领域的管理事务,对大学的学术问题和自治事项把握得更准。而校内申诉制度作为纠纷解决的第一道屏障,可以在化解纠纷中有效地维护高校学术自由和大学自治。

第三,有利于增强协商理性。通过校内申诉制度先行处理学生与学校的争议,有利于提高管理者和被管理者之间的理性协商沟通,把矛盾解决在校园内,还可以将法理和情理糅合、灵活解决纠纷,降低学生与学校争讼所引起的负面影响。

第四,有利于高校自身纠错与监督。对于高校而言,通过学生申诉委员会复查处理、处分决定,可以及时纠正可能存在的错误,有利于发挥申诉委员会的民主管理作用，有利于防止学校管理部门的抵触或袒护情绪。[5]

因此，学生校内申诉制度对处理学生与学校之间的争议具有较大的优势。它可以与诉讼救济制度共同构建功能互补、相互衔接的体系，以满足当事人的多元化需求和选择自由。

二、高校学生校内申诉制度存在的问题——基于对七所高校校内规定的文本分析

自2005年以来，各高校纷纷建立了学生校内申诉制度。但在实践中，申诉制度作用甚微。[6] 虽然其缘由是多方面的，但申诉制度自身不完善仍是主要原因。因此，本文选取部分高校申诉制度的文本，并进行比较分析，以期发现问题。

（一）样本的选取

本文的调查对象选取7所位于我国不同区域的各类高校，分别为位于东北的哈尔滨工业大学，位于华北的清华大学，位于西北的陕西师范大学，位于西南的四川大学，位于华中的中南林业科学大学，位于华南的复旦大学，以及位于华南的汕头大学。其中，哈尔滨工业大学、清华大学、四川大学、复旦大学四所高校入选一流大学建设高校名单，陕西师范大学入选一流学科建设名单，中南林业科技大学及汕头大学为首部共建高校。因部分高校未在学校官方网站上公开学生申诉制度，因此剔除无法获得信息的学校，结合学校所在地域，兼顾学校类型，最终将考察对象确定为7所具有代表性的普通高校。

---

[5] 参见刘杰：《我国高校学生申诉制度的反思与建构》，载《法制与社会》2016年第1期。

[6] 以某驻京高校为例，该校自2011年至2015年，信访与监察部门受理的具有申诉性质的信访案件年均20余件，但在此期间未举行过一次申诉会议。参见申素平、史三军：《高校学生申诉权研究》，载《复旦教育论坛》2017年第1期。

(二)调查内容的总体情况

从形式上看,7 所高校均制定了专门的有关申诉的规范性文件。其总体特点是:第一,名称多样,多采用"处理办法""实施细则""暂行办法"等字样;第二,条文数量大致相当;第三,最后修订时间差异大;第四,在内容、体例和侧重点上存在差异。陕西师范大学没有分章规定,清华大学特别增加一章规定学生申诉处理的规则(包括回避、会议记录、出席人数等),中南林业科技大学、四川大学专章规定听证制度。对于申诉委员会、申诉具体程序方面各学校都有规定,但各有差异。(见表 1)

表 1　文本基本情况一览

学校	名称	版本(年)	条数
哈尔滨工业大学	哈尔滨工业大学学生申诉处理暂行办法⑦	2013	28
清华大学	清华大学学生申诉处理办法⑧	2012	33
陕西师范大学	陕西师范大学学生申诉工作办法⑨	2016	22
四川大学	四川大学学生校内申诉处理管理暂行规定⑩	2014	31
中南林业科技大学	中南林业科技大学学生申诉处理规定⑪	2005	36
复旦大学	复旦大学学生申诉处理条例(试行)⑫	2005	30
汕头大学	汕头大学学生申诉处理办法⑬	2017	26

---

⑦ 《哈尔滨工业大学学生申诉处理暂行办法》,载 http://power. hit. edu. cn/82/6e/c5722a164462/page. htm,最后访问日期:2017 年 6 月 21 日。

⑧ 《清华大学学生申诉处理办法》,载 http://www. tsinghua. edu. cn/publish/newthu/openness/xsglfwxx/xsssclbf. htm,最后访问日期:2017 年 6 月 21 日。

⑨ 《陕西师范大学学生申诉工作办法》,载 http://xxgk. snnu. edu. cn/student_management_service. asp? id = 57&bh = 691,最后访问日期:2017 年 7 月 8 日。

⑩ 《四川大学学生校内申诉处理管理暂行规定》,载 http://www. scu. edu. cn/xxgk2013/gl/cf/xscf/webinfo/2013/10/1382598859084955. htm,最后访问日期:2017 年 7 月 8 日。

⑪ 《中南林业科技大学学生申诉处理规定》,载 http://gkw. csuft. edu. cn/xssw/201410/t20141028_11324. htm,最后访问日期:2017 年 7 月 8 日。

⑫ 《复旦大学学生申诉处理条例(试行)》,载 http://www. cce. fudan. edu. cn/shownews. asp? id = 82,最后访问日期:2017 年 6 月 21 日。

⑬ 《汕头大学学生申诉处理办法》,载 http://www. stu. edu. cn/index. php? option = com_content&view = article&id = 4906&Itemid = 141&lang = zh,最后访问日期:2017 年 7 月 8 日。

(三)存在的具体问题

1. 申诉委员会的设立与人员组成不合理

表2　申诉处理委员会设置对照

申诉项目／高校名称	学生申诉处理委员会的组织结构	具体人员构成
哈尔滨工业大学	接受学生工作领导小组领导,主任由学校领导担任,办公室设在学生工作部(处)	学校领导;学校办公室、组织部、宣传部、纪检察法制办、学生工作部(处)、教务处、研究生院、招生就业处、保卫处、财务处、留学生中心、人事处、科技处等各部门负责人;教师代表;学生代表
清华大学	接受学生工作指导委员会领导,主任由学校负责人担任,副主任协助工作,下设办公室	共9名委员组成,一人为学校负责人,两人为学校职能部门负责人,三人为教师代表,三人为学生代表(特殊情况委员人数不足,可任命不超过两名的临时委员)
陕西师范大学	主任由校纪委书记担任,下设办公室(设在学校办公室)	校纪委书记;校长办公室、监察处、社科处、科技处、公安处、学生处、教务处、研究生院、校团委的负责人;申诉学生所在学院教师;学生代表(教师代表和学生代表分别不少于2人)
四川大学	专门设立学生申诉处理委员会	一般由13人或15人组成,由相关校领导、纪委办公室、监察处、学生处、研究生工作部、教务处、法律顾问室、相关学院(中心、所)教师代表、学生代表组成
中南林业科技大学	下设秘书处,挂靠在监察处,向校长办公会议负责并报告工作	由11人至15人组成,包括有关校领导、监察和其他职能部门负责人、教师和学生代表(学生代表3名)
复旦大学	挂靠在学生(研究生)工作部,向校长办公会议负责并报告工作。秘书处设在学生工作部、研究生工作部,秘书长由学生工作部部长担任。主任、副主任分别由各分管校领导担任	由8名常务委员和5名临时委员组成,常务委员包括学生工作部、研究生工作部、校团委等部门负责人及校学生会主席、校研究生会主席;临时委员由两名教师代表和三名学生代表组成

续表

申诉项目 高校名称	学生申诉处理委员会的组织结构	具体人员构成
汕头大学	学生申诉处理委员会主任由负责申诉相关业务工作的分管校领导担任。委员会下设办公室,设在监察部门	委员由学校法务工作部门、书院总院、团委、研究生院、监察部门负责人、申诉人所在书院(学院)负责人1名,理工科教师和人文社科教师代表各1名、校学生会和校研究生会负责人各1名组成。根据工作需要,可另聘校外法律、教育等方面专家参加

从表2看出,在实践中,多数高校都组建了学生申诉委员会,大多采用行政挂靠式的组织体制,即学生申诉处理委员会挂靠在学生处或教务处、党委、校长办公室、纪律检查委员会等部门,直接受所挂靠的行政机构领导,不是专设部门,不具有独立性。同时,高校学生申诉委员会成员构成不合理。从表3看出,除清华、复旦、汕头大学等少数学校对其中人员比例进行了规定外,大多数学校都是简单照搬《规定》中的人员,没有作出具体规定,这使学生申诉委员会几乎成为高校行政机构的"微缩版"。⑭高校负责人、学校职能部门负责人比例较大,教师和学生代表比例小这些共同特征,导致在申诉审议会议中对行政人员意志的制约因素太少,教师、学生所代表的意志难以与学校行政管理方的意志形成抗衡,容易让学生产生处于劣势地位的感觉,不利于管理者与被管理者协商沟通。

2. 回避制度规定不明确

表3　申诉回避制度对照

具体规定 高校名称	有无回避制度	回避制度的具体规定
哈尔滨工业大学	有	第12条规定申诉处理小组成员如果与被申诉事件有直接利害关系的应该回避,当事人也有权申请其回避

⑭　李仁燕:《高校内部行政法律关系论》,中国政法大学出版社2009年版,第90页。

续表

具体规定 高校名称	有无回避制度	回避制度的具体规定
清华大学	有	第27条规定委员存在可能妨碍公正处理情况的(是学校处理过程中的当事人、是学校处理过程中当事人的亲属、与学校处理过程中当事人或该事件有利害关系的)应当回避,学生或原处理机构也可以申请回避。第28条规定委员回避由主任决定;主任回避由委员会集体决定
陕西师范大学	无	无
四川大学	无	无
中南林业科技大学	有	第22条规定听证程序中主持人询问申诉人是否申请复议小组成员回避。第24条规定申诉人提出回避申请的,应当有正当理由。复议小组成员需要回避的,应当立即更换
复旦大学	有	第21条规定复议会议程序中主持人应当询问申诉人对于申诉处理委员有无请求回避的要求;如果有,复议会议中止,由该临时委员原推举机构重新推举
汕头大学	无	无

从表3看出,这七所高校或没有规定回避制度,或规定不明确。只有清华大学对需要回避的人员以及决定回避方式进行了明确规定;哈尔滨工业大学仅指出利害关系人员应当回避;中南林业科技大学仅在听证程序中简单指出应当有回避制度;复旦大学仅对复议会议程序的回避作出规定。现实中经常出现做出处理决定的相关人员再次进入申诉程序,并且在申诉环节中处于主导地位的情况。例如,学生工作部和教务处是做出处理、处分决定的主要职能部门,这两个部门的负责人通常又是学生申诉处理委员会的主要委员,这种情况有自己当自己案件法官的嫌疑,也违背了职能分离原则,容易影响申诉的公正处理。

3. 听证程序规定不足

表 4 听证制度统计

具体规定 / 高校名称	有无听证规定	听证制度内容	规定条文数
哈尔滨工业大学	有	第 19 条规定处理学生申诉过程中可以召开听证会议，听证会议须通知申诉人、被申诉人（单位）及相关人员到会	1
清华大学	无	无	0
陕西师范大学	无	无	0
四川大学	有	第五章第 21 ~ 29 条对申诉听证制度进行了详细规定，包括听证适用范围、听证主持人职权和义务、听证程序、听证笔录、听证报告等	9
中南林业科技大学	有	第五章第 18 ~ 28 条对听证会进行了详细规定，包括听证适用范围、通知制度、听证过程纪律、听证程序、听证会延期中止、听证回避、听证笔录、听证结束后评议制度、当事人权利等	11
复旦大学	无	无	0
汕头大学	无	无	0

听证制度不仅可以保证申诉人的合法权益，也可以对学校权力的滥用起到监督作用，同时对参加听证的成员也可以起到教育和引导作用。因此，行政听证程序是非诉讼类救济程序中的一项重要制度。

从表 4 可知，7 所样本大学对听证制度的规定差异巨大。四川大学和中南林业科技大学对听证制度进行专章规定，哈尔滨工业大学仅简单规定有听证制度，而清华大学、陕西师范大学、复旦大学、汕头大学对听证制度则没有规定。

三、高校学生内部申诉制度的重构方向——以新《规定》为依据

新《规定》对原有申诉制度从实体与程序上进行了修订,规定了学生申诉的种类、时效,规定了学生申诉的提起时限、受理时限,明确了校内申诉与校外申诉制度的衔接问题。新《规定》有以下的变化:

第一,明确了学生申诉的受案范围。原《规定》中的学生申诉范围与申诉委员会受理范围不一致。原《规定》第5条表明,学生对学校的处分或处理有异议或对学校、教职员工侵犯其人身权、财产权等合法权益可以提起申诉。但第60条规定,学生申诉委员会应当受理学生对取消入学资格、退学处理或违规、违纪处分提出的申诉。因此,出现了可以提起申诉的范围与应当受理申诉的范围不同的问题。而新《规定》第6条明确学生对学校的处理或者处分不服可以提出申诉。第59条也规定只要学生对处理或者处分决定不服提起申诉的,学生申诉委员会都应受理。因此,修订后的学生申诉范围与申诉委员会的受理范围实现了有机统一。

第二,完善了申诉委员会的结构。原《规定》第60条只明确了学生申诉委员会由学校相关负责人、职能部门负责人、教师代表、学生代表组成。新《规定》增加了负责法律事务的相关机构负责人应当作为学生申诉处理委员会的组成人员的规定。还规定有条件的学校,可以聘请校外法律、教育等方面专家参加。这促使申诉委员会的组成人员向着更具备法律专业水平的方向发展。这种规定有利于保障申诉结果的独立性、专业性和科学性。

第三,建立了暂缓执行制度。原《规定》并没有明确学生处分或处理决定在学生申诉决定做出前是否必须执行的问题。为切实保障学生的权利,避免不当处分造成不可挽回的后果,新《规定》明确规定学生申诉处理委员会认为必要的,可以建议学校暂缓执行决定。它完善了救济程序与行政执行程序中的交叉问题,同时也赋予了学生申诉委员会对处分、处理执行的制约权。

第四,增加了学生投诉权和教育行政部门的校规审查权。在学生管理工作中,校规校纪是直接导致处理决定做出的重要依据,也是影响学生权益的重要规范。近年来,在多起学生与高校的纠纷案件⑮中,最高人民法院确认了法院对引起纠纷的具体行政行为所依据的校内规定进行审查的权利,但是对于无法进入司法程序的纠纷案件所依据的校规校纪,则成为审查的漏洞。新《规定》第 65 条赋予了学生向其学校的所在地省级教育行政主管机关提出投诉的权利。即学生认为学校适用的校纪校规违反上位法的,有权向学校的所在地省级教育行政主管机关提出对此进行合法性审查的权利。新《规定》授予教育行政部门享有校规审查权。如果校规校纪的规定直接导致学生合法权益受侵害,或是其违反上位法的相关规定,教育行政部门应当责令学校修改规定。这对规范学校管理制度、防止学校通过校规不当干涉学生权利的现象起到了积极的作用。

第五,加大了申诉决定的效力。新《规定》赋予学校申诉处理委员会作出建议撤销或变更的复查意见的权力,即如果申诉处理委员会认为学校做出的处理或者处分所认定的事实、依据、程序等存在不当,可以作出建议撤销或变更的复查意见,要求相关职能部门予以研究,重新提交校长办公会或者专门会议作出决定。⑯

从以上的分析可以看出,新《规定》从学生申诉制度的受案范围,申诉委员会的组成、职责、权力范围等进行了完善。新《规定》也同时要求高校制定具体的申诉办法、明确申诉委员会的组成及工作规则。因此,高校应当依据新《规定》的变化修改校内申诉制度,同时需要将行政法的相关理念与制度落实到校内规范中。

---

⑮ 例如:"田永诉北京科技大学不予颁发学位证书案""何晓强诉华中科技大学因英语四级未通过不授予学位证书案""甘露诉暨南大学因课程论文抄袭被开除案""于艳茹诉北京大学撤销博士学位案"。

⑯ 参见马怀德:《新〈普通高等学校学生管理规定〉新在哪里》,载中华人民共和国教育部官网:http://www.moe.edu.cn/jyb_xwfb/moe_2082/zl_2017n/2017_zl06_2147441721/201702/t20170216_296406.html,最后访问日期:2017 年 5 月 5 日。

四、高校校内学生申诉制度的完善路径

建立并完善高校校内申诉制度,是高校推进依法治校、实施民主管理的内在要求。它对保障学生权利、监督学校权力、培养学生民主法治观念发挥着重要的作用。因此,高校按照新《规定》修订校内申诉制度已成为学校应当履行的法定义务。高校不仅应当依据新《规定》的内容,从受案范围、申诉委员会的成员组成及审查权力等方面对校内申诉制度进行完善,还应结合行政法的相关原则与程序要求进行完善。

(一)申诉制度遵循的基本原则

1. 以学生为本原则

保护学生的权利一直是教育法治的核心价值追求。学生权利与高校管理权虽然时而平衡时而对立,但高校遵循依法治校的理念,使管理制度规范化、制度化、程序化,才能真正实现人文关怀与人文精神。学生管理工作在追求秩序与效率的同时,也应当以学生的自我发展与完善为终极目标。学生申诉制度作为一种救济制度,更应从学生根本利益出发,以保障学生在教育活动中的主体地位,激发和调动学生的主动性、积极性为目标,以实现学生的自我完善。

2. 申诉不加罚原则

上诉不加刑原则是我国刑事诉讼制度的一项重要的保护被告人权益的原则。即被告人在申请上诉的过程中,法院不得加重被告人的刑期。而申诉制度的核心是维护作为被管理方——学生的权益,而不是立足于管理和处罚。因此,出于保护学生权益的目的,校内申诉委员会在审理申诉事宜时,也应当采纳这一理念。当学生提出申诉后,申诉委员会在审查处分或处理行为时,即使认为有关部门的处罚过轻,也不得加重原有的处罚决定。

3. 正当程序原则

正当程序原则要求学校在做出影响学生合法权益的行为之前,应给

予他们相应的程序性权利，例如，知情权，即告知学校将要采取的措施以及处理的理由；陈述申辩权，即有权为自己申辩，学校应听取学生的意见；同时学生应当享有申请有利害关系的人回避的权利、申请审查时组织听证的权利、对做出的审查决定进行阅读并修改笔录的权利等。

4. 重证据、重协商原则

学生申诉案件的审议过程中，需要询问当事人，听取学生的陈述意见，调取相关的证据材料，进行沟通协商，进行记录，最终做出结论。而证据材料和审议笔录是公正裁决的重要依据，应不轻信陈述，重视证据和笔录的证明力。同时，应当注重协商沟通，化解误解和隔阂。

（二）具体制度建议

1. 设置独立的申诉机构，规定成员比例、遴选规则与任期

须保障申诉机构的独立经费和独立地位。学生申诉机构作为专门处理申诉事宜的机关，应当具有地位上的独立性。一方面，申诉委员会的经费应当专款专用，机构可以自行使用经费，减少因经费问题产生的行政制约。另一方面，设置机构应避免挂靠或将办公室设在学校职能部门之下等方式，这里建议直接组建一个独立的机构，并指定专人专责，设置固定委员或临时委员等。

适当增加申诉机构成员的种类。校内申诉处理委员会的成员应当由学校相关负责人、职能部门负责人、教师代表、学生代表、负责法律事务的相关机构负责人等组成，还可以探索性地聘请校外法律、教育等方面的专家参加。同时建议增加以下人员。第一，吸收德高望重的退休人员参加。退休人员通常有着丰富的校内工作经历，易于采用情理等柔性规则；同时，因退休的原因其会减少人际关系的束缚，增加其做申诉决定的独立性和中立性。[17] 第二，吸收家长作为参与者、监督者。家长参与学校管理已成为国际发展的趋势。如果家长代表可以作为参与人员或监督人员进入申诉程序，有利于保障民主协商的氛围，也有利于化解矛盾。

明确成员的总数、组成比例及遴聘程序与任期。应当明确行政人员

---

⑰ 参见申素平、史三军：《高校学生申诉权研究》，载《复旦教育论坛》2017年第1期。

与教师代表、学生代表或其他代表的人员比例，同时应当降低行政领导职务人员比例，尽可能地增加教师代表、学生代表及具有中立地位的代表比例。也可以效仿我国台湾地区的申诉制度，规定申诉委员会的遴选聘任程序，规定代表的任期，规范申诉委员会的组织，这对申诉委员会作出公正裁决具有促进意义。

2. 明确委员回避制度

申诉作为纠纷解决机制，关系到各方利益，应当避免发生做出决定者与申诉参与人存在不当关系的问题。各高校在完善制度时，可以借鉴行政诉讼中回避程序的相关内容，建立回避制度。第一，规定与案件有利害关系人员的范围。基于诉讼中"一案不受两人审理"原则，曾经是引发该案而做出学生处分决定的成员，在参与审议的过程中，只能保留其申辩权，不得给予其审议表决权，在申诉决议表决的过程中也应当回避。第二，回避种类与方式。规定申请回避、自行回避、指令回避的情形；提出方式可以是口头或书面；提出时间可以是申诉会议前、会议中。

3. 规范申诉委员会权限

新《规定》第 63 条新增了省级教育行政部门可以责令学校撤销或变更不适当处分、处理决定的权利，但规定申诉委员会只有提出撤销或变更不适当处理、处分的复查建议权，在复查建议作出后，有关部门应当予以研究，重新提交校长办公会或专门会议作出处理、处分决定。因此校内申诉委员会没有实质的撤销和变更权，只有建议复查权。本文认为，这种规定是为了防止申诉委员会的权力凌驾于校内行政部门、甚至学校的权力之上，为保障职能部门的自主管理权，仅赋予申诉委员会建议权是正确的。因此，高校在修改校内规定时，不得将"建议权"变更为"撤销或变更权"。但为了更好地发挥委员会的作用，可以完善暂缓执行制度，具体规定暂缓执行的条件、时间及提起程序，防止不当行为对学生权益的侵害。

4. 健全申诉听证制度

行政法上的听证制度是保障当事人权益的重要制度。新《规定》并没有对听证做出相关要求。但在学校管理活动中，出现例如开除学籍或退学等对学生权益有重大影响的处分所引发的申诉案件，应该引入较为正式的听证制度，尽可能地降低学生权益受损的程度。

行政法上的听证制度有公开性、公正性、案卷排他、说明理由等要求。第一，公开性。主要是通过事先的告知、案卷阅览、言辞辩论、说明理由等制度保障听证结果的公开，从而满足当事人的知情权。在校内申诉制度中，因很多争议事项大都涉及个人隐私、敏感事件等，因此可以规定“以不公开为常态，以公开为例外”，保障学生的隐私。第二，公正性。这主要是指回避制度、禁止单方面接触、平等参与程序、保障合适的听证时间、地点和方式等形式进行申诉。第三，案卷排他。这是指听证决议的作出，应以案卷为依据，不能援引案卷外的事由，不能采用当事人不知道和没有论证的事实为依据。[18] 第四，说明理由，“毫不说明理由比强词夺理更专横”，说明理由可以规范申诉机构的自由裁量权，促使权力以理性的方式运行。[19] 申诉机构应该对作出的决定给出相应的理由，使当事人及利害关系人“知其然”还“知其所以然”，心服口服，增强认同感。

5. 细化程序规定

学生申诉案件的审查分为实体性审查和程序性审查。实体性审查主要是审查对学生的处分、处理是否合法、合理。但是程序是制度的重要基石。程序通过制度固定下来，作为具体可操作的规范，可以更好地保障权益。[20] 因此，申诉程序是申诉制度的重要保障。进行程序性审查时应当注意，如果学生超过申诉期间提起申诉，学校应当给予学生说明理由的机会；如果理由正当，超期属于客观原因所致，应当受理申诉。如果学生提起申诉时材料不足，或形式不符合要求，应当一次性告知其需要的材料，并规定相应的补正日期。

再如，对审议结果的认定，需要从开议人数、可决人数、通过人数三方面认定。开议人数是指会议开始时人数须达到的数量，通常需要超过半数；可决人数是指进行表决的人数，通常需要超过半数，这样进行表决时，

---

⑱ 参见李仁燕：《高校内部行政法律关系论》，中国政法大学出版社 2009 年版，第 65 页。

⑲ 参见陈久奎、阮李全：《学生申诉权研究》，载《教育研究》2007 年第 6 期。

⑳ 参见陈久奎、阮李全：《学生申诉权研究》，载《教育研究》2007 年第 6 期。

民主合法性才能保障;通过人数是指议案通过的人数,通常情况需要在场者过半数或相对多数。若有特别决议,需要规定特别多数(2/3 或3/4)。[21] 对于学生申诉案件来说,为了更好地保护学生的利益,建议各高校具体规定开议人数、可决人数、通过人数的比例或数量。第一,开议人数不得少于5 人,因为《规定》中申诉委员会要求有学校相关负责人、职能部门负责人、教师代表、负责法律事务的相关机构负责人、学生代表,无论比例如何确定,要保证这些人都可以至少有一名。第二,为保障学生权益,通过人数采用2/3 多数或者 3/4 多数进行表决更为适宜。

The Reconstruction Direction and Perfection Path of the Appeal System for Students at Universities

— Based on the Provisions on the Administration of University Students

Liu Pu　Jia Mengmeng

Abstract: Because of the influence of the Theory of Special Power Relation and the scope of accepting administrative cases, only some types of the disputes between universities and students can enter into judicial review procedure. Therefore, the degree of the guarantee of students' right to relief remains low. The appeal system for Chinese undergraduates is one of the non - litigation relieving systems to settle disputes in education. The appeal system for undergraduates has such advantages as high efficiency and low cost. It is in favor of academic freedom and the university autonomy and it gives expression to consultative democracy system. It is propitious for a university

---

[21] 参见李慧宗:《教育行政法要义》,台北,元照出版有限公司 2004 年版,第 107 页。

to carry out error recovery and self - supervision. In this paper, seven universitie are chosen as evaluation index. It is found that many problems happen among these universities' appeal systems: the student board of appeal has a big tendency toward administration; the position of the student board of appeal is not neutral; the review procedure is considerable ambiguity. In order to perfect the appeal system for undergraduates, we should follow some principles, for example, student - oriented principle, non - adding penalty principle, due procedure principle, and emphasizing negotiation and evidence. We should also take measures to improve the student board of appeal, to ensure the property, proportion and term of office, to construct challenge system, to standardize authority of the board, to better the produce of informative system and to perfect hearing system and refine review process.

Key Words: universities, appeal system for undergraduates, right to relief

法务反哺

高校法学教育与律师教育发展的契合性研究*

吴松强

摘　要：当前，我国律师行业迎来了大变革、大发展的新时期。但是高校法学教育和律师教育共同培养律师人才的合力尚未形成，法学教育与律师基础教育、律师继续教育之间都存在较为明显的脱节现象，导致适应经济社会快速发展的高端律师人才严重不足。高校设立律师学院，将律师后备人才培养纳入高等教育体系，是高校法学教育与律师基础教育融合的有益尝试，已初显成效。高校法学教育也可以通过介入律师继续教育培训、开展律师方向学历教育、设立律师学二级学科、构建法律职业继续教育共同体等方式，积极助推律师继续教育发展和高端律师人才培养。

关键词：法学教育　律师教育　契合性　律师基础教育　律师继续教育

当前，中国法治事业正处于全面发展的重要时期。2014年中共十八届四中全会通过的《中共中央

---

* 本文系华东政法大学教学改革与发展研究项目《法学教育与律师教育的契合性研究》阶段性研究成果（项目编号：HZJG201627）。

关于全面推进依法治国若干重大问题的决定》描绘了我国依法治国方略的宏伟蓝图。2016年中共中央办公厅、国务院办公厅印发了《关于深化律师制度改革的意见》,对深化律师制度改革、推动律师事业发展作出了全面部署。这样的背景下,我国律师行业迎来了一个大变革、大发展的新时期,一方面律师在依法治国方略实施过程中将扮演越来越重要的角色,另一方面也对律师行业的发展和律师自身的发展提出了更高的要求。

但是,2015年全国律师工作会议透露我国高端律师人才严重不足:目前全国近30万执业律师中,能够熟练办理涉外法律业务的不到3000名;能办理"双反双保"(反倾销、反补贴、保障措施和特别保障措施)业务的律师不到50人;能够在WTO上诉机构独立办案的律师只有数名。①

这反映了我国当前高校法学教育和律师教育之间的脱节现象非常明显,无法形成两者共同培养高端律师人才的合力。因此,我们应深化法学教育改革,优化律师教育方法,积极探索法学教育与律师教育契合发展的途径和方法,真正培养出符合市场需求的高端律师人才。

一、我国法学教育属性之困:通识教育或职业教育

我国法学教育虽然得到了长足的发展,但是与法律职业、法律实践相脱节的现象仍然非常突出,其根源在于各方对于我国法学教育的属性没有形成统一的认识。法学教育到底是通识教育还是职业教育,这是一个根本性的问题,由此将会直接导致我国法学教育指导理念、实施过程、效果实现等方面的差异,也会决定从法学院走出的学生是否具备法律实践所需要的能力。在很长一段时间内,我国法学界曾就这一问题展开过讨论。徐显明认为,法学教育是一种职业教育,因为它与法律职业需求相结

① 参见高鑫:《全国律师工作会议推动法律职业共同体建设》,载《检察日报》2015年8月21日,第2版。

合，要着力培养学生职业技能和职业伦理。[②] 曾宪义、张文显则认为，法学教育应是一种通识教育，培养的是学生的综合素质和能力；[③]而韩大元则持折中观点，认为法学教育具备多种属性，同时兼具职业教育和通识教育的特征。[④]

我们认为，法学教育既有教育属性，又有法律职业属性，是二者的有机统一；它“既要为法律职业共同体服务，又要面向全社会培养法律人才、提供智力支持和社会服务”。[⑤] 因此法学教育既是我国高等教育事业的重要组成部分，也是我国司法体制特别是法律职业制度的组成部分。所以说，法学教育毫无疑问具有通识教育的性质，但是通识教育特性是法学教育与其他专业教育的共同特征，而不是法学教育的个别特征。法学教育的独特点在于它必须考虑法律职业的人才需求，必须与法律职业共同体的建设紧密相连，而这也是社会对法学教育的首要需求。法学院学生将来主要从事法律职业，而法律职业是专业性职业，经验性、技术性要求很高，这就要求法学教育能培养出具备足够经验、技术和能力的专业化人才。所以，从这个角度看，职业性是法学教育发展的题中之意，也是其区别于其他专业教育的核心特征。“近代法律职业通过与大学法学院的联姻，成功地从中世纪的智识性行业逐步转化为现代职业。”[⑥]在西方近代法律职业的发展中，法学院作为法律职业的看门人，在法律职业实现职业化、专业化的过程中同样扮演了重要的角色。正是基于这样的认识，我们认为高校法学教育与律师教育的融合具备深厚的理论基础。

---

② 参见徐显明：《法学教育的基础矛盾与根本性缺陷》，载《法学家》2003 年第 6 期。

③ 参见曾宪义、张文显：《法学本科教育属于素质教育——关于我国现阶段法学本科教育之属性和功能的认识》，载《法学家》2003 年第 6 期。

④ 参见韩大元：《全球化背景下中国法学教育面临的挑战》，载《法学杂志》2011 年第 3 期。

⑤ 霍宪丹：《法律人才培养模式的反思与探索》，载《中国法学教育研究》2006 年第 7 期。

⑥ 李学尧：《法律职业主义》，中国政法大学出版社 2007 年版，第 103 页。

二、我国律师教育的基本定位:基础教育与继续教育

律师教育的内容主要是律师职业道德教育和律师执业技能教育。律师教育从本质上看,应是一种职业教育,与学历教育相比具有非常显著的特征:在教育师资上,它需要有大量法律实务部门的专家授课,讲授最前沿的律师实务知识;在教育内容上,它必须特别注重实务技能的传授和训练,对于全面和深入掌握理论则要求不高;在教学方法上,它特别注重采用案例教学、辩论教学、模拟法庭等实践实训方法,而不是简单知识讲授。

律师教育主要面向两类人:一类准备从事律师职业的人,主要是指法学院学生和初入律师职业的实习期律师;另一类是已经执业的律师。根据对象不同,我们可以把律师教育分为律师基础教育和律师继续教育(或称律师提高教育)。律师基础教育是律师的准备教育和通才教育,通过全面、系统的学习训练,培养他们的律师专业思维,培育他们对法律职业共同体的价值观,以及律师执业的基本素质和基本能力。与此相对应的,律师继续教育可以认为是一种提高教育和专才教育,目的在于提高执业律师在专业领域特别是新兴业务领域的执业能力以及律所管理能力等,满足律师专业化、专家化、国际化发展的需求。⑦

本文所称的律师教育是律师基础教育与律师继续教育的结合。我们认为优秀律师人才的培养必须在律师基础教育和继续教育两个阶段共同着力;本文所探讨的法学教育与律师教育的融合,也应该是高校法学教育与律师基础教育与继续教育两个方面的融合。

⑦ 参见薛庆予:《我国律师教育事业的现状及远景》,载《法制日报》2014年5月14日,第12版。

三、当前高校法学教育与律师教育相脱节的主要表征

目前看来，在律师基础教育和律师继续教育两个阶段，法学教育和律师教育都存在不同程度的脱节现象。

（一）高校法学教育与律师基础教育之间存在的问题

如前所述，法学教育从其学科属性和人才培养目标来看，具有明显的职业化导向。但是长期以来，我国法学教育在各个环节都没有很好地体现这一导向，脱节现象较为严重，在律师教育方面尤为明显。

一是法学教育与律师职业的脱节。没有法学教育就没有法律职业，法学教育是从事法律职业的必由之路；同时在理想化模式下，法律职业发展也会影响法学教育的发展方向。“从律师职业角度而言，法学教育培养和训练了律师必须具备的专业知识和职业素养，律师职业决定了法学教育的培养目标、培养要求和培养模式，决定了法学教育的发展方向和内在动力。当二者形成良性互动关系时，法学教育与律师职业将相得益彰、相互促进；而当二者脱节时，必然导致发展失衡和结构失范。”⑧我们的法学教育在学科结构、专业设置、课程建设等方面还不能体现出律师职业的特殊性（具体如律师职业对象、律师执业活动、律师职业发展、律师培养模式等），法学教育与律师职业存在脱节现象。从另一角度看，在律师职业准入标准上，大学本科法学教育没有成为从事律师职业的资格条件，其结果导致律师职业与法学教育之间缺乏必要的衔接。⑨ 当然，即将实施的统一法律职业资格考试将较好地解决这一问题。

二是法学教育与律师实践的脱节。法律的生命不是逻辑，而是经验。法学是一门实践应用性很强的学科，是法律的实践知识与学问。实践性

⑧ 苏世芬：《符合性法律人才培养模式研究》，载《青海社会学科》2008 年第 11 期。

⑨ 参见霍宪丹：《法律职业与法律人才培养》，载《法学研究》2003 年第 4 期。

是法学的学问品格,经验理性是法学的实践性格。[10] 这种实践知识、经验理性必须从司法实践中获得,需要在实践中体悟与训练,非简单传授所能获得。但是我国法学教育更多受大陆法系国家影响,历来以传授系统和科学的知识为目的,很少考虑对学生实际操作能力的培养。[11] 法学教育不过是法律的抽象学习过程,而非法律的具体实践过程。法学教育与法律实践严重脱节,学生实践应用和司法实务能力较差,普遍存在"走出了课堂却上不了法庭"的情况。法学院所生产的"产品"不能适应社会的实际需求,基本素质和能力需要在工作岗位培养。这一点在律师教育中体现得特别明显,主要表现在:第一,在师资构成上,一方面法学教师队伍缺乏具有丰富的一线实务经验的律师,另一方面高校教师又大都没有律师从业经验,由他们讲授律师实务,显然太过牵强;第二,在课程设计上,目前法学专业主干课程都是理论性课程,强调法学理论体系的完整性,从课程内容看具有一定的滞后性,未能反映律师实务中的最新内容;第三,从授课形式看,还是以大班授课和课堂灌输为主,教学方式单一,未能充分调动学生主体性与积极性,教学效果不理想;第四,从法律实践看,一方面在课程设计方面缺少实践环节,另一方面虽然实习是法律教育的重要环节且有学分要求,但是现实情况是实习已经流于形式,完全没有起到应有的作用。

三是法学教育与司法考试的脱节。通过司法考试是成为一名律师的前提,应对和通过司法考试是律师基础教育非常重要的内容。理想化模式下,法学教育和司法考试应该是一种良性互动关系。国家举行司法考试的目的就是选拔优秀的法律职业人员特别是律师,而法学教育则是司法考试的基础和前提。法学教育不完善,司法考试将成为无本之木、无源之水;同样,离开了以法律职业为指引的法学教育不仅会丧失发展的动力,更会迷失方向。一方面司法考试制度的推行改善了法学教育与法律

---

⑩ 参见舒国滢:《并非有一种值得期待的宣言——我们时代的法学为什么需要重视方法》,载《现代法学》2006年第9期。

⑪ 参见陈建民:《从法律教育的目标审视诊所法律教育的地位和作用》,载《环球法律评论》2005年第3期。

职业教育相脱节的情况,促进了教学内容、教学方法的改革;另一方面法学教育的发展与完善将会巩固和促进法律职业共同体的建构,为社会稳定发展和市场有序运行提供可靠保障。但是目前我国法学教育与司法考试的关系并不令人满意。"法学教育难以适应司法考试的要求,司法考试也衡量不了法学教育水平的高低;具备一定法学素养的人难以通过司法考试,司法考试通过者却感觉对法律知之不多。人们不禁要问:法学教育与司法考试同时作为法律人培养过程中相互联系的两个阶段或两种制度,为什么会出现如此偏离或冲突的关系?"⑫究其原因,主要在于:一是当前的法学教育片面注重法律知识的传授和考察,忽略了法学本质上作为"实践理性"所要求的法律思维的教学和训练;二是法学教育中司法考试模块的缺失、司法考试技能训练不足。

(二)高校法学教育与律师继续教育之间存在的问题

现行律师继续教育制度在向律师传播新知识、新信息和新理念,促进律师交流业务经验,提高律师业务水平等方面无疑发挥了巨大作用,但是也存在一定的问题。

一是法学教育在律师继续教育格局中缺位。

在律师继续教育方面,存在需求多样性与资源有限性的矛盾。当前,律师们的培训需求越来越丰富、多元:一方面,律师从业人员人数不断上升,培训对象的规模越来越大、类型越来越多;另一方面,由于我国经济社会的快速发展和深度变革,新兴律师业务不断涌现,高端业务培训的需求越来越旺盛。相对于需求的多样性,培训资源的供给却非常有限,目前的情况是各地律协占绝对主导、社会培训机构见缝插针、高校法学院鲜有参与。占主导地位的律协在举办律师继续教育培训时,人力、师资、场地、技术等方面都面临不小的困难,很难提供足够资源以满足律师需求。而且各地律协自守"一亩三分地",各自为政,互不共享教育资源,互不认可培训学时,整个律师继续教育缺乏整体的规划设计,所推出的培训很难满足广大律师的现实需求。而社会培训机构虽然能够提供较高质量的培训课

⑫ 参见梁开银:《法律思维:法学教育与司法考试的契合点》,载《法学评论》2011年第4期。

程,但是以营利为主要目的的特性决定了其培训费用的高昂,初级阶段律师难以承受。至于本身具备公益属性,又具有丰富培训资源(信誉、品牌、师资、场地等)的高校及高校法学院,却在律师继续教育市场上鲜见踪影,没有很好地发挥其自身优势,也没有承担起其应当承担的社会责任。这几年有些高校(如中国人民大学律师学院、华东政法大学律师学院等)开始尝试开展律师继续教育,并取得了很好的发展,但是尚未形成气候。

二是法学教育在律师继续教育管理中游离。

目前各地对于律师继续教育均采用封闭化的模式,即只认可当地律协自己组织的教育培训,律师参加其他组织举办的业务培训均不能计算培训学时,而培训学时是律师参加执业年检的一项硬性要求。这种封闭化的管理模式带来一系列的问题:由于资源有限,也缺乏内在动力和外在激励机制,各地律协通常只是为完成任务而组织培训,律师也仅仅是为了完成学时而参加培训,导致继续教育效果大打折扣,大多流于形式;同时,由于无法计算培训学时,律师参加高校法学院、律师学院组织的业务培训的积极性不高,削弱了高校法学教育在律师继续教育中应该发挥的作用,给高校法学教育与律师继续教育造成了人为的阻隔。还有一个问题是,各地律师协会主要是将讲座、培训等非学历教育纳入培训学时,而对于是否将在职律师攻读硕士、博士学位或者赴海外留学等学历教育的经历纳入培训学时,意见并不一致。事实上,随着律师行业的快速发展,律师业务专业化、精细化、国际化的趋势越来越明显,在职律师对于更高层次学历,特别是海外高校学历的需求越来越大,但是律师协会在开拓学历教育方面具有先天不足,高校虽具有先天优势但又无法纳入律师继续教育体系,两者之间存在明显的脱节现象。

当然,从更广泛的意义上讲,我国现在的法学教育和整个法律职业共同体继续教育之间以及法律职业共同体内部各主体继续教育(律师继续教育、法官继续教育、检察官继续教育)之间都存在脱节和封闭的问题,在业务培训上各自为政、互不融通。尽管国家统一司法考试初步消除了律师、法官、检察官三者在职业资格准入上的法律障碍,但是法律职业人员继续教育采用封闭性体制不利于法律职业共同体的形成和我国司法改革的深入推进。

四、高校法学教育与律师教育契合性发展的路径探析

遵循前面的分析逻辑,我们可以从两个方面来探讨高校法学教育助推律师教育发展的具体措施和路径:一是就法学院学生在学期间,探讨高校法学教育与律师基础教育契合发展的路径与措施;二是就律师执业期间,探讨法学教育与律师继续教育契合发展的路径和措施。

(一)高校法学教育与律师基础教育契合的初步探索

如前所述,法学教育与律师基础教育的脱节是当前我国法学教育难以培养出高素质律师人才的重要原因。因此在法学人才培养模式的改革中我们需要思考如何将律师教育引入我国法学教育体系中,建立与律师成长规律相符合、与律师职业发展相配套的律师基础教育机制。

为了解决我国高等法学教育培养模式相对单一,学生实践能力不强,应用型、复合型法律职业人才培养不足等问题,中央政法委员会、教育部主导实施了卓越法律人才教育培养计划,明确提出"适应多样化法律职业要求,坚持厚基础、宽口径,强化学生法律职业伦理教育、强化学生法律实务技能培养,提高学生运用法学与其他学科知识方法解决实际法律问题的能力,促进法学教育与法律职业的深度衔接"。这是有效解决当前高校法学教育"三脱节"问题的重要举措。习近平总书记在中国政法大学视察时也强调,法学学科是实践性很强的学科,法学教育要处理好知识教学和实践教学的关系。习总书记同时提出,要打破高校和社会之间的体制壁垒,将实际工作部门的优质实践教学资源引进高校,加强法学教育、法学研究工作者和法治实际工作者之间的交流。

基于此,囊括了三个卓越法律人才培养基地的华东政法大学,于2011年成立了律师学院,进行了律师教育融入法学教育的有益尝试。律师学院是国内最早承担律师后备人才本科学历培养的实体教学单位之一,以创新法学教育和人才培养体制、培养适应社会实际需求的高级应用型法

律人才为目标,探索及引领应用型、复合型律师人才的教育培养模式,致力于打造新时期卓越律师培养平台。学院成立以来,进行了法学教育与律师教育相互融合的积极创新实践,律师人才培养工作已经初见成效。主要做法有:

一是共同制定培养目标,实施“高校—律所”联合培养机制,聘请国内知名红圈律所主任担任特聘院长,共同确定人才培养目标,共同制定人才培养方案,确保人才培养与市场需求相对接。二是共同设计课程体系,在保障法学核心课程的前提下,针对律师职业特点和执业需求设置“律师执业方向”课程模块,包括法律尽职调查、谈判和法庭辩论等近 20 门律师实务课程,由校外特聘教授讲授最前沿的律师实务知识,有效对接律师职业需求。三是共同开发优质教材,为了确保实务课程教学内容的体系完整,避免课程讲授内容散乱、无序,与授课律师确定教材编写计划,以目前开设的 20 门课程为基础,编撰出一套适合本科阶段学生学习,既囊括律师实务前沿内容,又具有完整体系性的律师实务课程教材体系。四是共同组织教学团队,聘请国内外知名律师、国企总法律顾问等实务界专家担任学院特聘教授,通过案例教学、问答式教学和经验分享等,给学生讲授实务课程,开设实务讲座。同时安排校内年轻老师担任课程助教,提升青年教师的实践教学能力。五是共同建设实践基地,在国浩、中伦、君合、中化国际、英特尔(中国)等知名律所、大型企业共建教学实践基地。特别是积极拓展海外实践基地,选派优秀学生赴美国、英国、爱尔兰、香港等地的知名律师事务所进行深度实习,提升人才培养的国际化水平。六是建立多层次实践实训体系,开设模拟法庭、模拟仲裁庭、模拟律师事务所等常态化实务技能训练项目;强化辩论、演讲、法律检索、司法文书写作等专业训练,提升执业技能;强化司法考试技能培训,该院司考整班通过率最高近 90%。七是确立全人发展教育理念,学生通过面试产生,采用小班化教学,注重个性化培养,强调律师实务技能的训练,更重视人文底蕴与科学素养的养成,培养具有卓越领导力的高端律师人才。

(二)高校法学教育与律师继续教育契合发展的探索与创新

为满足律师行业和律师队伍迅速发展的需求,律师继续教育的重要性在当前更加凸显,对以高校法学教育助推律师继续教育发展也提出了更高要求。

一是高校法学教育主动介入律师继续教育市场。

为了更好地满足大规模、精细化、专业化的律师培训需求,可以考虑适度放开律师继续教育市场。除了承认各地律师协会组织的教育培训学时外,也承认其他特定教育机构所举办的律师业务培训可纳入年度考核时的培训总学时。当然这里的放开是适度放开,各地律师协会可以选择全国或当地若干家社会教育机构(从各个角度看,高等院校教育培训机构是不错的选择),律师可自由选择这些机构举办的律师教育课程。“这种市场化运作的方式更符合律师继续教育的本质,其优势在于教学双方均出于自由选择,从而最大限度地发挥双方的积极性和主观能动性,使律师教育与律师的需求实现完美结合,真正发挥律师教育为律师事业发展服务的功能。”⑬从律师专业教育机构来看,为了维系其生存和发展,他们会尽可能地了解律师的现实需求,科学设计课程内容,而律师也会觉得培训学有所获,这样就促进了律师继续教育的良性循环和健康发展。

在适度放开律师继续教育市场后,高校法学教育——高校法学院特别是律师学院最好能主动介入、主动作为。其中的益处显而易见。首先是与法官学院承担法官继续教育任务、检察官学院承担检察官继续教育任务相类似,由律师学院承担律师的继续教育任务符合法律职业共同体人才培养的统一性,显得更加“名正言顺”。其次是当前各地律师学院的创建步伐正在不断加快,其体量应该可以满足律师继续教育的巨大需求。而且从律师学院的设置看,主要的几种类型,如各地律师协会自身举办、律协与高校法学院合办、律师事务所与高校法学院合办、高校法学院单独举办等,都是依托律师协会或者高校;与一般的社会教育机构相比,其规范性和信誉度都比较高,更值得信赖。最后是律师学院是专业教育机构,特别是依托高等院校的律师学院,还属于高等教育机构,应该在律师继续教育过程中发挥更大的作用。这是因为:其一,高校律师学院以强大的学

⑬ 薛庆予:《我国律师教育事业的现状及远景》,载《法制日报》2014年5月14日,第12版。

科专业为支撑,拥有专业的教学和科研团队,能够及时掌握业界发展动态,科学设置各类课程体系;其二,高校律师学院依托其社会资源、校友资源甚至自身资源,可以广泛吸收及司法机关、政府部门、律师界高水平实务专家以及高校自身的知名教授担任授课老师,从而有效整合优质社会智力资源,在理论教育和实务操作两个层面都可为律师提供最专业的课程;其三,与律协自身设立的律师学院仅面向本地区律师开展教育培训不同,高校律师学院一般面向社会办学,可以打破当前律师教育的地域分割限制,整合优质教育资源。

二是实现高校法学教育与继续教育深度融合。

高端律师人才的培养不是某个点的工作,而是一个系列工程,故我们应该不断探索法学教育和律师继续教育深度融合的途径和方法。首先是高素质律师人才的培养需要律师基础教育与律师继续教育的有效衔接。某种程度上说,律师基础教育的质量直接影响律师继续教育的开展,而理想化的模式是在高校法学教育阶段就开展律师基础教育,因此可以考虑把律师学或律师法学专业列为法学的二级学科,纳入我国高等教育体系,开展律师后备人才培养。其次是在当前律师业务专业化、精细化、国际化要求越来越高的情况下,律师的学历要求和海外背景也将是其显著的执业优势。因此律师继续教育除了要强调非学历教育培训外,也应该高度重视开展学历教育,为律师在国内或者国外提升学历创造条件。而高校在这两个方面具有天然的优势,因为高校具有非常广泛的海外合作院校资源,可以为律师攻读海外法律硕士或法律博士提供诸多便利。另外我们也可以尝试在研究生教育阶段开设律师方向的专业硕士学位,并与本科阶段律师基础教育进行合理的区分和有效的衔接。例如,本科阶段律师基础教育重点在于广和博,侧重于律师执业基本素养的养成和技能的训练;而研究生阶段继续教育重点在于精和专,侧重于为每一位学生(律师)量身定制一个较小执业领域(如资本市场、刑事辩护等)服务,课程设置和实践实训全部围绕这一领域,培养真正专业化、国际化的高端律师。在制度设计上,律师参加上述学历培训,可以抵免相应年度的律师业务培训学时。最后是高校法学院或律师学院可以与律师事务所共同设立律师业务研究中心,如华政与浙江靖霖律师事务所合作设立了刑事辩护研究中心。此种模式可以依托高校得天独厚的资源平台与首屈一指的科研实力,联合一大批专业律师,通过法学理论界与律师实务界的深度合作,打造律师业务理论研究、经验总结与技能推广的新型学术研究机构。

三是推动形成法律职业继续教育共同体。

在现代社会中,法律人才培养工作的分工越来越细,但同时其相互联系又更加密切,形成一个整体。因此从更宏观的角度以及更长远的视野来看,我们必须强化“法律职业共同体”意识,把律师职业的发展纳入法律职业共同体的发展,把律师继续教育纳入法律职业继续教育共同体的范畴。法律职业继续教育共同体,就是通过跨部门、跨地区的布局结构调整,整合分散在不同部门内的法律继续教育资源,通过规范化的制度安排,由法学院校和司法部门共同建立起优势互补、资源共享、相互协调、良性互动的法律职业继续教育培训的共同体,共同建立法律从业人员的终身化继续教育制度,切实保障建设高素质政法队伍目标的实现。⑭ 如整合现在彼此独立的律师、法官、检察官培训资源,做到培训课程互相开放、培训学时互相认同、专业能力相互提高,同时可以增进相互交流、增加职业认同,更好更快地推进法律职业共同体建设。在条件成熟时,甚至可以共同组织“法律职业年度培训”,在法律职业业务培训上策应中国司法改革的深化。⑮ 当然,在法律职业继续教育共同体的推进和建设过程中,更离不开高校法学教育的全面、深度的参与,高校法学教育也将会有更大的发展、更大的作为。

---

⑭ 参见霍宪丹:《从法学教育到法律人才培养》,载《中国法律评论》2014 年第 3 期。

⑮ 参见薛庆予:《关于律师教育的思考》,载中国人民大学律师学院网站:http://lawyer. ruc. edu. cn/old/html/msfc/8176. html,最后访问日期:2017 年 6 月 30 日。

Research on the Integration between Legal Education at Universities and Lawyer's Education and Development

Wu Songqiang

Abstract: Currently, the legal profession in our country has entered a new period of great transformation and development. However, the composite force of legal education at domestic universities and lawyers' education has not yet been formed to cultivate and train lawyers together. There are obvious disconnections between legal education and lawyers' education including the basic education and the continuing education. As a result, the high-quality lawyers who are demanded in the rapid socio-economic development are severely understaffed. At present, some universities have set up lawyer colleges to integrate lawyer talent training into the higher education system as an effective attempt of merging higher legal education and lawyers' basic education, which has already achieved preliminary results. Legal education at universities could also boost the development of lawyers' continuing education and the cultivation of high-quality lawyer talent by participating in lawyers' continuing education to develop academic education for lawyers, establishing subordinate discipline for lawyers and building a continuing education community for legal profession. By implementing those methods actively, the cultivation of high-quality legal talent and the continuing education and development for lawyers can be improved.

Key Words: legal education, lawyers' education, integration, lawyers' basic education, lawyers' continuing education

学问人生

苦心孤诣证大道 夕惕若厉求真知
——记胡留元教授*

余 涛 郑 菲

摘 要:胡留元教授是我国著名的法制史专家,做事认真,治学严谨,执著科研,一生以“君子”的要求作为自己为人的底线,从一个寒门子弟成长为法制史领域的专家,在中国古代法制史领域研究成果卓著,开创了西周法制史研究的新局面,为学术界留下了宝贵的知识财富。

关键词:胡留元 法制史 西北政法大学

序

仍然是一杯清茶,一室书香。冯卓慧教授再次坐

---

* 本文是在西北政法大学资深教授冯卓慧老师对丈夫胡留元先生的生平和科研活动的回忆访谈进行整理的基础上撰写而成,稿件经冯卓慧老师审定并做了部分细节上的修改。胡留元教授1936年11月出生于甘肃省天水市,1955年考入陕西师范大学,1959年毕业于陕西师范大学历史系。同年被分配到甘肃省天水市,开始了21年的中学教学生涯。1981年2月调回西北政法学院法制史教研室任教。主要研究领域包括中国古代法制史和出土文献法制史。主要著作有《西周法制史》《长安文物与古代法制》《夏商西周法制史》等。曾担任西北政法学院法律史党支部副书记、书记、法律史专业硕士研究生导师,是享受国务院政府特殊津贴专家。1999年10月因病医治无效,不幸离世。

在我的对面,开始了她对胡留元先生的生活、教学和科研的追忆。对于她而言,胡老师不仅是德高望重的教授、学者,更是生死相依的丈夫和兄长。通过她饱含深情的回忆和描述,胡老师那清瘦矍铄的形象逐渐呈现,往事历历在目,细节越发真实。而胡老师所走过的曲折人生道路,如一幅画卷,在我的眼前缓缓展开。用冯老师的话来说,胡老师的一生可谓跌宕起伏。作为一名传统的知识分子,他的学术活动和生活经历都和时代紧密相关,其中有痛苦,也有喜悦;有矛盾也有不公;有深情,也有遗憾。“虽然时代已经不同,但是对于每一个成长中的青年人来说,不管是普通学子,还是青年学者,如果胡老师的这些经历能够对他们有所启发,也就够了。”这是冯老师的原话。

一、曲折人生,波澜不惊

采访一开始,冯老师就引用习主席的话说,“每一代人有每一代人的长征路”。每代人都有各自的艰辛,其实和具体出生在哪个年代无关。胡老师的一生可谓跌宕起伏,但他都带着强烈的信念,基本都一一跨过,波澜不惊。曲折的人生经历塑造了他谦和、执著、隐忍的性格,这也是他做人的根本。对工作他永远都想做得更好,这造就了他在学术上的一系列成就,但也影响到了他的健康。冯老师伤感地说,胡老师之所以于英年早逝,一方面有大环境所带来的各种压力的缘故,也和他在工作上“张”得太紧,没有功夫“一张一弛”有关。胡老师虽然曾经对琴棋书画都有所涉猎,是一个多才多艺的人,但后来却因各种原因而舍弃了这些。

(一)一壶酒改变的命运:寒门子弟初入学堂

胡老师 1936 年出生在甘肃省天水市新阳镇胡家大村。冯老师认为,胡老师其实并不是书香门第,但他之所以后来能够成为一名学者,其实与胡家大村深厚的文化底蕴是分不开的。20 世纪六七十年代,每年寒假二人都会回到胡家大村过年,而这个村庄给冯教授留下的印象至今仍记忆犹新。当时的村里共有 2000 多户人家,村子以戏台为中心,大小街道扩散开去,房屋排列有序,街道干净整洁。在这个小村庄,一下就让冯老师找到了中国古书上所谓的“巷、闾”对照物。虽然胡家大村只是北方的一个不起眼的小村庄,但孩子们很小就会被送去求学,给她的感觉就是胡家大村是文化大村,非常重视文化教育,有着浓郁的文化气息。

当时村里的小学招生分为“春招”和“秋招”,胡老师大概是 1943 年春天上的小学。不过胡家大村设的小学只能教初小和中小,到了高小就需要去新阳镇就读。① 按照当时的规矩,孩童入学需向老师提一壶酒,行拜师礼,也就相当于交学费了。胡老师的父亲是“要面”的出身,在 16 岁丧父之后,就被迫担负起养家的重任。但由于年纪太小,无法从事成年劳动力的活计,就在村里的磨坊帮工磨面,靠村里人磨面时施舍来的各种面粉养活起一家人。一分钱掰两半花的父亲,甚至都舍不得出一壶酒的学费让胡老师上学。但他又想让儿子上学,怎么办呢?最终的解决办法就是拜托对门的家长,让胡老师和对门的孩子共用一壶酒,一起去拜师。

靠着别人家买的一壶酒,胡老师开了蒙,上了学。也正由于和对门的孩子共用了一壶酒上学,让胡老师心里总觉得有求于别人,就要想办法偿还。恰好对门的孩子功课不好,而胡老师的学习又非常不错,于是他就以帮对门的孩子写作业作为报答。一来二去,胡老师依靠学习成绩成了其他孩子所倚重的对象。胡家大村算是比较大的村庄,学生中午不回家吃饭,而各家各户都用瓦罐给孩子们送饭。胡老师虽然家境贫穷,但是因为学习好、会写作业,反而能在各家送的饭里挑好的吃,这也间接地打下了胡老师在学习方面的基础和自信心。

到了高小阶段,胡老师出村去新阳镇上学,吃住都在外婆家。当时的新阳镇土地较少,不少居民都从事纺织行业,商业相对比较发达。外公比较有生意头脑,在当地收购 9 寸的窄幅布,用毛驴驮运到陕西地界贩卖,再买棉花回去织布。就这样攒钱、置地,再把地出租给别人租种,有了些积蓄。所以,外婆家的经济情况是相对比较好的,胡老师也因此从未下地干过农活,此时的胡老师在学习和吃住方面,反而并没有受太多的苦。

---

① 解放前的小学 1 ~ 2 年级被叫作初小,3 ~ 4 年级被叫作中小,5 ~ 6 年级被叫作高小。

1949年,胡老师马上就要上中学。但一想到家境太过贫困,父亲可能供不起他上学,就只能报考不收学费的学校。当时他面临两个选择,一个是上林业学校(中专),另一个就是上天水师范,这两所学校都不需要缴纳学费。后来虽然两所学校都录取了他,但他听人说20世纪30年代就开始办学的天水师范更为有名,就选择了天水师范。不过,虽然学校不收学费,但吃饭还是要自己出钱的。学生需要从家里背30斤粮食到学校,再加3元菜金才可以在灶上吃饭。胡老师的父亲给不出这3元钱,于是他就只能自己做饭。当时还有一个比他大的舍友和他的情况类似,但甚至连粮食都没有。胡老师不忍不管他,两人就开始捡树枝柴火搭伙做饭,菜就是胡老师从家里带来的萝卜,相当于一份饭两个人吃。在坚持了一段时间后,胡老师终于不堪重负,在回到新阳镇的时候向外婆求援,依靠外婆给的菜金吃上了饭。但他也并未抛弃舍友,仍然是两个人一起吃这一份饭。

天水师范是一所中等师范院校,主要培养小学老师。在校长刘师培的治理下,以培养全才为目标,以认真办学为宗旨,教育教学基础非常深厚。这也使胡老师几乎成为了一个全才:他不仅在学业上成绩优异、基础扎实,同时在文艺等方面的才能也得到了激发。胡老师十分精通风琴、二胡和高胡的演奏,在篮球和舞蹈方面也表现出卓越的天分。20世纪50年代的流行舞蹈就是扭秧歌。当时天水师范的秧歌队在天水市是最好的,男生队伍的领舞总是胡老师。也是受到当时胡家大村、新阳镇一些文化名人的影响,胡老师闲暇时也经常和他们交往学习,使自己琴棋书画基本样样精通。由于他在各方面都表现突出,在天水师范就读期间,他担任了校学生会的主席,并在16岁时就加入了中国共产党。

1955年,学习成绩优异的胡老师面临着升学的选择。当时的天水师范要求全校排名前六名的学生才能报考对口的大学。胡老师由于成绩优异,顺利地考入了陕西师范大学历史系,并与冯老师相遇。

(二)因反右运动带来的结合:同甘共苦砥砺前行

初入陕西师范大学的胡老师,仍然像一颗闪耀的新星。当时的历史系一级共2个班43人,胡老师和冯老师就在同一个班里。20世纪50年代大学班级实行“党支书、团支书和班长”的班三角管理制度。胡老师因为成绩优异，表现突出，又因为是党员就被选为了党支书。他还参加了校乐队、运动队，在校期间就尝试写作论文并向杂志社投稿。1956 年学校推选“向科学进军”的典型时，胡老师、冯老师和时任班长的何清谷三人共同被推举为学校的代表人物。可以说，大一、大二时期的胡老师仍然是耀眼夺目的，也是校园里的佼佼者。

但是，1957 年开始的反右运动，改变了他们的命运。最开始，抨击对象还只限于学校的老师。到了 1958 年开始的“拔白旗运动”，抨击的对象就逐渐转移到了学生。由于被他人陷害，胡老师被树为学生中的所谓“白专”典型。在被抨击期间，胡老师仍然努力学习，认真求实做人，并不会为了自己的利益去打压打击任何人。胡老师坚韧、清高的形象，深深吸引了冯老师，冯老师并不因胡老师所谓“白专”典型的身份而排斥他，反而加深了对他的好感，两个人在反对班级里存在的不正之风的交谈中，逐渐走到了一起。

即便如此，在时代洪流的裹挟下，个人的命运逐渐失控。随着形势日益严峻，虽然胡老师视他的党员的身份为生命，却在全系学生大会上被公然开除了党籍，②冯老师也因此受到牵连被开除了团籍。这对胡老师的打击是巨大的，也几乎成为他一生难以治愈的伤疤，为此胡老师甚至还有过轻生的念头。冯老师说，她就是在那时决定和胡老师在一起的，因为她同情胡老师，为他鸣不平，但胡老师竟然在自己处境最糟糕的时候反过来安慰她，以兄长的姿态为她宽心。她认为他们之间不仅有思想的共鸣，也有共同的追求，更重要的就是彼此间的信任，这种信任贯穿了他们的一生，也让她同时收获了事业和爱情。1959 年，经历了各种运动冲击，并在 1958 年年底在校期间就毅然结婚的胡老师和冯老师，从陕西师范大学历史系毕业。由于时代的特殊原因，本可以留在西安工作的冯老师因坚决不愿和胡老师划清界限，结果夫妻二人双双被“发配”到甘肃天水市，成了中学教师。

② 在 1979 年，这个错误的处分得到了国家的纠正。

在冯老师看来,胡老师是一个踏踏实实做事,对党忠心耿耿的人。刚到甘肃,胡老师因为被开除党籍而十分苦闷,但又考虑到冯老师的感受,就什么也不说,只是一味地依靠抽烟去缓解内心的抑郁。可是时间久了再加上艰苦的生活条件的影响,胡老师双肺穿孔。虽然当时的医疗条件十分简陋,并且农村的吃食也很困难,但最后胡老师在回老家休息了3个月之后,肺病竟然奇迹般地痊愈了。冯老师说这完全是胡老师依靠意志力的结果,只是这次疾病为后来胡老师因肺癌离世埋下了隐患。

事实上,对于被开除党籍的事,胡老师一直耿耿于怀,前后共申诉12次。在那个充满风险的年代,胡老师为了防止自己遭遇不测之后蒙冤难雪,还写过"三年为党献尽毕生生命"的血书以明心志。冯老师知道后,将其贴身收藏。而胡老师那敦厚老实却大字不识的母亲,无意看到血书后,虽然看不懂内容,仍不顾风险主动要求代为保管和分担。冯老师印象最深的一次是在1962年,当时政府部门发布了有关平反的文件后,胡老师就开始准备第12次申诉。有孕在身的冯老师陪着胡老师一起去了陕西省委。当时胡老师进去递交材料,冯老师在路边等候。时间越久冯老师心里的弦越紧绷,她担心在这个特殊时期,胡老师说不定会被扣押,而自己却束手无策,以至于胡老师出现在陕西省委办公地点的大门口时,冯老师因情绪崩溃而大哭起来。看着这样的冯老师,胡老师毅然放弃了申诉之路。

二、谦谦君子,求真求知

在冯老师看来,胡老师一生都在用君子之道约束和警醒着自己,以君子的理想人格作为自己毕生的追求。他不媚俗、不浮夸,始终保持着自己的一颗赤子之心,不惧于物质生活的贫瘠,不惮于学术岁月的冷寂,在经受了命运的考验和岁月的侵蚀之后,仍然可以怀着对于生活虔诚的信仰,和冯老师几十年如一日,在法制史研究领域辛勤耕耘,求真求知。

胡老师的大儿子曾说:"爸爸虽然是全才,但他最大的弱点是他把事业看成第一，他一生把所有的都看成事业。”在冯老师看来，胡老师的价值观深受中国传统文化影响，而且所有的行事都以“君子”作为底线。因为在中国传统文化中，一个男人不仅要承担家的责任，还要承担国的责任。他觉得事业就是国家给他的责任，所以他什么都要做到最好。在冯老师看来，当中学老师的时候，带好学生是他的事业，所以他带的班级的成绩总是最好。学校安排他带校乐队是他的事业，所以他是各种乐器的全才。到西北政法学院工作的时候，搞好教学科研就是他的事业，他就不断在教学科研上出成绩。

(一)走上教师之路

在毕业来到甘肃天水市之后，胡老师在天水一中带高一至高三的学生，冯老师则在天水师范带初一至高二的学生。其后调至天水三中，前后长达21年。在中学的执教生涯中，胡老师和冯老师都从事中学历史教学，“文革”期间历史课停授之后，二人又改教中学语文。在甘肃的这段时间不仅没有让他们虚度光阴，反而让二人都掌握了良好的文史知识，积累了阅读古籍文献的功底，这也为他们后来在西北政法大学从事科研工作打下了基础。而天水市的这几所学校并没有在两人的特殊身份和所犯过的“错误”上做文章，反而给了他们一个巨大的展示舞台，这让二人一直心存感激。事实上，胡老师不仅在天水一中担任了班级的班主任，还发挥了自己文艺方面的特长，成为了校乐队的负责人，所带的班级也总是最出色的。

1981年2月，当了21年中学教师的二人被调回当时的西北政法学院法制史教研室任教，因而再次回到西安。彼时文化大革命刚刚结束，西北政法学院恢复招生也不过3年光景，师资力量残缺不堪。尤其是那些在“文化大革命”中被批判为“封、资、修”的课程更是教学人员凋落，教材和资料也十分匮乏。学历史出身的胡老师，在短短三个月的准备时间里，就手写出了40多万字的中国法制史教案。这些教案，并不单单是只看一本中国法制史教材所写，而是将同类教材拿在一起作对比，认真研究的结果。对其中有疑惑的地方胡老师还会去查阅二十四史，认真核对。对冯老师教授的外法史课程，胡老师也给出了要“古为今用，洋为中用”的建议。他说：

“不仅要告诉学生历史上是怎么样的,还要让学生能够学以致用。”

(二)从事科学研究

在冯老师看来,胡留元先生在大学时就发表过文章,有着从事科研工作的基础。胡老师在大学的时候和学校老师接触得比较多,在大学的时候就搞过科研。向陕西师大的学报投过稿子,还发表过一篇文章。但这篇文章在“文革”期间成为所谓“罪证”而遭到批判,说他要研究汉武帝戴眼镜。而由于时势的关系,在中学当21年老师期间胡老师是没有科研经历的;当胡老师再次进入科研领域已经是来到西北政法学院之后的事了。在从甘肃调回西安之前,学校对两人的考核就是写一篇论文。虽然二人已经很久没有写文章,但由于胡老师一直保持良好的阅读习惯和喜欢钻研的态度,就以胡老师为主,冯老师配合,写出了一篇关于西汉时期的屯田制度的文章。文章写出来之后,拿给了当时的教研室主任方克勤老师,方克勤又拿给了西北大学历史系教授、后来担任法律出版社总编辑的林剑鸣老师看,林剑鸣当时说,就是北大的人都写不出这样的文章。

1982年,二人来到当时的西北政法学院工作不久,学校法制史教研室召开了一次会议,方克勤主任要求每位教师选定一个自己长期、稳定的科研方向。当时胡老师就决定报中国古代法制史方向,主要关注先秦法制史,尤其是出土文物所反映的先秦法制史。因为西安是有着三千年历史的古城,是周文化的发源地,传世的青铜器不断反映西周文化。在岐山一带不断出土了许多青铜器,其上铭刻的金文资料翔实地反映了西周的法制状况,而这些资料中反映和民事法律内容有关的,如物权法、契约法、侵权行为法、民事诉讼法等,更是屡见不鲜。在研究方向确定后,胡老师在先秦法制史领域进行了深入的研究,在国内外都享有一定的知名度。

1983年,西北政法学院主办了首届法律史年会,年会分了中国法制史、外国法制史、西方法律思想史、中国法律思想史四个学科组,资历尚浅、只有讲师职称的胡老师被推荐为中国法制史组的发言人。胡老师在发言中讲解了“金文法”的意义,证明中国古代并不是没有民法。这一独特观点引起了主席台上中国法制史学会会长张晋藩的注意,会议一结束,他就找胡老师交流,并邀请胡老师去中国政法大学给他的首届研究生讲课。于是,胡老师就在中国政法大学讲了一个月以金文法为主体的课程,这些讲课内容后来被录成了录像,以后的学生就都是通过看胡老师的视频来上课。怀效锋曾说,他也算是胡老师的学生,原因就是他跟着胡老师的录像上过课。后来胡老师名气在北京传开,但很多人并不知道胡老师的真实姓名,只因为他讲授西周法制史,且在他之前还没有人对西周法制史进行系统的研究,大家就都叫他“胡西周”。1998 年 9 月,曲阜师范大学想请一位外校老师授课,还点名想请“胡西周”去授课。

在研究方向确定之后,两人开始收集关注相关的资料。其实,最开始的论文发表和研究方向的确定还有一些偶然因素。在一次接待工作中,杨永华老师陪同吉林大学的乔伟参观碑林博物馆,回来时说其中有些碑刻很了不得。于是每逢周末他们夫妻二人就一起去碑林博物馆,找石碑,抄碑刻。在那里,胡老师发现的第一个和法制史有关的碑刻是唐“御史台精舍碑”。胡老师当时在讲中法史课,他在授课时很敏锐地发现,御史台作为中国古代的中央监察机构,从汉代开始发展到唐代,在唐律中才被称为御史台,所以在御史台中设置精舍是很奇怪的。通过翻查资料了解到精舍有两个意思:一是汉代以后讲课的课堂;二是佛教传入中国后作为经堂存在。两人查找了大量资料翻译碑上的文字,冯老师翻译解读,胡老师再对这块碑在中国古代法制史中的地位和补缺作用进行评析,这就有了他们来西北政法之后的第一篇论文——《唐“御史台精舍碑”碑铭(并序)评注》。这篇文章被刊登在《西北政法学院学报》1982 年的创刊号上,没想到文章在北京人大、法大的法制史的研究圈里引起轰动。这主要是因为“文革”结束,很多知识分子被压抑许久的研究热情迸发了出来,还有就是当时研究法制史的学者大多是法律专业背景,并没有想到可以从出土文献中研究有关法制史的东西。这篇文章至少说明在唐代御史台这样一个监察机构中设置了让犯人念经自我悔改的地方,对犯罪分子进行心灵的改造,也可以证明在唐代“儒释道”是如何进行三家合一的。文章发表后,胡老师认为还应该将这个御史台精舍的设计与整个唐代法律相结合,于是就有了第二篇后续论文《唐“御史台精舍碑”碑与〈唐律疏议〉》,来解读御史台与唐代法制的关系。这种将出土文献与法典比较结合的做法在当时很超前。该文发表在在陕西《人文杂志》上,也在法制史学界引起很大反响。

就是在碑林博物馆抄写碑刻的时候,二人发现了碑林博物馆保存的青铜器,上面的铭文引起了他们的注意。而且当时的报纸上也不断刊登有关岐山至长安一代陆续出土青铜器的消息,于是他们就把研究对象转向了西周青铜器上的铭文。当时胡老师经常骑着自行车和考古研究所的同志们去文物出土现场,也会走访各种文物研究院或者博物馆,去寻访青铜器上的历史线索。有时候当天无法返回还会露宿在庙宇或现场,在第二天继续进行研究。这样的精神也感动了博物馆的工作人员,他们见到胡老师都非常客气,并且会主动提供拓片,以便胡老师更好地进行研究。就是在这样的情况下,他们首创性地提出了"金文法"的概念。虽然学界有人质疑这个概念前人未曾提过,但二人坚信,既然国外有"石柱法""石碑法"的说法,我们为什么就不能提"金文法"?更何况文字学领域有郭沫若的《金文丛考》《两周金文辞大系》,有杨树达的《金文考释》,那么在法律领域提出"金文法"的概念也并非不合逻辑的事情。有了可供深入发掘的研究方向,两人在科研方面的成果频出,胡老师和冯老师先后合作或独立发表了70余篇有价值的研究论文。

由于金文资料涉及大量物权、契约债务以及民事诉讼制度和刑事附带民事的判例,在考证各种文献、实物资料的基础上,二人合作出版了《西周法制史》和《长安文物与古代法制》两本书。其目的其实还是在作中外比较,将汉谟拉比法典、十二铜表法、罗马法、古印度摩奴法典和中国青铜器的铭文进行比较。金文法的研究也得到了司法部的支持,几次获得立项,《长安文物与古代法制》和《西周法制史》两部书也都是在司法部资助下完成的。前者由法律出版社在1989年出版,后者由陕西人民出版社在1988年出版。1997年,《长安文物与古代法制》获得陕西省教育委员会人文、社会科学研究优秀成果奖二等奖。在这两本书中,冯老师本人主要负责民事、婚姻、家庭、继承部分,用罗马法观点和理论来进行对比,胡老师则负责刑事和其他部分。两人还应邀参与了《法律史研究》《中国民法史》《中国法制通史》《中国法制史考证》等著作的编写。两人合作的《从陕西金文看西周民法规范及民事诉讼制度》《西周刖刑》《西周誓審——兼与殷代神判之比较》《西周金文中司寇及其官司机构》等文章还被收录到滋贺秀三主编的《中国法制史基本资料的研究》中,备受国内外学者的关注。1998 年,胡老师又申请了司法部项目《夏商西周法制史》,到他去世前,除了民事、婚姻、继承、民事诉讼部分由冯老师承担之外,其余的刑事、行政、经济、刑事诉讼部分均由胡老师承担,且均完成了初稿。该书 2006 年由商务印书馆出版,2009 年获得“司法部科研成果一等奖”,2011 年获得了“第二届中国法律文化研究成果三等奖”。

胡老师逝世后,当时的《西北政法学院报》评价道:“胡老师在先秦法制史、唐代法制史,尤其是在金文法这一独特的法史学领域,进行了拓荒性的研究工作。提出了一系列实事求是的、严谨的和具有独到见解的学术观点,填补了先秦法律史研究的空白,其学术水平在国内外处于领先地位,学术成果在法律史学界具有重要影响,为推动当代中国法律史学,特别是先秦法律史学的发展作出了贡献。”③这一评价相当的中肯。

三、夕惕若厉求知,深沉内敛做人

对于胡老师而言,做“君子”是他一生行事的底线,在各个方面都是如此。在教学方面,胡老师对学生认真负责,勤勤恳恳,兢兢业业,从 1981 年起,先后培养硕士研究生 40 余名,为数千名本专科生讲授法制史课程,“以严谨求实的学风、诲人不倦的教风、为人师表的作风受到广大学生的一致好评和尊敬”。④ 冯老师还清楚地记得,1999 年 9 月 19 ~ 20 日,胡老师在化疗第二个疗程结束之后,仍在家中给研究生上课。当时他讲课一直到晚上 10 点钟仍不嫌疲累,勉力地搬动古代文献给学生展示,几乎用

③ 《胡留元教授逝世》,载《西北政法大学院报》1999 年 11 月 20 日,总第 177 期第 1 版。

④ 《胡留元教授逝世》,载《西北政法大学院报》1999 年 11 月 20 日,总第 177 期第 1 版。

尽了最后一丝气力。在学术研究上,他求真知,不媚俗。胡老师和冯老师会因为对一个问题的观点相悖而讨论到深夜,不断翻查资料直到得出最终的答案。

在个人生活方面,冯老师认为胡老师表达爱的方式是内敛的、深沉的。她感受最深的,是在她访学苏联时,胡老师寄去的一封信,信的内容是一首四句诗,其中一句是“唯有妻慧常爱忆”,每当回忆起这句话,冯老师的内心都会为之动容,这几乎算是胡老师最直接的也是唯一的对爱的表达。但这并不意味着胡老师是一个不懂得爱的人,恰恰相反,胡老师对冯老师的关心和爱护几乎是无微不至的。胡老师于1999年10月31日逝世,在病故前几天,他似乎是有所预感,突然对着冯老师说了一句:“对不起。”这一句“对不起”包含了胡老师对于冯老师太多的愧疚、担心和遗憾。愧疚,愧疚这一生没有对她更好;担心,担心她一个人是不是能照顾好自己;遗憾,遗憾说好的长久陪伴却只能止步于此。冯老师深深知道所有的爱意其实就包含在其中。最让人心痛的,是胡老师离世前最后一句话竟是叮嘱冯老师拿出他们的积蓄帮助他的主治医生,因为这位医生同时也是病人家属,他的父亲也患有重症正在治疗。胡老师可谓用自己的行动诠释了“君子”的真正含义。后来,冯老师在胡老师的追悼会上写了一幅挽联,上联是“是好党员,是好老师,壮志未酬,泪洒岂止为家痛”,下联是“能显科研,能显艺文,全才难得,追梦也难再归来”。其实,她想更想写的是“是好党员,是好丈夫”,但这个意思当时不敢在公开场合表达,只能深深藏在内心。但不管如何,这幅挽联都是对胡老师一生最好的写照。

采访完毕,走出冯老师的家门,楼下一树迎春花开得正旺,似乎在向路人证明春天的到来。空气中虽无花香,但这浓浓的春意,早已驱走了严冬的酷寒。

Conducting Research Diligently and Seeking Truth Meticulously

—In Memory of Prof. Hu Liuyuan

Yu Tao　Zheng Fei

Abstract: Prof. Hu Liuyuan is one of the most well-known experts of legal history. Prof. Hu works seriously and meticulously and he is persistent to his research in all his life. He has a high standard of life requiring himself as a "gentleman" in life. Born in a poor family, he has spared no effort to be an expert in the field of legal history. His achievements in ancient Chinese legal history are outstanding and his research has created a new phase of the research on the legal history of Chinese Western Zhou Dynasty, which is considered as one of the most valuable treasure of knowledge in the academia.

Key Words: Hu Liuyuan, legal history, Northwest University of Political Science and Law

法学资讯

《立格联盟院校法学专业教学质量标准》发布

2017 年 7 月 18 日，全国政法大学“立格联盟”第八届高峰论坛在山东政法学院召开，本届高峰论坛正式发布了《立格联盟院校法学专业教学质量标准》（以下简称《立格联盟标准》）。

《立格联盟标准》的制定目的是创新“立格联盟”院校法治人才培养机制，深化法学专业教学改革，规范法治人才培养标准，提高法治人才培养质量。《立格联盟标准》的制定坚持改革、调整、创新的法治人才培养思路，基本依据是《国家中长期教育改革和发展规划纲要（2010 ~ 2020 年）》与教育部《全面提高高等教育质量的若干意见》，并参考了《法学类专业教学质量国家标准》的研究制定工作，同时也结合了“立格联盟”院校法学专业实际情况。其目的是通过修订《立格联盟标准》，真正以实际行动为中国法学教育“立格”，引领中国法学教育的规范化发展。

作者名录

黄进,中国政法大学校长,教授,博士生导师。研究方向:国际法学。

付子堂,西南政法大学校长,教授,博士生导师。研究方向:法理学、法律社会学及科技与法律问题。

叶青,华东政法大学校长,教授,博士生导师。研究方向:刑事诉讼法学、诉讼证据法学和中外司法制度。

杨灿明,中南财经政法大学校长,教授,博士生导师。研究方向:财政学理论、财政宏观调控。

杨宗科,西北政法大学校长,教授,博士生导师。研究方向:法理学、警察法学。

李玉基,甘肃政法学院校长,教授。研究方向:证券法律制度。

刘晓红,上海政法学院校长,教授,博士生导师。研究方向:国际私法学、国际商事仲裁。

吕涛,山东政法学院校长,教授,法学博士。研究方向:宪法与行政法学。

杨松,辽宁大学法学院教授,法学博士,博士生导师。研究方向:金融法学、国际金融法学。

闫海,辽宁大学法学院教授,法学博士,博士生导师。研究方向:金融法学、财税法学。

王印,辽宁大学法学院教学干事,法学硕士。研究方向:刑法学。

郭玉军,武汉大学国际法研究所教授,博士生导师。研究方向:国际法学。

李伟,武汉大学国际法研究所 2015 级博士研究生。研究方向:国际法学。

何柏生,西北政法大学《法律科学》编辑部编审。研究方向:法哲学、法律文化。

于浩,华东师范大学法学院研究员,法学博士。研究方向:法治与公共政策。

杨知文,华东政法大学科学研究院副研究员,法学博士。研究方向:法律方法。

朱明哲,中国政法大学比较法学研究院讲师,法学博士。研究方向:比较法。

王凌皞,浙江大学光华法学院副教授,法学博士。研究方向:法哲学。

杨建,南京师范大学法学院讲师,法学博士。研究方向:英美法哲学、政治哲学。

常安,西北政法大学行政法学院教授,法学博士,博士生导师。研究方向:宪法与行政法学。

李德旺,上海师范大学哲学与法政学院 2017 级硕士研究生。研究方向:行政法学。

李帅,华东师范大学法学院讲师,法学博士。研究方向:司法制度。

倪楠,西北政法大学经济法学院副教授,法学博士。研究方向:经济法、食品安全法。

侯定凯,华东师范大学上海终身教育研究院副教授,教育学博士。研究方向:比较高等教育。

许育典,台湾成功大学法律学系特聘教授,法学博士。研究方向:宪法学、教育法学。

刘璞,西北政法大学行政法学院副教授,教育学博士。研究方向:宪法学、人权法学、教育法学。

贾萌萌,西北政法大学法律硕士学院2016级研究生。研究方向:行政法学。

吴松强,华东政法大学文伯书院、副教授,同济大学马克思主义学院博士生。研究方向:高等教育管理。

余涛,西北政法大学高等教育研究所副研究员,法学博士。研究方向:法学教育、地方法制理论、西方法理学。

郑菲,西北政法大学政治与公共管理学院2016级硕士研究生。研究方向:教育经济与管理。

《法学教育研究》稿约

《法学教育研究》创办于2009年,是国内较早系统关注法学教育研究的专门性学术出版物,由西北政法大学主办、法律出版社定期出版。2017年起本书每年出版4卷,现已入选CSSCI收录集刊(2017~2018)目录。

宗旨:本书恪守科学性、实践性、创新性、开放性原则,集中出版法学教育教学研究成果,探索法学教育教学规律,促进法学教育事业的发展。

主要栏目有:理论探讨、教学研究、比较研究、教材体系、管理经纬、学问人生、教育法制、法务反哺、法学资讯等栏目。

《法学教育研究》致力于搭建高水平的学术探讨平台,所有来稿均以学术价值为遴选标准。敬请作者来稿时提供:(1)中英文题目及作者姓名,标题尽量确切、简洁;(2)中英文摘要(不超过200字);(3)中英文关键词(3~5个);(4)作者简介(含姓名、性别、工作单位、职称、学历学位、研究方向、通信地址、邮政编码、联系电话、电子邮箱),如果来稿系作者承担的省级以上科研基金项目,请注明项目名称和编号;(5)正文;(6)注释。

注释:是对文内某一特定内容的进一步解释或补充说明。用1、2、3……数字标注序号,采用当页脚注整篇连续编号形式。著作类包括序号,著者:《书名》,出版社出版年,起止页码。论文类包括序号,作者:《题目》,《报刊名》出版日期或期号。

《法学教育研究》已许可中国学术期刊(光盘版)电子杂志社在中国知网及其系列数据库产品中以数字化方式复制、汇编、发行、信息网络传播《法学教育研究》全文;《法学教育研究》已许可北大法宝法学期刊数据库以电子形式对本书进行制作、以不脱离于数据库的形式进行传播和销售。如无特别说明,作者提交文章发表的行为即视为同意上述声明。

本书的公众微信号为 fxjyyj-xfd,定期发布相关信息,敬请关注。本书的网络采编系统现已开通,网址为:http://fxjy. cbpt. cnki. net,请您通过网络采编系统投稿。

联系方式:

E-mail:fxjyyj@ 126. com
电话:029 - 88182796,029 - 88182794
地址:西安市长安区西长安街 558 号
西北政法大学长安校区 80 号信箱
邮编:710122

图书在版编目(CIP)数据

法学教育研究. 第十九卷 / 王瀚主编. -- 北京 :
法律出版社, 2017
ISBN 978-7-5197-1861-9

Ⅰ. ①法… Ⅱ. ①王… Ⅲ. ①法学教育-研究-中国
Ⅳ. ①D92-4

中国版本图书馆 CIP 数据核字(2017)第 324031 号

法学教育研究(第 19 卷)
FAXUE JIAOYU YANJIU(DI-19 JUAN)

王　瀚　主编

责任编辑 班运华　黄琳佳
装帧设计 李　瞻

出版 法律出版社
总发行 中国法律图书有限公司
经销 新华书店
印刷 三河市龙大印装有限公司
责任校对 郭艳萍
责任印制 陶　松

编辑统筹 学术·对外出版分社
开本 720 毫米×960 毫米　1/16
印张 22.5
字数 315 千
版本 2017 年 11 月第 1 版
印次 2017 年 11 月第 1 次印刷

法律出版社/北京市丰台区莲花池西里 7 号(100073)
网址/www. lawpress. com. cn
投稿邮箱/info@ lawpress. com. cn
举报维权邮箱/jbwq@ lawpress. com. cn
销售热线/010-63939792
咨询电话/010-63939796

中国法律图书有限公司/北京市丰台区莲花池西里 7 号(100073)
全国各地中法图分、子公司销售电话:
统一销售客服/400-660-6393
第一法律书店/010-63939781/9782　西安分公司/029-85330678　重庆分公司/023-67453036
上海分公司/021-62071639/1636　深圳分公司/0755-83072995

书号:ISBN 978-7-5197-1861-9　**定价**:78.00 元
(如有缺页或倒装,中国法律图书有限公司负责退换)